名师名校名校长

凝聚名师共识
回应名师关怀
打造名师品牌
培育名师群体

　　　　　陶西平

名师名校名校长书系

跟余映潮老师学教语文

向浩　张文华 / 主编

东北师范大学出版社
长春

图书在版编目（CIP）数据

跟余映潮老师学教语文 / 向浩，张文华主编. —— 长春：东北师范大学出版社，2018.5
ISBN 978-7-5681-4506-0

Ⅰ.①跟… Ⅱ.①向… ②张… Ⅲ.①中学语文课—教学参考资料 Ⅳ.①G634.303

中国版本图书馆CIP数据核字（2018）第106344号

□策划创意：刘　鹏
□责任编辑：王　静　石纯生　□封面设计：姜　龙
□责任校对：刘彦妮　张小娅　□责任印制：张允豪

东北师范大学出版社出版发行
长春净月经济开发区金宝街118号（邮政编码：130117）
电话：0431-84568033
网址：http://www.nenup.com
北京言之凿文化发展有限公司设计部制版
廊坊市金朗印刷有限公司
廊坊市广阳区廊万路18号（邮编：065000）
2018年5月第1版　2018年6月第1次印刷
幅面尺寸：170mm×240mm　印张：16.5　字数：320千

定价：36.00元

序言

余映潮工作室——漾起青春的浪花

近几年，深圳市龙华区"余映潮工作室"的学员们，不论在专业水平还是教学能力方面，都有了令人喜悦的提升与发展，这本《跟余映潮老师学教语文》就是很写实的见证。

在"余映潮工作室"成立以前，龙华区中语界已经有了区教科研中心中学语文教研员向浩老师的名师工作室和观澜二中戴蓉老师的名师工作室，他们搭好工作平台，开始了引领青年语文教师提高教学素养的指导工作。

2015年春，向浩老师和戴蓉老师热情邀请我来龙华区成立"余映潮工作室"，于是就有了这充满深情厚谊的合作。

"余映潮工作室"是我退休之后的"作品"。

它有务实的培训理念：

以整体提升某地、某校语文教师的专业水平、教学素养和课堂教学质量为主要目的，以"以点带面"的方式，既着眼于培养、训练优秀青年语文教师课堂教学技能和教学研究能力，又关注当地所有语文教师业务素养的提升；以由浅入深、从易到难的"专题培训"为主要培训方式，以"专家进校、教学示范、面对面、手把手进行指导"为培训工作要求，在大量的教学实践与研究实践活动中让语文教师经受历练，从而提高教学设计水平，提高教学水平，提高科研能力。

它有系统的培训计划：

一般是在三年时间内，进行六次教学技能与研究方法的专题培训。每个学期一次，每次两天，每次一至两个培训专题，所覆盖的内容大致有语文教师教材研读的高层技能训练，教材处理的基本技能训练，专项研究技能与方法训练，实用文阅读教学的基本技能训练，文学作品的教学技能训练，文言诗文的教学技能训练，评课议课能力的技能训练，作文教学的基本技能训练，以及中学语文阅读教学"高效教学形式"的建模研究。

它有严格的工作细节方面的要求：

（1）学员们每人每次都需要围绕培训主题写作3000字以上的论文。

（2）每人每次需要根据所安排的课目写作3000字以上的教学设计。

（3）每人每年要写出自己所进行的专项研究的万字以上论文。

（4）主持活动的单位每次都要写出培训活动工作纪要。

（5）主持活动的单位对每位参训教师都要建立"培训档案"。

（6）主持活动的单位要建设整个培训活动的"资料库"。

我对自己的工作质量同样有着高标准的严格要求：

（1）每次工作室培训活动之前的两三个月，要发出此次活动的工作计划与要求。

（2）每次培训活动之前，要审读参训学员的作业并一一进行评点。

（3）每次活动之中，我要从教程观察、课例分析、教材讲析、新的创意等方面层次细腻地进行评课。

（4）我的评课，一定要在了解学员所讲篇目的前提下事先备课。

（5）在每次培训活动中我都要像学员一样讲课，而且讲两个不同的课。

（6）任何一次培训活动，必须按培训计划主讲有关的主题讲座。

于是，"余映潮工作室"和一线语文教师紧密地联系在了一起，我们在辛苦、劳累、紧张中研讨技艺、习练本领，共享教学的快乐，共享研修的快乐。

龙华区"余映潮工作室"的成员都很勤奋、很谦虚。他们经历了四次培训，完成了其他地方需要六次培训才能完成的工作量。

培训之中，没有喧嚣，没有口号，没有模式推广，大家都在课堂上练本领。

很重要的是，除了教学技能的提升，学员们还积累了大量的文字资料。每位学员都有随记、反思、教案与论文的撰写，以及专题资料的积累。

这就是智慧的学习方法。

时间对于任何人都是平等的，但时间的利用却大有讲究。在工作之中、培训之中顺势积累文字资料，就等于让一段特别有意义的生活永远陪伴在自己身边，更不用说产生书面成果了。

很重要的是，除了在培训之中尽量争取达到我所要求的技术指标外，学员们在日常教学中也保持着"训练"的姿态，苦练自己的教学技艺。

这就是智慧的思维方式。

研修与培训只是引路，只是示例，只是提升理念，只是展现标高。优秀教师的成长，需要感受氛围，抓住时机，心有所系，奋进不息。有韧性才算是有激情，有定力才算是有真追求。

很重要的是，龙华区教科研中心和各校的领导非常关心与支持学员们参与培训工作，向浩老师更是苦心孤诣、率先示范、严格要求、细心指导。

这就是智慧的工作方法。

创意在先，必定要细节到位；创造了机会，就得顺势而上；有大量的优秀教师，才可以说得上是名校；使教师们优秀起来，才是教研工作的真正实绩。

最让人欣慰的是，有了优秀的学科教师，我们的学生们就能享受到优质的学科教育。

谢谢龙华区"余映潮工作室"全体成员的努力奋斗。

我们的教学生涯，在这里漾起过青春的欢乐的浪花。

余映潮

2017年7月30日

"大家"的力量

一

七月下旬的某个下午,向浩给我打电话,说:"余老师工作室的学员上个月结业了。我们打算将老师们平时提交的作业筛选一下,将其中较为优秀的作业集结起来,编一本书,书名就叫《跟余映潮老师学教语文》。我们想请您帮忙审稿,顺便为这本书作个序。可好?"

"审稿没有问题,我乐意效劳!但作序就有点勉为其难,怕是难以胜任,还是等我读完老师们的文稿再说吧。"我答。我之所以愿意审稿,是因为:

向浩是我非常钦佩的同事、伙伴

在我心里,他是一个有理想、有情怀、勇于担当、善于合作、乐于奉献、专业精深且敏于行动的人。在过去的三年时间里,我深度参与了向浩组织的很多次教研活动,我们也因此由同事变成朋友、伙伴。伙伴情深,自然愿意。

审稿是一场别开生面的精神游历

我珍惜这样的学习机会,因此,我愿意并满怀期待。我期待整体性地阅读老师们的文字,从而较为全面、深入地了解余老师工作室的学员从余老师身上学到了什么;在过去的两年里,他们经历了怎样的转变;他们为什么会发生这样的转变。

我之所以不敢作序,是因为:一来,我并非语文教师,对语文教育教学所知不多,是地地道道的语文教育教学的门外汉。身为门外汉,我没有勇气来为本书作序。二来,就学术影响力而言,我乃一无名小卒,怎敢和余映潮老师一道为同一本书作序?然而,在读完老师们的文稿,尤其是读完老师们的"跟余老师学做人"的文稿之后,我的内心有了强烈的表达冲动。加之向浩又在一旁说服我:"你不一定要从语文教育教学的角度来作序。你可以从你的专业,从教师专业发展和教科研的角度切入。我们需要圈外人、局外人的视角。至于你担心的,你不够有名,配不上余老师,就纯属多虑。我们并不是要傍大款、拉大旗。我们认可你、喜欢你,就好……"

仔细想想,向浩的话也不无道理。于是,我就答应了为本书作序,从教师教研和专业发展的角度,来为本书作序。

二

读完全部文稿,我最深刻的感触是:余老师太有力量了,不愧是"大家"!作为"大家"的余老师的非凡力量,主要体现在以下四个方面。

人格魅力的感召力

在学员们心目中，余老师慈祥、温和、儒雅、沉稳、大气、从容、治学严谨、善解人意。无论何时何地，他的脸上始终带着微笑，就像一位慈和的父亲。他从不标榜自己，也绝不放纵自己，谦逊低调地做人，扎实沉静地做学问，亲切从容地上课，严格认真地教学员。余老师独特的人格魅力吸引和感召着学员以余老师为榜样，用"余氏姿态"坚定前行。

专业情意的感染力

在龙华设立工作室时，余老师已年近七十岁。每次来龙华开展教研活动，余老师都亲自授课，观摩点评学员的课堂教学，批改学员的作业，每天工作10小时以上。当得知余老师几乎每天都这样工作时，学员们无不为余老师的专业情意所折服。余老师深沉的专业情意感染和鼓舞着学员"觅影循声"，像余老师一样，深入学科，潜心研究，用智慧和行动成就有深度、有人情味的语文课堂。

专业自觉的震撼力

每次来龙华开展工作室专题培训之前，余老师都会将资料和相关要求提前半年准备好，并发给学员。在与学员们一起分享"十年畅想"时，余老师说，2007年至2017年这十年，他要求自己"精细研读100篇课文并积累大量的助读资料，研读与中学语文教师业务进修有关的论著100部，阅读中学语文专业杂志1000本并积累有关专题的索引目录，发表教学论文(含教学设计)100篇以上，出版个人专著两到三本，演示的课例达到80个(至少讲到70篇课文)，做100场学术报告，朗读录音100篇课文，'语文潮'网上教学设计艺术微型讲座100个，'语文潮'网上'映潮评课'100个……"余老师至高的专业自觉震撼和召唤着学员见贤思齐，使他们学会自我管理，不断学习，扎根课堂，在教学中求知、求智、求趣、求美，提升专业自觉。

专业素养的冲击力

在给学员们讲解如何解读文本、赏析小说时，余老师信手列出一系列赏析小说的切入点：背景设置艺术、场景设置艺术、氛围渲染艺术、伏笔设置艺术、叙事的视角美、白描手法等。在给学员们上示范课、执教《老王》这篇课文时，余老师用品词法和学生一起讨论三个话题：①"三轮"二字，非同小可；②"病了"二字，作用重大；③"愧怍"一词，含义丰富。看似不经意的三个词，却串联起整篇文章，既有内容的梳理、情感的渗透，又有人物形象的分析、课文主题的深思和作品章法的品析；整堂课上，学生思维流淌。在评议学员的课堂教学时，余老师总是能一语中的，指出当前初中语文课堂教学中普遍存在的问题。例如，碎问碎读碎说，无教学思路的切分，缺少核心知能的教学训练，不能深入课文的任何一个片段或者任何一个"点"，教师始终与单个学生对话，无动笔要求,无积累意识,学生在课堂上没有片刻安静的时间……余老师博大精深的专业素养撼动和冲击着学员,促使他们反思自身教育教学中存在的问题,积极寻求解决办法,在改进课堂教学效果的同时,提升自身的专业素养。

与此同时,作为"大家"的余老师的力量,还表征和定格为这样一些画面:观课时,余老师安静地坐在电脑前,低着头,手指灵活地在键盘上飞舞。在阳光的映照下,他精神矍铄,神采奕奕。结业仪式上,学员们一听到"结业"二字便禁不住泪流满面。此外,作为"大家"的余老师的力量,还呈现为这样一些数据:2015年9月至2017年6月,余老师工作室的学员中,有13人在中文核心期刊上发表了论文,有6人在国家、省、市课堂教学大赛中获得一等奖。

三

作为"大家",余老师身上潜藏着巨大的力量,但这种力量,如果不借助余老师在全国各地的行走、教学、讲座、培训、设立工作室、指导年轻教师,就很有可能得不到最大限度的释放,无法转变成"大家",即转变成成百上千乃至成千上万位语文教师的力量。

读完文稿,我欣喜地看到,"大家"——余映潮老师的力量,经由向浩和余老师工作室的学员,通过开展全区性的教研活动,正在悄然转变为龙华区初中语文教师这个群体的力量。我相信,在不久的将来,龙华区初中语文教师这个群体的力量,最终将呈现为龙华区初中语文课堂教学与语文课程,乃至龙华区语文教育和教研生态的深度变革,进而显现为龙华区初中语文教师专业素养与职业幸福感,以及龙华区初中学生语文素养与生命质量的提升。

"余映潮工作室"全体学员

张文华
2017年11月23日

我只想慢慢去影响

对于教研工作，我不会，也不愿教唆和要求，我只愿慢慢去影响。我不太相信，一种主张，或者一套模式就能培养出优秀的语文教师来。我反而觉得，帮助教师实现"自我认同和自我完整"是首要的任务。因此，这几年，我是这样在做——

与其评课，不如上课

工作室教研的大部分工作就是观课和评课，是通过观察课堂、诊断课堂来指导教师的课堂教学，从而提高教学质量。所以，常常听老师们说教研员来听课就会稍稍紧张。尽管我们一再强调不必在意，平时怎么上现在就怎么上，但谁不想把最美好的一面展现给他人看呢？教研员把握着话语权，按照自己的理解东说西说皆可，因为没有课堂检验，所有的论断，只要不偏激、没错误，理论上都可以成立。所以，上课者比评课者难受、难过和难做。再则，听完一节课，观课者发现了一些问题，如果只是提出来，那么只意味着"批判"，没有"建设"。我对没有"建设"的"批判"一直持反对态度。当然，有些时候，我们也有一些教学建议，但没有课堂实践、没有建立在个体老师技术水平上的建议，又有多大意义呢？因此，与其在评课时说一大堆不接地气的"玄话"，还不如脚踏实地地自己上一节课，让老师直观感受。

一次在一所民办学校听了一节关于指导学生动作描写的写作课，发现任课教师关于阅读指导课和写作指导课的概念界限非常模糊，因此，上的课既不像阅读课也不像写作课。怎么办呢？如果仅仅是一般交流，我想效果甚微。回家后，我赶紧写了一个观课思考，并附带了一份自己的教学设计。第二天就找了一所学校试讲，并请了一些老师过来听，一起研讨，调整策略，最后不仅让那位老师清晰地理解了两种课型的不同，还让包括那位老师在内的众多老师明白了作文教学的一些有效做法，尤其是在整个的研讨过程中，我不断地反复实践，听取建议，调整再实践，对青年教师的影响非常大，让他们耳濡目染地亲身体会到语文教学应有的科学态度和踏实态度。为了让老师们能直观地通过对比轻松理解，我的课和那位老师的课教学目标相同，只不过在内容的选择、教法的选择、课堂的组织及课堂艺术的表现上做出更为科学的调整。

成立工作室以来，我一直是这样做的。有时，精心准备一节课，供老师们研讨；有时听完课后，我直接上同样的课，让老师对比研究。我们不在乎谁的课精彩，只在乎让研究的风气浓厚起来。作为我个人，也只是想通过课传递我的理解、我的观念，以及我的教学策略。与此同时，为了让区域语文教师教学及教研水平整体提升，我特地邀请余映潮老师来我区上示范课，做报告，主持"专家工作室"，让余映潮老师对我区语文老师进行近距离影响和亲自指导，让一部分中青年教师快速地成长了起来，有些成了省、市、区各级骨干教师、名师。

与其要求写作，不如带头写作

写教学论文对教育教学尤为重要，因为写教学论文要了解最近同主题的教研现状，要查阅相关的很多文献，要对自己的教学进行深刻反思，要既擅长"破"不足，也要善于"立"新知。但写论文是一件比较痛苦的事情，特别是不常写的人更会觉得困难。首先起意很难。写与不写，一念之差，落实到行动上就是难上加难；接着立意也是一个问题，写什么，写的东西别人研究得怎么样了，写的东西有没有价值，都是要考虑的，很多人考虑到一半时就打退堂鼓了；再者就是怎么写的问题，怎么阐述，用什么逻辑，这都是技术活，一两天也难以悟透。所以常常在动笔之前要翻阅大量杂志来学习，这又是一件苦差事……凡此种种，等到真正写一篇文章的时候，所有激情不再，思路尽去，就这样一次次搁浅了。关于唤醒老师们的论文写作欲望，我无法命令，我的做法还是影响，自己不停地写，尽量多地发表，通过自己的身体力行去影响一小众人，然后通过一小众人去影响更广泛的人。

我坚持写"朝闻道"已经近700天了，每天都写，或长或短，形式不限，只要有想法就及时记下来。每天早晨五点半，我都会按时起床，不管刮风下雨、过年过节，从未间断。因为写得多，写作恐惧感、生涩感就会慢慢消除，换来的是灵感频现、文思泉涌。也因为我天天写，经常分享，读我文章的老师越来越多，我自己发表的文章也越来越多。我的很多听课评课内容、关于语文教学的思考等，大部分都是通过文章来与老师们分享和交流的，因此我们几乎天天都在教研和培训。更令人开心的是，跟着我五点左右起床写作的老师也逐渐多了起来，老师们在各级刊物上发表的文章也多了起来。刚开始的时候，年轻老师跟着我一起做得比较多，到现在，一些中年教师、学校行政人员也跟着写了起来，这样的气氛，于语文教研工作来说是何等的重要啊！

为了写得更专业，写出的文章更有价值，我请了一些这方面的专家、杂志社主编、名师来给老师们做指导，科学系统地教我们如何做教研，如何写论文。在他们的指导下，我区有近60位初中语文老师，每学期都会固定地写两篇正式的研究论文给我，并且会在我的工作公众号上陆续推送出来。请行业成功人士去影响追随者，会点燃他们的希望火种，也能让他们在成长的道路上得到更为专业的引领。

与其敦促读书，不如自己带头读

阅读在当今的作用已经日益重要了，一个人的阅读量关乎一个人是否出类拔萃。但实际生活和工作中，因为种种因素，能坚持读书和广泛读书的人越来越少了。听到一些核心期刊在全国的发行量不到几万本，我很是不解。后来明白，现在又有几位老师还在阅读呢？没有人读书，杂志卖给谁？其实，我认为让学生阅读起来的最好方法，就是老师自己先读起来；同理，让你的孩子喜欢读书，最好的办法就是我们家长在家里认真读书，长时间读书去影响孩子。影响一定比说教好。把书放在孩子能拿到的地方，让自己在孩子身边读书，是最时尚的阅读教学法。

对老师的阅读影响，我也在尝试着用一些办法来推动教师阅读，例如，举行教师读书沙龙活动，让老师一起交流一下自己最近读了什么新书，读这本书有哪些感想和收获等。每次举办读书沙龙活动，我们也会安排一位教师做中心发言人，以专题汇报的形式与大家分享自己的读书心得。我还积极倡导教师和学生同读一本书。每学期除了教材上规定的课外名著外，我还会推荐两本书给学生读，并纳入期末检测范围，以此来落实扩展学生阅读的问题。在学生阅读的同时，教师也是要跟着读的。为了落实这一工作，我们开展了"我最喜欢的一本课外书"读书分享演讲比赛，师生都参加，效果非常好。当然，这样的阅读推广还仅仅停留在一般形式上，推广力度和效度还不够，因此我们还将借助更为专业的阅读推广团队，为我区学生、教师、家长的"三维悦读"读书工程设计整体方案，让我们的读书活动影响更广泛、更深远。

作为教研员，作为工作室的领头人，最好的方法还是自己先读起来，通过自己的带头作用让老师跟着读起来。我每天坚持读书——小文章、大部头，我都看；为防止很快遗忘，我每天做摘抄，每天就摘抄写一篇自己的见解和感想，不仅可以训练自己的"手感"，让思维保持在一种状态，也可以跟老师们交流切磋，这样的影响或许比要求更好吧。我几乎每天都会选一篇有意义的文章分享给老师们，也经常用各种不同的形式给老师们送好书，还经常分享自己读书的故事和心得，如此也激起了很多老师一起读书的热情。

子曰："己所不欲，勿施于人。"在开展工作室工作的过程中，自己不愿做的事情，我无权要求老师做；自己想让老师做的，我一定会自己先带头做。这就是我理解的教研员的工作姿态。

向 浩

2017年11月23日

目录

字里行间探情趣　虚怀温谨教语文
——刘杨跟余映潮老师学教语文　1
《端午的鸭蛋》教学实录　1
"小标点"中的"大世界"　11
朴实无华的摆渡者　15

教坛幸遇启明灯　不辞长作语文人
——王俊珍跟余映潮老师学教语文　19
小说教学的习得与生长　19
从"心随物动"到"物我同一"　29
一路追随　一路前行　33

教书育人砥砺行　为人为学余味长
——彭淑芳跟余映潮老师学教语文　40
《端午的鸭蛋》教学实录　40
言有限　意无穷　48
以"余式姿态"坚定前行　53

品美文入情入境　学名师如痴如醉
——黄燕跟余映潮老师学教语文　58
《猫》教学实录　58
精挑细选巧分类　灵动教学字词美　65
最遥远的老师　69

为学为文走一步　做人做事存圭臬
　　——黄中英跟余映潮老师学教语文 ········ 73
　　《走一步，再走一步》教学实录 ············ 73
　　巧得一词，尽显风流 ···················· 80
　　教育路上的点灯人 ······················ 83

教学板块思取舍　面带微笑融课堂
　　——崔丽芳跟余映潮老师学教语文 ········ 87
　　《土地的誓言》教学实录 ················ 87
　　小议课堂教学活动设计的取与舍 ·········· 93
　　微笑是一种力量 ························ 97

脚踏实地探技法　潜心贯注寻真谛
　　——杨博跟余映潮老师学教语文 ········· 100
　　《我的叔叔于勒》教学实录 ············· 100
　　课堂活动中"话题设置"的高效性初探 ··· 108
　　晓雾·阳光 ··························· 111

去芜存菁真语文　拨云见日独前行
　　——钟正岚跟余映潮老师学教语文 ······· 115
　　议论，也可以很美 ····················· 115
　　让语文课堂教学远离"流行" ··········· 122
　　看淡世界，纯粹前行 ··················· 126

集体训练促高效　觅影循声意动人
　　——戴芝兰跟余映潮老师学教语文 ······· 131
　　《孤独之旅》教学实录 ················· 131
　　集体训练在课堂活动中的有效运用 ······· 139
　　觅影循声，足以动人 ··················· 143

析字品词入情境　甘之如饴做人师
——张军跟余映潮老师学教语文 ············ 146
- 《三峡》教学实录 ············ 146
- 以《三峡》为例，谈"部首"是文言文教学的重要抓手 ············ 154
- 亦师亦友的余老师 ············ 157

字斟句酌教语文　谦虚谨慎学求真
——郝玉香跟余映潮学教语文 ············ 161
- 鸭蛋的滋味 ············ 161
- 初中作文教学的困境及对策 ············ 170
- 与梦想的距离只差一个实实在在的行动 ············ 177

追逐行走留足迹　感知智慧蓄力量
——孟利娟跟余映潮老师学教语文 ············ 180
- 还孩子们一些童趣 ············ 180
- 对课堂中如何有效利用教材的几点思考 ············ 188
- 行走的力量 ············ 194

两年四次勤学练　一书一生记师恩
——宋磊跟余映潮老师学教语文 ············ 199
- 小说中的圆形人物 ············ 199
- 教出小说的味道 ············ 210
- 余老印象 ············ 214

诗情画意玩语文　迢迢前路有明灯
——向浩跟余映潮老师学教语文 ············ 218
- 词有意　文有味　人有情　境有韵 ············ 218
- 低效语文课的四种表征及改进策略 ············ 231
- 一盏明亮的灯 ············ 237

后记 ············ 246

字里行间探情趣 虚怀温谨教语文

——刘杨跟余映潮老师学教语文

学员档案

刘杨，广东省深圳市龙华区玉龙学校语文老师。深圳市龙华区教坛新秀，曾获得深圳市龙华区、深圳市、广东省名著导读课堂教学比赛一等奖，全国初中语文教师基本功展评二等奖，曾在《中学语文教学参考》《语文教学通讯》中发表论文数篇。

跟余老师学上课

《端午的鸭蛋》教学实录

时间：2015年10月

地点：深圳市龙华区高峰学校（八年级）

导入

师：上课！

生（齐声）：老师您好！

师：同学们好，请坐。今天老师向大家推荐一位我特别喜欢的散文大家，请大家看大屏幕，他就是汪曾祺。要学习汪曾祺的文章，自然要先了解他这个人，你们知道汪曾祺的一些信息吗？那名男生，话筒请递一下。

生1：他是江苏高邮人，是一位作家。

师：说到了他的故乡——

生（齐声）：江苏高邮。

师：请坐。汪曾祺，生于1920年，但是19岁就远离了自己的故乡，他的老师就是我们读过的《边城》的作者。

生（齐声）：沈从文。

师：但是他辗转流离40多年都没有回到自己的故乡，后来定居北京。其实，汪曾祺先生可是一位美男子呢，你们相不相信？

生（异口同声）：不相信。（教室哄笑）

师：我们不能做一个只看脸的人。（全体大笑）老师说"美"男子，是因为他能写美文，而且是一位美食家。他不仅能吃，而且会做，多么难得呀！那么他写的文字呢？很多人说他的文字——初读似水，再读似酒。针对这句话，你们能不能谈一谈自己的理解呢？

生（踊跃举手）：能。

师：谁来说一说？

生2：水是很平淡无奇的，刚开始读他文章的时候以为是很平淡的，后面读的时候发现文章中的每一个文字都表达了他浓浓的深情。

师：说得棒极了！汪曾祺先生的文章初读似水，虽然文字看起来很平淡，但是在这平淡的文字底下涌动的是情味、是韵味。刘老师是汪曾祺的忠实粉丝，我却更喜欢这句话——

屏幕显示：

很多人不知道他，但是知道他的人都爱他。

师：爱他什么呢？爱他淡雅有味的文字，还爱他这个人。不信，我们今天先来读一读汪曾祺先生带给我们的一篇和食物有关的文章，请大家齐读标题！

生（齐声）：《端午的鸭蛋》。

活动一：初读课文　品出"自豪"

师：说到汪曾祺，老师前两天刚刚看到一本书，是汪曾祺的儿子和女儿一起写的，书名叫作《老头儿汪曾祺》，这个汪曾祺特别有意思，他喜欢自己的儿子女儿甚至是孙子孙女喊他"老头儿"。书里说到一个故事，我非常想分享给你们听，刚才说到汪曾祺40多年都没有回过他的故乡，但是他的儿子中途回去了一次，还给他带来了高邮的……

生（齐笑）：鸭蛋。

师：当汪曾祺看到40多年没有见到的高邮鸭蛋时，《老头儿汪曾祺》中写了这样一段话——"一大篓子咸鸭蛋！切开几个，个个都是双黄的，金红色的蛋黄滋滋地冒着油。爸又来了劲：'瞧瞧！这才是我们高邮的鸭蛋！只有我们高邮湖的大麻鸭才有能耐下这么漂亮的蛋！我们高邮……"（投屏显示）

师：同学们，从这句话里面你能够感受到汪老先生对鸭蛋是一种什么样的感情呢？

生3：对家乡的热爱和对鸭蛋非常眷恋的感情。

师：他不仅看到了表面，还发现了本质，说得很深刻。

师：你再来说说汪老先生对鸭蛋有一种什么样的感情。

生4：思念。

师：思念故乡，对鸭蛋呢？

生5：喜爱。

师：喜爱，不仅是喜爱，而且有一股……

生6：引以为傲。

师：引以为傲，这个词说得太棒了，老师想到的也是这个词，我们简单一点叫什么？

生7：自豪。

师：对，自豪。同学们，现在请你们自由阅读课本的第2～3自然段，看一看汪老先生在哪一些语段中表现出了他的这种感情，把它画下来，尤其要关注某个字眼、某个词，甚至是某个标点符号。开始！

（学生默读，圈点批注）

师：谁第一个尝试来说说？

生8：我找的是第二段的第三行："别人问起他的籍贯，他回答说……他们就会肃然起敬"，"肃然起敬"这个词说明了别人也很了解他家乡的鸭蛋，觉得他家乡的鸭蛋很厉害。

师：我听明白了，你抓住了"肃然起敬"这个词。肃然起敬是什么意思啊？请你给大家说一下。

生8：肃然起敬就是很严肃的，对某种事物很敬佩。

师：很敬佩，但是这里敬佩的是什么呀？

生（齐声）：鸭蛋。

师：你尊敬过一个鸭蛋没有？

生（齐声）：没有。（学生笑）

师：那么汪老先生这样说，你有什么样的感觉？有一种幽默感是不是？"肃然起敬"本来是一个"大词"，在这里却将它"小用"。好，请坐，但是外乡人是什么反应呢？

生9：哦！你那里出咸鸭蛋！

师：我听出来一点疑惑，但"尊敬"的感觉似乎还不太够。请你再读一遍好不好？

生：哦！你们那里出咸鸭蛋！（学生重读"哦"）

师：同学们，如果你们是汪曾祺，你感觉到了吗？

生（齐声）：有一点。

师：有一点，但是对我们家乡的鸭蛋"肃然起敬"的感觉还不太到位，不要紧，其他同学能不能再试试，来找一名女生吧。

生10：哦！原来你们那里出咸鸭蛋！

师：这一句怎么样？

生（齐声）：好一些。

师：谢谢你，我们那里就是出咸鸭蛋，我可骄傲了，我们一起来读一下这句话。

（齐声朗读）

我在苏南、浙江，每逢有人问起我的籍贯，回答之后，对方就会肃然起敬："哦！你们那里出咸鸭蛋！"

师：哦，有点平淡，如果再带一点声调的起伏就好了，不信我们再试一遍，对方就会肃然起敬……

生（齐声）：哦！你们那里出咸鸭蛋！

师：对嘛！这样我才觉得有一种自家鸭蛋被尊敬的感觉。其实这句话也是老师最先找到的一句话，但是老师给这句话做了一点点改动，我看看你们谁能最先发现，你说。（投屏显示）

生：最后那里的感叹号变成了句号。

师：哇！她发现了一个小细节，感叹号变成了句号，还有没有？

生11：把前面的"哦"去掉了。

师：把"哦"去掉了。好，你们愿不愿意读一读老师改过的这句话呢？愿意吗？

生（齐声）：愿意。

师：好，谢谢。对方就会肃然起敬。

生（齐声）：你们那里出咸鸭蛋。

师：这种感情比起刚才……

生（齐声）：落下来很多。

师：落下来了很多，感觉没有那么的肃然起敬了。除了这句话，还有哪些地方可以体现出汪老先生对鸭蛋的自豪感呢？还有没？来，这名女生。

生12：第二段的最后一行。"不过高邮的咸鸭蛋，确实是好，我走的地方不少，所食鸭蛋多矣，但和我家乡的完全不能相比！"

这里的"完全"和感叹号可以体现出"我"的自豪。

师：刚才老师说了要关注感叹号，她马上学以致用，很了不起。这一句也有感叹号，而且也要读出语气来，但是刚才的语气好像还是有一点欠缺，请你再来一遍吧。（指另一名同学）

生13：不过高邮的咸鸭蛋，确实是好，我走的地方不少，所食鸭蛋多矣，但和我家乡的完全不能相比！（重读"完全"，语气加重）

师：进步很大。她重读了哪一个词啊？

生（齐声）：完全。

师：对，是"完全"这个词，你们听得也认真，但是老师觉得还有一个词可以重读一下，这样更好，你们想是不是？你们班谁朗读最好呢？杨博文？是博士的博吗？

生（齐声）：是。

师：怪不得呢，好，杨博文，把这个表现的机会给你。

生14：不过高邮的咸鸭蛋，确实是好，我走的地方不少，所食鸭蛋多矣，但和我家乡的完全不能相比！（重读"确实""完全"二词）

师：比刚才怎么样？

生（齐声）：更好了。

师：是的，但我更想听听你们集体的声音，杨博文你能不能带着大家一起来读一下，起个头好不好？

生14：不过高邮的咸鸭蛋，预备起。

（齐声朗读）

不过高邮的咸鸭蛋，确实是好，我走的地方不少，所食鸭蛋多矣，但和我家乡的完全不能相比！

师：重读的应该是"完全"和"确实"对不对？还有一个词，还有一个后缀，所食鸭蛋多矣，读这个地方的时候，我们应该怎么样呢？请你来说说你怎么读的。

生15：应该拖长来读。

师：你们同意吗？

生（齐声）：同意。

师：我们就把"所食鸭蛋多矣"这一句读一读好不好？他说要拖长，我们试一试。

生15：不过高邮的咸鸭蛋，起——

（齐声朗读）

不过高邮的咸鸭蛋，确实是好，我走的地方不少，所食鸭蛋多矣，但和我家乡的完全不能相比！

师：非常好，刚才我们已经通过三个点对这句话进行了品读。值得注意的是，"多矣"是白话文吗？是现代词汇吗？不是，那它是什么？

生（齐声）：文言文。

师：是文言词汇，把文言词掺杂在里面，我们在读的时候就会有一种不一样的感觉，是一种什么样的感觉呢？又是你，你太棒了。

生16：文白杂用让我们读起来有一种幽默的趣味。

师：你说得很专业。

生17：还有一点调侃的语气。

师：还有一种调侃的语气在里面，他还说的文白杂用，你们说得太棒了。原来把文言词汇掺进里面去，就会读出不一样的情味。

生18：可以让我们感觉到一丝调侃的语气，感觉也非常幽默。

师：听清楚了吗？调侃语气，幽默，很有趣味，请大家顺手批注在旁边吧。好，那么在这一段里面还有没有其他句子可以表现这种"自豪"呢？让其他同学来，你来。

生19：还有这样一句话——袁子才这个人我不喜欢，他的《食单》好些菜的做法是听来的，他自己并不会做菜。但是《腌蛋》这一条我看后却觉得很亲切，而且"与有荣焉"。

生19：我觉得"与有荣焉"这个词很能表现自豪感。

师："与有荣焉"这个词和我们刚才说的那个"多矣"其实是一样的。汪曾祺这个人虽然不喜欢袁子才，但是因为说到自己家乡的鸭蛋，他就觉得很高兴，说明汪曾祺汪老先生是一个什么样的人呀？

生20：喜欢高邮的咸鸭蛋。

生21：因为他觉得他把咸蛋写到上面了，之后他就感觉到他和袁有共同的兴趣爱好。

师：对，同学们，这就叫作"爱屋及乌"呀！虽然不喜欢袁，但是因为《腌蛋》这一条我又喜欢你了。谁还可以继续补充？

生22：还有这样一句话——上海的卖腌腊的店铺里也卖咸鸭蛋，必用纸条特别标明："高邮咸蛋"。

这一句话说到高邮的咸蛋特别有特色，在咸蛋里面成了代表。

师：已经成了招牌了，是不是高邮产的已经成了判断鸭蛋好不好的标准，看到有高邮鸭蛋就很开心，那么刚才我们在读"高邮咸蛋"的时候也应该读得慢一点，我们再一起读一遍。

（齐声朗读）

上海的卖腌腊的店铺里也卖咸鸭蛋，必用纸条特别标明："高邮咸蛋"。

师：高邮咸蛋，要一字一顿，这样更能表现出他的自豪感。我们再来一遍！

（齐声朗读）

活动二：小组合作　鸭蛋之"趣"

师：好。同学们，但是请大家来看一看标题，文中不仅仅写鸭蛋啊，还写了什么呢？

生23：端午。

师：端午，而且主要写了端午的？

生（齐声）：鸭蛋。（笑）

师：其实除了咸鸭蛋，还写了其他的一些习俗，请大家快速浏览，看一看还有什么其他习俗。这里就要考验大家的概括能力了，要用非常简练的语言把端午的习俗概括出来。

（学生默读）

师：请你来说。

生24：习俗有系白索子、做香角子、熏五毒、喝雄黄酒、放黄烟子、吃十二红。

师：还有没有？看来汪曾祺故乡的端午非常有趣，谢谢。还有没有呢？

生25：我们那里的孩子兴挂"鸭蛋络子"。

师："鸭蛋络子"，在第几段？

生25：第4段。

师：好，同学们，接下来大家重点阅读第4段到第6段有关"鸭蛋络子"的段落，从中选出你觉得非常有趣的细节，不妨与你小组的同学交流一下，看看他找的有趣还是你找的有趣。时间是三分钟，好，开始！

师：同学们，你们都找好了吗？大家讨论得非常热烈，说明第4段到第6段这部分写得有趣的情节非常多。好，我看一下谁找的点最有趣呢！

生26：在133页的第4段最后一行——"别说鸭蛋都是一样的，细看却不同。有的样子蠢，有的秀气。"我觉得这里很有趣，别人都说鸭蛋差不多都是一样的，可这里却说出了鸭蛋的不一样，让人很好奇，而且从"蠢"字和"秀气"可以看出汪曾祺对家乡的喜爱。

师：这名同学关注的点很有意思，他抓住了关键词，请坐。同学们，你们有没有挑过鸡蛋？

生（齐声笑）：没有。

师：虽然老师也没有挑过，但是想来挑鸭蛋也是一件挺无聊的事啊，但是作者却描述得非常有趣。我们应该挑什么样的？

生27：秀气的。

师：还有呢？颜色？

生27：淡青。

师：淡青的，而且还要挑秀气的，这名同学我想请问你"秀气"是什么意思？

生27：样子很好看。

师：为什么不说挑漂亮的呢？

生27：不知道。

师：不知道，那老师问你，你挑媳妇的话，挑漂亮的还是挑秀气的？（全体大笑）

生27：秀气的。（害羞地说）

师：为什么呢？

生27：好看。

师：漂亮的也好看啊，那你为什么挑秀气的而不挑漂亮的？

生27：秀气，就是说气质好。（全体笑）

师：鸭蛋有没有气质？

生27：有。

师：很好，请坐，记住要挑秀气的媳妇。来，这名女同学，蠢的鸭蛋你喜不喜欢？

生28：也可以的，蠢的话可能相对可爱一点。

师：蠢是可爱的，没有什么不可以。但是蠢本来是形容什么的？

生28：形容人智商有问题。

师：对，形容一个人的智商有问题，鸭蛋有没有智商？

生28：没有。

师：好，一个"蠢"字，一个"秀气"，同学们，这是什么样的用法？

生（全体）：拟人。

师：拟人给了鸭蛋一股灵气，这就把挑鸭蛋变成了一件非常有趣的事情。还有没有其他地方？刚才这名同学说得很好，还有谁想试着说一说？

生29："然而它是孩子心爱的饰物，鸭蛋络子挂了多半天，什么时候孩子一高兴，就把络子里的鸭蛋掏出来，吃了。"

这句话也体现出孩子们的天真。

师：他说鸭蛋一直挂在络子里，等到什么时候呀？等到孩子一高兴的时候就把鸭蛋吃了。这个鸭蛋不仅仅是食物，而且已经成为他的一种玩具，又有趣又好吃，很好。还有没有呢？请你来说。

生30：第134页第5段——蛋黄蛋白吃光了，用清水把鸭蛋壳里面洗净，晚上捉了萤火虫来，装在蛋壳里，空头的地方糊一层薄罗。萤火虫在鸭蛋壳里一闪一闪地亮，好看极了！

这里写出鸭蛋不仅可以用来吃，吃完还可以用来玩，而且这个地方的习俗很特别。

活动三：感悟升华　"高邮"情结

师：我觉得不仅习俗很特别，习俗也非常有趣。同学们，你们想象一下现在汪老先生他又回到了高邮，回到了童年，他把鸭蛋小心翼翼地吃完，洗干净，把萤火虫放在里面，萤火虫发出的光亮印在汪老先生小时候的笑脸上，那是多么美丽的画面。可是汪老写鸭蛋仅仅是为了写鸭蛋吗？

（学生沉默）

师：我还是把他40多年之后再次见到高邮鸭蛋的场景提供给大家，同学们，这次我希望大家带着对课文的理解，一起来读一下。

（投屏显示，齐声朗读）

爸又来了劲："瞧瞧！这才是我们高邮的鸭蛋！只有我们高邮湖的大麻鸭才有能耐下这么漂亮的蛋！我们高邮……"

师：原来他更骄傲的是自己是——

生（齐声）：高邮人。

师：是的，他爱高邮的鸭蛋，鸭蛋里面蕴含着汪老先生对故乡、对高邮的思念之情。那么我们再次回到文本当中，看一看在我们的课文里面有没有像"我们高邮"这样的字眼呢？比如，"我们那里的孩子""在我的家乡"这样的字眼，这时候需要你浏览课文了。找到了就把它画出来，我们看看谁找得多。有同学举手了，好，我们从这名同学开始，你找到的是哪一个？

生31：我找到是132页的最后一行——所食鸭蛋多矣，但和我家乡的完全不能相比。这里说到"我家乡"。

师："我家乡"，在读的时候我们更要把自己当成汪老先生，要把自己和家乡融为一体的那种自豪感、那种骄傲感读出来。你再来一遍。

生31：所食鸭蛋多矣，但和我家乡的完全不能相比！

师：非常好，但和我家乡的完全不能相比。还有没有？请你来说。

生32：第二段的第10行——但不如高邮的多，可以成批输出。用别的地方跟自己的家乡对比，体现出作者对家乡的喜爱。

师：这名同学很厉害，老师本来让他找"我"和高邮融为一体的字眼，但是呢，他从另外一个角度找了一句。通过对比发现，不如"我"，不如我们的多，还有没有？请你来说。

生33：第143页最后一段——端午节，我们那里的孩子兴挂"鸭蛋络子"。这里写了我们那里，很喜欢他家乡的孩子。

师：很喜欢他家乡的孩子，我们那里的孩子，我自己也是——

生（齐声）：高邮人。

师："我"也是高邮人，"我"也是那里的孩子呀！很好，请坐！还有没有呢？来，这名学生。

生34：第132页倒数第4行——"我对异乡人称道高邮鸭蛋，是不大高兴的，好像我们那穷地方就出鸭蛋似的！"

师：同学们，说他是高邮人，他是很高兴的，但是说他们那里只有高邮鸭蛋汪老先生高不高兴？

生35：不高兴。

师：好像我们那穷地方？

生（齐声）：就出鸭蛋似的。

师：就出咸鸭蛋似的，有一种不满，有一点点生气，但是这个生气里面有没有骄傲？有没有自豪？也是有的。同学们，这些普通的字眼都是汪老先生把自己和高邮融为一体之后自然而然写出的文字，所以上课前我们说他的文字初读似水，再读——

生（异口同声）：似酒。

师：你们感受到了吗？

生（齐声）：感受到了。

师：对鸭蛋的赞美就是对故乡高邮的思念，如果思念有一种味道的话，这种味道应该是什么呢？

生36：鸭蛋味儿。（笑）

生37：高邮味儿。

师：是的，高邮味的思念。难怪我在读这本书的时候读到这么一个细节，汪老先生去世后他的儿女们商量在他的墓碑上写些什么，想来想去决定了，就写……大家猜一猜？

生（异口同声）：高邮。

师：你们已经明白了汪老先生的心，那就是"高邮汪曾祺"。这就是汪老先生的《端午的鸭蛋》，他对自己故乡高邮的思想还体现在他的许多文集当中，如果你还想再品味他的其他文字，就把这些名字记下来吧。

（投屏展示汪曾祺其他代表作，学生做笔记）

尾声

师：看来大家都喜欢上了汪老先生的文字。我开头说的那句话没错吧？很多人不知道他，但只要知道他的人都爱他。那么你们想不想过汪老先生那样的生活呢？

生（齐声）：想。

师：你们想，老师也想，我想等我老了的时候，我也能像汪老先生一样，可以一手牵着老伴，有一堆孩子围绕在我身边叫我老太太，然后我在那里写字、写美文，关键还能做一桌好饭。想过这样的生活，我们就要成为汪老先生那样的人。那他是什么样的人呢？最后把一首汪老先生的打油诗送给大家，我们一起来读一下这首诗。

（大声集体朗读）

我有一好处，
平生不整人。
写作颇勤快，
人间送小温。

师：好，这节课我们就上到这里，下课！同学们再见。
生：老师再见。

跟余老师学研究

"小标点"中的"大世界"
——《端午的鸭蛋》一文的教学切入点

故乡是漂泊在外的游子永远解不开的情结。

读沈从文，便不能不对他笔下世外桃源般的水乡充满无尽的憧憬；读鲁迅，又会对鲁镇的世态人文抱有几分遐想。不同于老师沈从文用笔墨点染的江南水乡，汪曾祺以一种轻快明丽的语言，让我们感受到作者在行文中的"文气"。这种"文气"的产生，首先要归功于作者精妙绝伦的标点使用与别致的句式。而这种别致的句式，正是因为作者在行文中巧妙利用了各种各样的标点，这些原本普通的小标点释放出了大能量，正所谓一粒沙中看世界，几个标点论文章。

一、句号营造下的"空白语义"

句号标志着一句话的结束，这已经是人人皆知的常识。可是当读到《端午的鸭蛋》时，笔者不得不对自己这种先入为主的想法产生些许质疑。此文中，句号绝不仅仅是句末的结束标志，反倒成了承载作者感情的落脚点。且看：

第一句：系百索子。五色的丝线拧成小绳，系在手腕上。

第二句：做香角子。……

第三句：贴五毒。红纸剪成五毒，贴在门槛上。贴符。

短短几句话，句号的出现频率却是相当之高。文章开头的这几句话，就让我们掉入作者营造的"标点游戏"之中,当然,这并不是作者刻意为之。细读开来,才恍然大悟,上述引文中的句号似乎起到了发问的作用。如"系百索子"这句,虽然作者用的是句号,但是我们却可以读出疑问的语气,似乎作者要表达的是"怎么样来系百索子呢"或者"系百索子是如何呢"。"贴五毒"这句,作者要表达的是"怎么样来贴五毒呢"或者"贴五毒是怎么个贴法呢"。在这里,句号造成了多种空白语义,等待我们去填充,等待读者去发现。

再如:把点着的黄烟子丢在橱柜下面,说是可以熏五毒。小孩子点了黄烟子,常把它的一头抵在板壁上。

黄烟子能不能熏五毒呢?作者不知道,作为读者的我们更不知道。一个句号,给了我们更多的思考空间,"说是可以熏",能不能熏并不重要,因为当时身为孩子的作者并不关心这个,所以作者用一个句号结束黄烟子本来应该起到的主要作用,转而写作为孩子的作者最关心的事情,写"一笔虎",句号在这里竟然可以解读出一个贪玩孩子的内心。

如此种种,不胜枚举。我们竟可以通过这再普通不过的句号,咂摸出许多的情味来。而且,将种种情感诉诸一个简单的句号,使文句更加简洁,行文更为流畅。句号,仿佛是行进过程中的一个个木桩,让读者在品读时忍不住坐下来细细品味之后,再次带着满足感悄然前行。

二、逗号调整下的"语言节奏"

"句读"向来是不分彼此的。说完句号,我们再看看汪老先生是如何挑战逗号的"学术权威"的。逗号在一句话中原本起着停顿的作用,可是在本文中,逗号丝毫没有影响文章意脉的涌动。比如:

第一句:黄烟子是大小如北方的麻雷子的炮仗,只是里面灌的不是硝药,而是雄黄。

第二句:这三样,在我的家乡,都不贵,多数人家是吃得起的。

这两个句子都不长,其实读到这种并不算长的句子,读者都会有一种想一气呵成读完的冲动,可是在汪曾祺这里,这种想法实现不了,而这,恰恰是因为逗号的存在。

原本就是一个像炮仗的东西里面灌了雄黄而已,汪先生偏偏没有直接把事实的真相一语道出,逗号在这里的短暂停留,像是一个淘气的孩子,更觉得作者也是在淘气地向所有的读者"卖关子"。如果我们把上述引文的两例换成正常的语序,将会是:

第一句:黄烟子是大小如北方的麻雷子的炮仗,只是里面灌的不是硝药而是雄黄。

第二句：这三样在我的家乡都不贵，多数人是吃得起的。

如此这般比较之后，我们不禁恍然大悟，原来一个逗号竟然是这么的重要！如第二句"这三样在我的家乡都不贵"，取消了两个逗号后，比起原文来，竟可以说是索然无味了！"这三样"与"在我的家乡"后的逗号，可不就像是音乐中的音符一样，给原本平淡的一句话"谱上了曲子"，可以有一种清丽明快的节奏，真是妙极！美极！

再如：鸭蛋络子挂了多半天，什么时候孩子一高兴，就把络子里的鸭蛋掏出来，吃了。

此处句号便不再含有发问的语气，本身是两个连贯的动作——"掏出来"和"吃了"，作者却有意造成停顿感。而这句话的美感也就在逗号中诞生了，"把鸭蛋掏出来吃了"，似乎并没有多少美感可言。但是加上一个标点，仅仅是一个逗号，节奏全出。

三、叹号中的"复杂情愫"

《端午的鸭蛋》中句号、逗号的使用已经让文本有了错落有致的节奏感，初次默读此文，我便已经被文中此起彼伏的情味打动着。待读到几个感叹句后，更是不由得啧啧称叹。整篇文章使用感叹号的地方一共有八处，有两处是引用别人的话，略去不提。

双黄鸭蛋味道其实无特别处。还不就是个鸭蛋！

这两句其实是既有上文提到的句号的妙用，也有感叹号的妙用。从文中我们可以得知，汪先生的家乡高邮盛产鸭蛋，那里的鸭蛋首要的特色是双黄。鸭蛋是作者童年端午的美好回忆，自然也是作者引以为傲的事物，那么在这里——"还不就是个鸭蛋"，又有着怎样的情感流动呢？

其实，作者深知，当他要介绍鸭蛋时，作为读者的我们自然会质疑，很多读者都会在心里充满疑问，也忍不住在心里想——我们的故乡也有鸭蛋，汪先生你家那儿的鸭蛋有什么特别之处呢？作者正是因为站在读者的角度思考，才会把读者的疑问直接在文本中描绘出来。"还不就是个鸭蛋"，其实是作为读者的疑问出现的。作者这种把读者的内心也带入文章中来的写法，实在让人不禁莞尔一笑。

那么，这个感叹号里又包含着多少情愫呢？在上述引文中的这个感叹号中，既有作者代读者阐述疑问时的质疑，也有作者的一种得意，因为在后文中作者将会详细介绍"高邮咸蛋"到底好在哪儿，所以这也算是一种先抑后扬吧。我们似乎可以透过文字，想象作者现在正像一个淘气的孩子一般，藏匿在文字的背后，等着看作为读者的我们读到"高邮咸蛋"时赞不绝口的样子。

第一句：不过高邮的咸鸭蛋，确实是好，我走的地方不少，所食鸭蛋多矣,但和我家乡的完全不能相比!

第二句:我在北京吃的咸鸭蛋,蛋黄是浅黄色的,这叫什么咸鸭蛋呢!

上述引用的这两句,是作者为数不多的直接夸赞故乡鸭蛋的句子。第一句,起笔本也是平淡的一句话,无非是从正面赞美家乡的鸭蛋,"矣"这个语气词,又给读者造成语义渐行渐缓的停顿感。这个句子,本以为可以马上稳地画上一个句号,可是到最后一个小短句,却以一个出其不意的感叹号戛然而止。这是一种什么样的情感?如果真的要给这种情绪的流动一个确切答案的话,我想,这也许是在平淡的叙述中激发的一种对故乡发自肺腑的骄傲吧!

第二句,句子前半部分和第一句类似,都算是在平淡之中有"惊雷"。北京的鸭蛋不如作者故乡高邮的鸭蛋,不如就不如罢了,作者反而说——"这叫什么鸭蛋呢",这样的语气,我们不能无视。这是一位什么样的游子啊!这不仅是一位在向我们津津有味地介绍故乡种种好处的游子,更可以说是一个对故乡颇为骄傲的孩子。

四、问句统领下的"问与答"

几番细读《端午的鸭蛋》,便被此文中错落有致的句式深深打动,尽管只是默读,却仿佛已经如吟诵一般读出其中的音乐感。本以为,句号中包含着无尽的空白可以填充,逗号作为音符般对节奏进行调整,感叹号凝聚着作者纷繁复杂的感情,这已经是标点运用的极致了,忍不住再次浏览文中几处问句,便又是赞不绝口。

文中一共有四处使用了问号,为了方便叙述,笔者在此处全部摘录如下:

第一句:一尺来长的黄色、蓝色的纸条,上面用朱笔画些莫名其妙的道道,这就能避邪吗?

第二句:端午一早,鸭蛋煮熟了,由孩子自己去挑一个,鸭蛋有什么可挑的呢?有!

第三句:挑好了,装在络子里,挂在大襟的纽扣上。这有什么好看的呢?然而它是孩子心爱的饰物。

第四句:不过用萤火虫照亮来读书,而且一夜读到天亮,这能行吗?车胤读的是手写的卷子,字大,若是读现在的新五号字,大概是不行的。

这四处问句,虽然是由作者写出来的,却全是代替读者的发问。有的问句后面接着跟上了答句,如第三句。有的问句虽然后文没有明显的答句,却也因弦外之音给文本增添了更多的亮色。

第一句,这就能避邪吗?笔者忍不住在内心发问,故乡的传统是否灵验真的那么重要吗?传统习俗留给我们的远远不是封建旧习,而是回忆起曾经在故乡经历过的种种仪式感后,留下的专属于当地人的"故乡味"。所以,作者代读者发问，虽然没有正面的回答，但这一段中种种习俗的罗列已经是最好的回答了。我们盼着过端午，额头上"莫名其妙"的道道是作者儿时抹不掉的快乐回忆，自然，能不能避邪并不重要。

第二句，鸭蛋有什么可挑的呢？作者直截了当地回答——有！当然有，而且只有土生土长的高邮人才知道，"一要挑青壳的"，二要"挑形状好看的"，作者自问自答，更像是一种戏谑，会挑鸭蛋仿佛成了一种本领。诚然，这种挑鸭蛋的快乐也并不是常人可以感受到的。

第三句，这有什么好看的呢？与第二句的情绪相似，正所谓，内行看门道，外行看热闹。作者是在骄傲自己"内行"的身份。

第四句，这能行吗？后来作者回答，"这大概是不行的"。但是，洗净的蛋壳里装上萤火虫，本身就是孩子的戏作，作者怀念的便是孩提时萤火虫照亮下的故乡，能不能照亮来读书，这显然并不重要。

读汪曾祺先生《端午的鸭蛋》一文，是一次多么奇妙的"裸读"经历。因为并没有受到其他资源的干扰，眼前的文本和些许的注释已经是全部，这就让笔者真真切切地深入文本中来，深入字里行间来，圈点勾画之后，不能不被行文中抑扬顿挫的节奏感深深打动。而这，很大限度上归因于标点的妙用，它们使行文中的感情如行云流水般流淌。

所以，如果尝试以标点作为教授此文的切入点，相信会让学生懂得，原来——巧用标点，文章可以如此美好。

跟余老师学做人

朴实无华的摆渡者

我不是一个专业的师范生，但是——

我知道的第一位著名语文教师的名字就是，余映潮。

我买过的第一本和语文教学有关的书，是余映潮老师的《文本解读的智慧》。

我读过的第一位语文教师课堂教学实录，是余映潮老师的《记承天寺夜游》。

语文专业的摆渡者——读余老师的书

其实不仅对我自己而言，但凡对语文教育界有些关注的老师，没有哪位是不知道余映潮老师的。余老师的一些经典著作，甚至已经成为优秀语文教师必备的案头书了，余老师可以说已经成为千千万万语文人在语文教师这个职业中的摆渡人。

摆渡，从此岸送往彼岸。余老师，用自己的书籍做楫，将一拨又一拨徘徊在语文教学门外的老师们送向专业成长之路，这一点我自己便深有体会。

初登讲台，遇到的每一篇课文，我也都是认认真真去看教学参考书，仔仔细细去百度一些名师的教学设计，模仿，甚至将名师们的教学设计几近背诵下来一字一字地挪用到自己的课堂中。可这样做，总是有种隔靴搔痒之感，总觉得这样的课堂缺少自己的影子。我的的确确不知道如何备课，也可以说，不知道从何做起来提高自己的备课能力。

这时候，余老师来了，虽然工作室的学习时间有两年，但是余老师依然按照语文教师成长的规律制订了详尽的学习规划，而工作室的第一课，便是学习如何进行文本解读。

余老师让我们从文本解读开始，提高自己研读文本的能力，所以余映潮老师《文本解读的智慧》就成了我的第一本与语文教学有关的专业书籍。拿到这本书后，我才彻底明白了"文本解读"四个字的重要性；看到书中众多名家对文本解读的示范，我才明白原来不同的文体需要侧重的解读重点和解读方式都是有据可循的。这本书对我意义非凡！也可以说，这本书的存在，在一定程度上促进了我在语文教学这条路上越走越远。

无独有偶，在我工作的第二年，龙华区举办了初中语文教师综合素质大赛，初赛在无资料、无网络下进行文本解读，那一次的文本解读我获得了一等奖的成绩，我也由此越发肯定自己，故而在语文教学这条路上愈发坚定地走了下去。

妙语雅言直入心底——听余老师上课

都说文如其人，对余老师而言，则是课如其人。余老师上课朴实无华中又闪耀着智慧的光芒，余老师本人淳朴真实又浑身散发着学者的气息。

雅致。听余映潮老师上课，会被余老师嘴中吐出的那些雅词雅句征服，很多词汇之前并未听过，也许是余老师的首创，可是听起来是那么的有韵味，那样的值得咂摸。我想，作为一位语文教师，用自己的教学语言让学生感受到祖国语言文字的韵味，余老师将这一点做到了极致。如听余映潮老师讲读《春》，先将课文进行系统研读，出示"生动叠词"，次而关注文中的"精妙炼字"，转而关注文中的"含情反复"，再关注文中的"五觉写景"……余老师用自己的独到智慧，开创了语文教学中太多雅致的术语，而这些语文味儿术语的存在也让余老师的课堂充满了无穷的韵味。

精练明晰。听余老师上课，看到余老师的课件，你都会觉得余老师才是真实在教授语言文字，而不是采用多媒体冲击文字的课堂。纯白色的背景，黑色的字，没有图片的乱入，没有稀奇古怪的字体，原汁原味的文字教学当是如此。此外，余老师的教学语言还无比精练，指令性的语言非常明确。在余老师的课堂上，每一次训练指令都非常明确又简练。有些名师公开课常常需要"制造"一些效果，一旦课堂陷入沉寂便觉得不自在，一旦学生难以回答出教师的问题，就觉得要刻意避开。在余老师的课堂上则不然，一切都是自然而然发生的，学生难以回答出来的问题，余老师的处理干脆利落，或是通过教师的直接讲解，或是通过记笔记的方式，总之余老师是站在"有效学习"的根基上来组织课堂教学的。这样的课堂才是有效真实的，才是贴近学生学情的。

观余老师上课，常常会想到余老师在自己书中提到的格言——耐力是一种智慧。看着余老师几十年来一直将自己的时间奉献于对语文课堂的研究，看着余老师每次风尘仆仆地从远方赶来，看着余老师一次次突破自己带来新的教学创意，你不能不敬佩，不感动，不为之深深折服。

穿越课堂的力量——学余老师做人

没见到余映潮老师之前，余老师是我在走向语文教师专业成长之路上灯塔一般的存在。以至于当我作为余映潮老师工作室成员，能够整天整天地坐在余老师身后，看着余老师认认真真记录着课堂中发生的点点滴滴时，一切都似乎是那么的不真实。

研究的心态让余老师精神矍铄。整整齐齐有条不紊的，脸上是永远挂着笑的，这便是余老师每次出现在大家面前的样子。那种微笑是那样的真切又没有一丝一毫的做作和伪装。一台笔记本，一个水杯，一个手提包，余老师就这样来了，笑语盈盈的样子。每一次工作室成员授课，余老师都几乎将整堂课的过程全数记录下来，师生对话、课堂设计、存在的问题、新的创意……随着课堂的结束，余老师对这节课的记录及创意也已经全部整理完毕。看着眼前这位两鬓斑白已经七十多岁的老人在这么短的时间里能够完成这么多的工作，我们常感自惭形秽；但看到精神十足又时时刻刻带着笑意的余老师，我们也才明白，研究的心态确实是永葆青春的秘诀。而在这高强度的工作背后，却是余老师极度的睿智和严谨的思维。

我常常想，其实不管余老师从事何种职业，有了这份严谨细致，焉能不成为大师？

　　余老师工作室有一个常规活动，每次余老师提出训练主题，都会让学员先进行课堂展示。一开始，承担上课任务的学员都难免心理有压力，因为余老师就坐在学生中间，余老师正在认真记录着大家的一言一行，而余老师作为语文界大咖级专家，自己的课能否经受住考验更是让上课者如履薄冰。但是每次课后，余老师都会微笑着走上讲台，先来说说执教者课堂的精彩之处（一二三四），再指出可以改进的地方（几处），然后再结合自己的思考，说说自己对这节课的新创意。没有指责，没有推翻，没有大师的架子，就像是一个善于发现对方亮点的朋友一样淡淡地说出来，这就是余老师的做派。

　　课如其人，这就是余映潮老师，著作等身的余老师，儒雅淡泊的余老师，哪怕在自己已经到了本该安享晚年的年岁，依旧风尘仆仆四处传播教学智慧的余老师。

　　余映潮老师，真真实实做研究，用心用情去渡人。

余映潮老师和刘杨老师合影

教坛幸遇启明灯 不辞长作语文人

——王俊珍跟余映潮老师学教语文

学员档案

王俊珍，广东省深圳市龙华区潜龙学校语文老师。龙华区教坛新秀，先进教育工作者。曾获"新作文杯"全国中小学作文教学创课大赛初中组"特等奖"、深圳市初中语文教师命题能力大赛一等奖。先后在《中国教师报》《中学语文教学参考》等刊物发表论文。主持区级课题《基于"双素养"提升的初中语文配套硬笔书法教材开发与实施》。

跟余老师学上课

小说教学的习得与生长

——《喂——出来》教学实录

授课时间：2015年6月5日

授课地点：广东省深圳市龙华区潜龙学校（八年级）

课前热身，导入课堂

师：同学们好。今天课前老师想和大家分享一个戛纳获奖短片《黑洞》。

（教师播放视频，学生静静观看）

师：看过视频后有什么想说的？

生1：这个片子结尾写"贪欲走向毁灭"，我觉得那个人最后困住了自己，就是因为他太贪婪了。

生2：他只知道索取，却不懂得节制，所以毁灭是必然的。

师：这个黑洞启人深思。课文《喂——出来》也讲了一个神奇的"洞"，课前布置同学们阅读，你们觉得这两个洞一样吗？

生3：不一样，我觉得课文中这个洞在提醒我们保护环境。

生4：感觉都很神秘，又不相同，课文中的洞应该有多重含义。

师：同学们结合自己的阅读体验有一定思考，下面我们一起来研读日本科幻作家星新一的《喂——出来》。大家先齐读题目。

生（齐读）：喂——出来。

师：刚才我听出了不同语气，这里到底应该怎么读？

生5：应该是"呼唤"吧？"喂"拉长了读。

生6：我觉得是一种命令，就是有什么东西在里面，但不知道，然后就以命令的口气那样喊：喂！出来！

师：这个问题留到后面我们再来研讨。我们先一起来看看今天的学习任务，请大家看着屏幕齐读：

（1）整体感知，把握情节。

（2）因果探究，研讨主旨。

（3）品味细节，品析语言。

（4）合理续写，延展提升。

一、整体感知，把握情节

师：本文作者星新一是日本科幻小说作家，以微型小说创作著称。文章翻译也非常棒，特别是词语运用。请同学们迅速浏览课文，把"四字词"画出来。

生静静读书，画出四字词，分享。

屏幕显示：

深不可测　颤颤巍巍　七嘴八舌　众说纷纭

莫衷一是　微不足道　闻风而来　一掠而过

镇定自若　寸步不离　小心翼翼　众目睽睽

震耳欲聋　源源不断　经久不息　来者不拒

胸有成竹　不容置疑　扫兴而归　异口同声

万无一失　慷慨大方　一视同仁　任劳任怨

师：请同学们挑选一部分，根据文章内容，组成一小段话，概说本文讲了一个怎样的故事。

生7：台风过后，村外的小庙被卷走，留下巨大而深不可测的洞，商人买下了它，许多人来这里投放垃圾。后来，先前抛起的小石头掉下来，却没有被注意。

生8：台风过后晴空万里，出现一个深不可测的洞，人们七嘴八舌议论，一个商人买下洞投放垃圾，慷慨大方的洞一视同仁，任劳任怨。最后天空有个小石子一掠而过。

师：概括小说有方法，最基本的是三要素法——（生齐说：情节、环境、人物）。是的。此外，情节有开端、发展、高潮和结局，所以你的概括应该最大限度地包含这些基本要素。比如，刚才两名同学讲故事的开端，哪个更好一些？

生9：我觉得第一个更好，因为他讲出了"庙被卷走"，我觉得这是很重要的细节。

师：找到因果关联，保留重要细节，很好。继续说。庙塌了，出现一个洞。洞出现以后，人们做什么？

生（七嘴八舌）：就去观察它，议论它。

师：就去观察洞，更简练一点说是探洞。这时出现了一系列的人物，他们都做了什么？

生10：他们都在研究洞，还试着往洞里扔东西，村民在洞周围围起了栅栏。

师：对。探洞这个环节也不能少。探洞结果如何？

生11：往里面丢各种不同的东西。

师：为什么往里面丢东西？

生12：因为洞很深。

师：洞很深，就能往里面丢东西吗？

生12：因为商人成立填洞公司。

师：商人是怎么成立公司的？

生13：答应修一座庙，取得营业许可证。

师：对，必要的情节不可省。填洞公司成立后，人们就心安理得地往里面扔东西。结果呢？

生14：洞里的东西出来了，有叫声和小石子。

师：刚才我们对情节做了一个梳理，现在看看怎么样概括更全面。大家组织一下语言，请一名同学讲讲。

生15：台风过后，庙被卷走，出现一个深不可测的洞。村民七嘴八舌商量，很多看热闹的人们都来研究这个洞，最后商人以修庙的条件换得该洞的专利权，人们争先恐后往洞里丢各种废弃物，直到最后洞里的东西都从天空中出来了。

师：概括全面、简练，有进步。文章结尾的叫声和小石头是从哪里来的？

生（齐声）：头顶。

师：能不能猜一下，接下来还会发生什么样的事情？

生16：从天上掉下绳子。

生17：废品。

生18：各种声音。

生19：垃圾。

生20：工业垃圾。

生21：还有负心恋人丢进去一起拍的照片，还有警察丢进去的假钞票，还有订了婚的姑娘丢进去的日记，以及传染病大学的研究生丢进去的动物尸体。

师：如果这些东西都从洞里面纷纷涌现出来，对于城市来说，这叫什么呢？

生22：灾难。

师：概括很精准。那么谁是这场灾难的罪魁祸首呢？

生23：人类自己。

师：这个有点泛，得结合文本具体分析。现在我们做一个奇案探秘。每名同学都是侦探，用你的锐利眼神侦查一下，谁最该为这样的灾难负责，并阐述理由。

屏幕显示：

谁是罪魁祸首？

二、因果探究，研讨主旨

生24：我觉得是投机商人。从小说内容看，如果他没有买下这个洞，很多人都不会把这些东西丢进去。

师：你的依据？

生25：第40段"这位专利权所有者就叫他的伙伴们在城里到处奔走，用各种方法进行宣传"。还有第41段，"这是容纳原子能反应堆的核废料等危险物品的最好的场所。机不可失，时不再来！"

师：你认为这个投机商人怎么样？

生26：他很贪婪，他对这个洞是未知的，但他还是成立了这样一个公司，然后让大家把那些废品全部扔进去。

师：他为什么要成立填洞公司？

生27：牟利。

师：为牟利而不顾一切，这就是商人的本性，用一个成语来说就是——（生齐答：唯利是图）。

师：表达见解要观点明晰、有理有据，把你刚才说的这些内容组合在一起，重新讲一遍。

生28：我觉得是投机商人。投机商人买下这个洞，并且进行了各种广泛的宣传动员，导致大家把各种废品扔进洞里。投机商人唯利是图，为了得到利润和钱财不择手段，是他的贪婪引发了这场灾难。

生29：我认为是学者，因为他说了一句"赶快把它埋掉"。学者也不知道洞是什么，但他觉得，这是一个深不可测的洞，它的深度至少有5000米，他的谎言促使了投机商人填洞。

师：不错，我们再来看，学者为什么要把洞埋掉？

生30：因为他太虚伪了。

师：在原文中找出依据，读一下。

生31："虽说事情还没弄清楚，但还是赶快处理掉为妙，免得堂堂学者当众出丑。"

师：这样的学者你觉得怎么样？

生32：没有尽到他的责任。

生33：爱面子，很自私。

师：谁来总结一下？

生34：是一个爱面子、很自私、不负责任的学者，在弄不清楚事情真相时，胡乱编造了一个谎言，导致了这场灾难。

生35：我觉得还是村里人。因为如果村主任当时胆子大一点，不轻信学者的话，坚持自己的立场，就不会让投机商人有机可乘。

师：继续说，论证你的观点。

生35：在115页第31段，"可是，这个村庄里的村主任却不同意。"可到后面116页第34段，"村主任还没来得及回答，村民们就异口同声地叫了起来。'这是真的吗？要是造在离我们村庄更近一点的地方就好了。''一个洞有什么稀奇的，现在就送给你吧。'"村民们看上了投机商人对于他们的利益，所以愿意把洞交出来。如果他们当时没有把洞交出来，就不会有商人买下洞、成立填洞公司等一系列的事情发生。

师：投机商人给村民的利益，你如何看待？

生36：这只是眼前的利益。

生37：村民们目光短浅。

生38：我认为还比较自私。

师：大家讨论很深入了，现在我们再总结一下上面的内容。

生39：是没有主见的村主任和目光短浅的村民导致了这一灾难。村主任轻信他人，村民盲目地追求眼前利益，直接导致洞被卖被填，直至最后灾难来临。

师：表达观点越来越清晰，论述越来越深入。继续说。

生40：我觉得应该是政府有关部门。116页的第42段中，"不久，政府有关部门发给了营业许可证。许多原子能发电公司都争先恐后地前来签订合同。"也就是说，政府部门如果不发营业许可证，就不会有后面的一系列事件，不会有许多人把这些废品丢到洞里，所以我觉得应该是政府有关部门。

师：给政府一个评价。

生41：不负责任。

生42：不作为。

生43：不是不作为，而是乱作为。

生44：我觉得是"有的人"。

生45：看热闹的和投垃圾的。

生46：从居民到罪犯都是有罪的。

师：如果是你，面对这样一个洞，会不会像这些人一样往里面扔垃圾？

生47：不会。

生48：会。

师：为什么？

生48：因为人类的垃圾太多了。

师：扔进去的全都是垃圾吗？

生48：也不全是，日记本就是为了掩藏过去，还有犯罪人的证据，流浪者的尸体。

师：通过我们刚才的研读，我们发现小说中几乎所有的人都是这一灾难的制造者。这一个洞，照见的恐怕不仅仅是现实的垃圾，还有——

生（齐声）：心灵的垃圾。

师：对，人性的垃圾。现在回顾一下我们课前播放的《黑洞》，两者有没有共同点？

生49：我认为《喂——出来》这一课的"洞"，比那个"黑洞"更深刻，那个"黑洞"直接照见人心的贪婪，而这个洞是间接反映人性的各种弱点。

师：能够从表现手法方面进行对比，这是文学的阅读，不错。关于小说中的"人性"，鲁迅和沈从文都有过论述，我们来看一下（一名学生读）：

屏幕显示：

沈从文《萧萧》的"前言"中说："我只建造一座小庙，在这座小庙里，我供奉的是人性。"

鲁迅说："说到为什么做小说吧，我仍抱着十多年前的启蒙主义，以为必须是'为人生'，而且要改良这人生。所以我的取材，多采自病态社会的不幸的人们中，意思是在揭出痛苦，引起疗救的注意。"

师："文以载道"，大概用在小说方面最为恰切了。确实，"人性"是复杂的存在。我们再来看这篇小说，你觉得星新一想告诉我们什么？

生50：人类对大自然的破坏，大自然也会用同样的东西还给我们。我们人类把那些垃圾全都扔到洞里，等到最后，洞又会降下来这些垃圾。这叫作种瓜得瓜，种豆得豆。

生51：这篇文章表达的应该是因果关系，一件事情有因必有果。洞的出现，有它的原因。怎么说呢？人类往里面丢垃圾，这些垃圾本来不应该属于这个洞，但人类强加于它们，也必定要承担相应的后果。

生52：他是在讽刺那些贪婪的人，大家只是为了自己的利益，而不是为了整个人类着想。

生53：作者是想讽刺那些无知的人类，还有揭露人类对环境的破坏和漠视。

师：同学们站在局外人的角度审视小说，看到了许多荒谬与悲哀。我们现在回到文本，人们往洞里扔东西的时候，他知不知道后果？

生（齐声）：不知道。

师：商人在成立填洞公司的时候，知不知道会有这样的后果？

生（齐声）：不知道。

师：他们有各种各样的弱点，但原意并非制造这场灾难。我们从中读出，人类在大自然面前，是一种什么状态呢？

生54：无知和盲目。

师：好，他不知道，就扔进去，这说明了人类在面对大自然、面对他的生存环境时，是无知、无奈的。一篇好的小说，可以承载多方面的深刻思想。现在我们再来研究一下，科幻小说有哪些区别于一般小说的特点？

生55：幻想。

师：是漫无边际的幻想吗？

生56：应该是有一定的现实关联吧。

师：举个例子，这篇文章讲到了日常的垃圾，大家想一下，我们生活中的废水，都排到哪里去了？

生57：下水道。

师：经下水道最后排到哪里去了？

生58：大海。

师：我们为什么要排到大海里去？

生59：因为不会造成太大的伤害。

生60：没有地方处理。

师：没有地方处理，就给大海，大海就相当于一个无底洞。

生61：大海是无止无境的。

师：现实中，我们不停地往大海里排放污水，往大山上堆放垃圾，潜意识里，我们都把这些当成了无底洞。作者星新一就把这个洞进行了一个夸张和想象，把它变得特别大，变成了一个深不可测、无所不容的洞，这是现实中人们侥幸而盲目的心理在小说中的反映。这样看来即使是科幻小说，也是源于生活,高于生活的。

三、品味细节,品析语言

师:有了精妙的思想和构思,还是不一定能创作出好的小说。我们看看星新一如何把思想的火花呈现在语言上。

这是原子能废料运来时的情景,仔细看看上下两句的区别:

屏幕显示:

(1)卡车在公路上奔驰着,源源不断地运来了许多铅做的大箱子。箱盖在这个洞的上方自动地打开,原子能反应堆的废料就倾泻到这个洞里。

(2)原子能发电公司,把原子能反应堆的废料倒出来了。

生62:(1)句的细节更多一点,前面作了很多铺垫,他说卡车在公路上奔驰着,源源不断地运来了许多铅做的大箱子。后面的句子中没有这么多的细节。

师:源源不断说明了一个什么问题?

生62:垃圾多。

师:垃圾多,量大,对环境的破坏相当严重。这是写事的语言。再来看一组写人的语言:

屏幕显示:

(1)学者不禁心里有些发虚了,他装着镇定自若、胸有成竹的样子关掉了扩音机,用不容置疑的口气吩咐道:"赶快把它埋掉!"

虽说事情还没弄清楚,但还是赶快处理掉为妙,免得堂堂学者当众出丑。

(2)学者不禁心里有些发虚了,他镇定自若、胸有成竹关掉扩音机,用不容置疑的口气吩咐道:"赶快把它埋掉。"

虽说事情还没有弄清楚,但还是赶快处理掉为妙。

生63:(2)句比(1)句少了学者说赶快把它填掉的原因"免得堂堂学者当众出丑"。好像他真的很了解似的。

师:"镇定自若、胸有成竹"的前面,有一个什么词?

生齐答:装着。

生64:他已经有一点发虚了,但爱面子,所以"装"。

师:对,但他的口气又是"不容置疑"的。谁来读一读这句话?

生读。

师:你读得有点心虚哦。"不容置疑"的意思是不容许有一点点疑惑,应该读出一种强烈的自信和肯定。

(学生再读,语气和情感有明显变化)

师:看来你已经相当有自信了,告诉老师,你相信你说的话吗?

生65(笑):不相信。

师：表面不容置疑，其实心里很虚。再读，把这种感觉表现出来。

生再读。全班笑。

师：你们为什么笑？

生66：他为了表现心虚，故意搓着两手。

师：用细微的动作表达人物心理呀！不错。说说你听到的学者其人，用四个字。

生67：口是心非。

生68：虚伪狡猾。

生69：死要面子。

生70：色厉内荏。

师：看来好的语言能够生动地凸显人物的性格特点。现在我们回过头，想一想"喂——出来"这个标题应该怎么读。你现在认为是呼唤还是命令，或者是别的？

生（齐声）：命令。

师：何以见得？

生71：因为那个年轻人盲目无知，还很自以为是，就跟学者和其他人一样。他不可能温柔地呼唤。

师：联系小说主旨品味语言，体会情感，很好的读书方法。

同学们，文章中还有多处这样极富表现力的语言。正是这些传神而独特的语言，使小说在细节上见功夫，塑造人物形象，凸显深刻主题。

现在我们对本课进行一个总结，这篇小说在以下几个方面值得我们学习：

（1）深刻而内蕴的主题。

（2）巧妙而合理的情节。

（3）传神而独特的语言。

五、合理续写，延展提升

师：下面我们进入最后一个环节，根据刚才归纳出来的要素来续写这篇课文。先思考一下，然后口头说出来。

生72：过了一两天，那些原本掉在洞里的原子反应堆的废料，突然从空中倾泻了下来。随后那些无人认领的流浪者的尸体，以及那些被罪犯扔掉的罪证和政府官员不需要的机密文件全都倾泻了下来。

人们被折磨得走的走、跑的跑。原本城市中的房屋都被那些箱子给砸得千疮百孔，那些被毁灭得破烂不堪的房子，旁边还竖着一块已经很破碎的木板，上面写着"填洞公司"。

师：同学们听着就笑起来了，灾难后的情景描述想象非常丰富，场面感很强。结合我们之前就主题、情节、语言的概括，来评价一下。

生73：他的主题和原文保持一致，掉下来的废料、尸体、机密文件和小说一致。

师：对，前后照应，这是小说很重要的笔法。

生74：他用词传神，很有表现力，也体现了讽刺意味。很多四字词，千疮百孔、破烂不堪等。

师：传神而独特的用词。不错！谁再来接续？

生75：过了几个小时之后，有一个秤砣掉在一位老人的院子里，老人觉得它跟几年前扔进去的那个秤砣一样，然后就说给年轻人听，但是没有人相信他。

渐渐地，很多垃圾、尸体都掉下来了，连雨水都变得像污水一样，许多人不得不离开这个地方。过了几年，所有人都走了，这个地方最后慢慢变得寸草不生，被所有人遗忘了。

生76：我认为这个接续也体现了照应的特点，如秤砣。

师：继续说。

生77：我觉得缺乏细节，过于简单，也没有情节的变化。

师：虽然合理，但没有展开情节。还有哪名同学来试一试？

生78：几天后，天空中掉下来一个秤砣，秤砣砸死了走在街上的一个人，其他人看到了都很惊讶。他们发现秤砣上面系着一条很长的粗绳，一直连到天上，但不知道它是从哪里来的。为了防止再出现其他一些什么事情，人们就用刀把绳子给割断了。在这件怪事发生之后不久，突然间整座城市响起了各种各样震耳欲聋的声音，把很多人的耳朵都给震聋了。

这件事上了新闻头条，有一个村里的人就说这是洞闹的鬼。人们都没有证据，警方也没有什么线索，大家都不相信他。可到了后来，源源不断的工业废料、生活垃圾，还有其他的废品都从天空中倾泻下来，整座城市就像一个巨大的垃圾场。原先居住在那里的人，都因为这些垃圾被杀死了，而有一些人侥幸逃出城外。此后，这座城市里面，还有这座城市周围的几百里都没有人居住，也不再适合居住了。

师：整个城市和城市周围都不能居住了，真的是搬起石头砸自己的脚。情节更加丰富，但是细节描写还需要增加。布置一个家庭作业，今天晚上请同学们根据口头作文，按照我们讲的三个要素，续写这篇小说。

今天的课就上到这里，下课。

> 跟余老师学研究

从"心随物动"到"物我同一"

——《紫藤萝瀑布》情景交融艺术探析

"心物感应"是中国古典美学中的一个重要命题，也是文学作品情景交融的基础。刘勰《文心雕龙》较深入地阐释了"心物交融说"，其中指出"物色之动，心亦摇焉""物色相召""情以物迁，辞以情发"。王国维《人间词话》则将"心"与"物"的关系分为"有我之境"和"无我之境"，认为"入乎其内，故有生气。出乎其外，故有高致"。依据上述观点，"心物感应"大致可以分为三个层次，即心随物动、物以情观、物我同一。

许多脍炙人口的写景散文都将景、情、理进行了不露痕迹而浑然一体的融合，中学课本入选的都是这样的经典名篇。在教学这些篇目时，如果能从文学创作的角度探讨"心物感应"而达到情景交融的路径，不仅能帮助学生习得同类文章的阅读鉴赏方法，更能拨去他们在阅读托物言志类散文作品上的迷雾，从而达到更高的层次。

《紫藤萝瀑布》一文中，作者不仅浓墨重彩、热情洋溢地描绘了盛开的繁密的紫藤萝，更通过驻足观赏、抚花思人，获得了关于生命的持久的精神力量。这是一篇心物感应、情景交融的典范之作，完美地展现了"心随物动"到"物我合一"的过程。

一、心随花动，触花生情

文章开篇只有短短一句"我不由得停下了脚步"，一树紫藤萝，一个行路人，原本是互不相干的主客体：紫藤萝兀自旺盛而热烈地盛开，行路人自匆匆而焦虑地奔走，只因这一"停"，紫藤萝这一物便与"我"这一人结下了不解之缘。

"停"，是这句话的句眼。作者不做任何交代和铺垫，就那样突兀地写"我""停下了脚步"，而这一"停"，并非刻意为之，而是"不由得"。紫藤萝突然闯进"我"的视线，"我"的"心"瞬间为之而动，"我"对"花"产生了触电般的感觉，这种感觉是如此强烈、如此急切，以至于"我"无法控制自己的脚步，"不由得"停了下来。从情景交融的角度看，这属于"触景生情""即景生情"。那么到底是什么样的瞬间能触碰"我"的心扉呢？

文章第二段顺势交代"从未见过开得这样盛的藤萝"，"从未见过"承接"不由得停住"，"盛"字揭示了"花"震撼"我"的触点。"盛"有茂盛、旺盛、兴盛之意，可以说，下文所有关于紫藤萝花的描写，都在"盛"锁定的范围内。"盛"是客观物象，是自然风景，是紫藤萝花的真实描绘。"只见一片辉煌的淡紫色，像一条瀑布，从空中垂下，不见其发端，也不见其终极"，"辉煌"一词尽管带有夸张色彩，但仍是真实的状物，写出了瀑布那种铺天盖地、汪洋恣肆的特点，铺陈描绘，极言花"盛"，言辞之间虽有掩抑不住的惊喜与赞叹，但表达极为隐蔽，留下了更多空间给读者去体会。"紫色的大条幅上，泛着点点银光，就像迸溅的水花"，这几句画面感十足，"紫色""银光"给人强烈的视觉冲击，"大条幅""迸溅的水花"两个比喻，化陌生为熟悉，化抽象为具体，均为作者视线观照到的"景物"，这正是王国维所说的"有我之境"，在浓墨重彩、精雕细刻的描写中，饱含了作者初见紫藤萝瀑布浓烈而炽热的感情，情借景存，情随景迁。

除此之外，文中还有不少地方运用"白描"手法，如"花朵儿一串挨着一串，一朵接着一朵"，那种挨挨挤挤的姿态顿时跃然眼前。"仔细看时，才知道那是每一朵紫花中的最浅淡的部分"，"每一穗花都是上面的盛开、下面的待放。颜色便上浅下深……"，作者"究物之微妙"，是何其精细！《紫藤萝瀑布》既是一幅色彩鲜艳、富有光泽的油彩画，更是一幅细致入微的工笔画，还是一幅意韵生动的水墨画。美景当前，"我"流连忘返，以至于像导游一样，骄傲地向读者们解说这一树辉煌、耀眼、旺盛的紫藤萝，唯恐漏掉任何精巧的细节，而使读者感受不到这份无与伦比的美与震撼。

作者还运用"补白"的方式，在"无景"之处生出"风景"。如"这里春红已谢，没有赏花的人群，也没有蜂围蝶阵"，这三种景——"春红""赏花的人群""蜂围蝶阵"，均为"无景"之景，但也是客观之景，只不过没有直接呈现，而是曲笔描绘罢了。百花、赏花人、蜂围蝶阵构成一个热闹而欢腾的画面，却在瞬间全部擦出，留下一片空白，给读者慢慢体味。尽管不难看出，作者对紫藤萝花不追逐热闹、不讨赏、不邀宠、自由舒展地绽放生命，充满了欣赏和钦羡之情，但在表达方面却深藏不露。

"登山则情满于山，观海则意溢于海"，景不动，心动，情动，以情染景，但景还是景，人还是人。不过，由于"景（物）"的闯入与触电，会逐渐和"人（心）"反应、发酵，并生发出新的境界。

二、花以情观，情满于花

"心物感应"的第二个层次是"物以情观"，正如王国维所说"以我观物，则物皆著我之色彩"。"景无自生，惟情所化"，此时的景，不是眼中之景，不是自然之景，而是情感观照下的景，甚至"以情造景"。

试看第二段"只是深深浅浅的紫，仿佛在流动，在欢笑，在不停地生长"，与前面"像一条瀑布，从空中垂下，不见其发端，也不见其终极"的客观描绘完全不同。此处的景，是作者因惊喜、激动而产生的幻觉，是强烈的情感催生出的新的景象，是拟人，更是想象。这还不算极致，再看下面部分：

"……彼此推着挤着，好不活泼热闹！

'我在开花！'它们在笑。

'我在开花！'它们嚷嚷。"

情到深处，作者俨然忘记了自己是个赏花人。"花"在"情"的观照下，早已离开了"花"性。你看，"推着挤着"，不就是一群活泼的小孩子在闹着玩吗？作者似乎听到了孩子们的欢笑声和吵嚷声，他们在说什么呢？"我在开花！"这哪里是眼前的景，分明是作者内心的呼喊，是自然的紫藤萝之景与内心的渴望、惊喜之情触电后，缘情而生的特殊之景。

即使描写眼前景，却也不是真实的眼前景。"……好像那紫色沉淀下来了，沉淀在最嫩最小的花苞里"，颜色的深浅不一竟然源自于"沉淀"，作者的主观想象代替了客观事实，花儿只是情感的载体，它的本体已不再重要。再看，"每一朵盛开的花就像是一个小小的张满了的帆，帆下带着尖底的舱，船舱鼓鼓的"，同理，这是比喻，更是想象。那张满的帆，那鼓鼓的舱，分明就是作者被紫藤萝之"盛"鼓舞感动后生发出来的一种激情与理想，渴望能在生命的大海上乘风破浪。"又像一个忍俊不禁的笑容，就要绽开似的"则是内心藏掖不住的快乐，是能扬帆出海的激动与欣喜，不自觉地造出来的幻景。

明代哲学家王阳明和朋友看花时有一段经典对话，"你未看此花时，此花与汝心同归于寂；你来看此花时，则此花颜色一时明白起来，便知此花不在你的心外"。从文学创作的角度来看，这正是"物以情观"的真实表现，客观的花是存在的，但你笔下的花，并非那客观之花，此花因你而寂，因你而明白，此花不在别处，只在你心里。

物以情观，心物感应实现了主客体的初步交融。客体不是客体，主体不是主体，"花"乃心中之花，"情"则满溢于花，融景入情，景因情迁。

三、花人同一，相融相生

中国文化讲究"天人合一"，人与自然不仅和谐相处，更达到一种相互融通、物我两忘的境界。"心物感应"最终实现"心"与"物"的平衡同一，"心"与"物"相互渗透、和谐，情景融合共生、浑然无迹。

当"花"因"情"生，"我"的感情上升到强烈不可阻抑的地步时，"我"忍不住"凑上去，想摘一朵"，因为这"花"即"我"，"我"即"花"，想要摘花不过也是想好好地欣赏这个与"我"内心共鸣和碰撞之物。但最终"没有摘"，因为"没有摘花的习惯"，沉溺于花中，又不小心被现实拉回，然而情感已经继续到喷薄而出的地步，看着眼前的花瀑，仿佛真的流动起来了，"不只在我眼前，也在我心上缓缓流过"。眼前的是花，心上流过的是"我"的情感，但这已不重要，"花"和"我"已经相触、相融而难分难解。正因为如此，"我"久久沉浸其中，这花朵的光辉渗透到"我"的骨髓里，"我"的"焦虑和悲痛"被带走了，只剩下"精神的宁静和生的喜悦"。至此，紫藤花和"我"，从"情感"上的传递，飞跃到了"精神"上的交流，"花""人"同一，开始了融合与生长。

这紫色的光辉梦幻一般笼罩着"我"，"我"融化了，忘记了，似乎一切都带上了淡紫色的光，连隐隐约约飘来的香气，"似乎也是浅紫色的"。梦幻中"我"和紫藤萝都回到了曾经的那个年代，那个荒谬到认为"花和生活腐化有什么必然关系"的年代，美好被扼杀，生命被遏制，紫藤萝"试探"着生活，"东一穗西一串""稀落""伶仃"，最后被拆掉。而人呢，宗璞一家在"文革"中受尽了屈辱与折磨，幸好挺过来了，而这紫藤萝也开花了，还这么盛，连续的三个"流"是紫藤萝瀑布，是回忆之流，是情感之流。紫藤萝的伤痛就是人的伤痛，紫藤萝的快乐就是人的快乐，"物我同一""于交流中会织灵通之象"，情景交融到了极致，抒情议论便水到渠成，作者不由得感慨：

"花和人都会遇到各种各样的不幸，但是生命的长河是无止境的。"

是花语，也是自我激励。花和人，不幸或者前行，都一样。

再次抚摸小小的花舱，"我"坚定地强调，"那里满载生命的酒酿"，"张满了帆"。物我相融相生之后，"心中之景"更加明确地化为"现实之景"，不需要"凑上去"，不需要犹豫"摘"还是"不摘"，因为"它"是"万花丛中的一朵"，而作者也早已成为其中"一朵"，共同"组成万花灿烂的流动的瀑布"。"花"与"人"相契相合，因而"我""不觉加快了脚步"，"我"和"花"都获得了生命的持久的精神力量。

当然，情景交融的境界，也离不开高雅的"意趣"。王夫之云"夫景以情合，情以景生，初不相离，惟意所适"，如果"意趣"也就是文章的"理趣"不够积极明朗，或者不够深切动人，那就无法引发读者共鸣，自然也统摄不了这三个层次。

综上，通过"心随花动，触花生情""花以情观，情满于花""花人同一，相融相生"三个层面，探析"我"与"花"如何从陌生的主客体变成"同一"的共生体，我们可以清晰地看到一条以"心物感应"为基础的情景交融的写作脉络。这样的文本解读，将泛泛而谈的"情景交融"艺术，变为具体可感、可析、可写的操作方法，有助于教师更好地理解文本，也为学生阅读类文和写作提供深入指导。

跟余老师学做人

一路追随 一路前行

一日，和朋友闲谈人生理想，我突然说：好想做余映潮老师那样的人。

为什么？

余老师就像一个智慧宝库，里面什么都有。只要是语文的，什么年级，什么领域都有研究，而且都做到极致。他总想别人所不能想，做别人所不能做，他的点子好像山间汩汩冒出的泉水，长年不断，清凉无比，沁人心脾。

余老不是人。他根本就是一个点石成金的神仙。

朋友沉默了。

许久，她说，做余老那样的人，很难。

你只看到余老师耀眼的光环，不知道背后的付出。余老师那么大年龄，你什么时候见他休息了？他常年没有节假日，除了吃饭、睡觉，他的精力全部奉献给了语文教育。他工作日程排得满满，而且为上好一节课，评好一节课，做好一个讲座，他要花多少工夫准备？你能做到像他一样心无旁骛、全力投入吗？

我默然了。

说也神奇，余老工作这么忙碌、这么辛苦，很少锻炼，可他的身体却非常棒，精神矍铄，神采奕奕，一点也不像七十岁的老人。

难道他有什么灵丹妙药？又或者，是何种神奇招术？

我们思考良久，得不出答案。

这时我就想起《解忧杂货店》的"浪矢"老爷爷，因为帮助别人解忧，有追求、有价值，而变得红光满面、精神百倍，健康状况好极了。

或许，最大的健康，就是生命价值的追求。而余老，一生致力于语文教育研究，刻苦钻研，以身示范，孜孜不倦播撒教育智慧，引领、培育更多语文老师踏上研究高地。桃李芬芳遍天下，润泽学子育真才。他的健康，来自于他在语文界的功不可没，以及价值实现的满足和幸福。

但又不止于此。

余老既是带着语文人的责任和使命，去研究、去弘扬、去培育，但更多的是对语文教育本身的情怀和热爱，使得他把研究当成最大的快乐，当成生命的享受。研究本身就是最好的生活，就是支撑他生命的最大法宝。

这让我对余老师，不仅是尊敬、敬佩，更多的是一种景仰。余老高山仰止，景行行止。

初见余老——惊诧

想不到，这样难以企及的高峰，竟那么平和地出现在我们身边。

此前，我从未见过余老师，却购买了他的几乎所有书籍，见过他的各种风采照片。照片里，一位精瘦的学者，带着一种淡然而自信的笑容，看久了，竟有种仙风道骨的味道。

记得看《余映潮讲语文》一书时，我被深深震撼了。他讲述自己如何从五十岁开始登讲台，在语文教学研究的道路上艰难而快乐地前行。尤其是中考命题的经历，真如被囚禁的犯人，除了研究、散步以外，没有任何生活。可他竟然在这样的状态中找到了特别的意义。

带着期待与紧张的心情进入工作室。第一次成员会议，发了厚厚一本资料，余映潮老师做的，其中有三年的培训计划和对学员的规范要求。每次培训结束后，每位学员必须写"两个三千"——三千字论文和三千字教学设计。他还从文件名、字体字号、行距、序号方面对学员作业提出了具体要求。所有作业都有范文供参考，范文质量之高，令我望而生畏。我想生活中的余老师一定是个古板而严厉的人。

那个清晨，观澜二中录播室。我早早带好几本余老师的书，在第二排位置上等候。身后出现了笑容可掬的戴蓉老师，陪着一位衣着朴素、脸颊瘦削却身板挺直、神采奕奕的人进来，他的脸上、眼角都是淡定而超然的笑。我就想那是余老师，和我网上见过、想过的一模一样。我们忙起身打招呼，余老师笑着回应，就好像身边的同事，没有丝毫架子。

课间我们排着队找余老师签名，每个人带着厚厚一摞书，而我的书扉页上早就写上了自己的"小名"。余老师有点调皮地笑，"你叫王俊珍"，我不好意思地点点头。余老大笔一挥，遒劲有力的大名留在我那本心爱的书的扉页上。我欣喜地抱回去，像是得了宝。

那几天上课，我始终坐在第二排，以便近距离观察余老。他面前放了台笔记本，打字速度一点儿不比年轻人慢。老师在上课，他几乎是复盘式记录，包括时间节点，什么时候导入结束，哪个环节用了多少时间，学生讨论多久，老师问了多少个问题，全都在他的记录里。不止如此，他还在听课期间对本课进行再挖掘、深解读，抛出许多个教学点；再设计、再建构，且全都是精妙设计。我实在诧异，他的思维速度还是常人吗？

培训两天，六位老师上课。每两位老师上完课，余老师即席评课，中间几乎没有休息和思考的时间。余老师对着他的笔记本电脑，还原老师课堂，一个个环节、一处处细节审视、评价，让老师们清晰明了，心服口服。每个课堂既有优点提取，也有改进建议。然后，重新解读文本，出示创意设计，给我们全新的视野。

他的笔记，逻辑清晰，表述严谨，那么短时间写出来的，我竟然没有看到一个错别字，也没有一处漏写标点，或排版混乱。

最后一天下午，余老自己上了两堂课，紧接着专题讲座。三个多小时，几乎没有休息。他中气十足，掷地有声，满头白发在日光灯下熠熠生辉。

神了，余老！年轻人都做不到的，您全做到了。

走近余老——偷师

感谢向浩老师、戴蓉老师，让我有机会走近余老。

余老师坚决反对聚餐，他主张就简，以便节约时间研读教材、准备评课和讲座。他的时间必须投入在最有价值的地方。工作室成立以来，从没有聚过一次餐，却开过多次研讨会，购买过很多书籍和期刊。

但我却有幸在第一次培训后和余老师共进晚餐，见识了平易近人又幽默风趣的余老。而令我印象最深刻的是，我们送余老回住处时独享的一番教导。那是我一生难得的宝贵回忆。

我们聊起文本解读，聊起《紫藤萝瀑布》，聊着聊着到了房间，他便打开电脑，请我们看。以《紫藤萝瀑布》为例，他有美词库，带读音的单字词、双字词、四字词；美句，单独摘录，一句句排列；美段及各种背景资料，各类文学评说、论文研究库。他从不同角度提取课文美点，一条条罗列出来。他又有好几种课文的创意设计。这一个《紫藤萝瀑布》文件夹，便有几十篇研究资料。

我们一边赞叹，一边感慨："余老师您是怎么整理到这么多资料的？"

余老像个小孩子一般得意地笑了，"这个整理全在平时的工夫。你看，这么做——"

"首先你从网上下载课文原文，仔细校对，这就成了你的资料。"

"对原文进行一次又一次的提取。第一遍，提取美词。把美词一个个留下来，其他删掉。这就做成了美词库。第二遍，继续在原文基础上，提取四字词。第三遍，提取美句。这个过程必不可少，这样可以深入文本。"

"选择不同角度，提取课文中有价值的内容。如从修辞角度提取美妙的句子，提取后进行赏析，这个过程就是研读文本的过程。"

"下载语文教学参考书中对本课的解释，筛选整合，留下你认为有价值的信息，这就是属于你的参考资料。"

……

我们问："那些资料都是从什么网上找的？"

余老严肃地说："要善于利用各种资源，比如，人民教育出版社的网站，这些课文和教学参考资料网站上都有，也比较准确，可以全部下载，慢慢提取。"

他又打开人教网站，亲自示范一遍给我们看。

余老展示整个文件夹，初中阶段的每篇课文他都做过这样的提取、品读研究。我想起了本次作业的主题——文本解读，可我何曾像余老这样深入而精心地研究过文本？

余老像一道闪电，瞬间照亮我前方的道路。回去时我跟同伴说："我要向余老学习，每篇课文都这么做。"

可惜，由于种种主客观原因，迄今为止我仍未做到。

感恩余老——难忘

工作室第二次培训，我主动报名上一节课，课题是《最后一课》。报名后才知道余老也要亲授该课，我惶惶然，却没有改变。

当年刚好家里发生一些变故，以至于快开学了我才急匆匆备课。论文也没写成论文的样子，更像是一篇教学设计解读，余老师评价"好。只是没有渗透小说知识。还需要增加对手法的品味"。但那时的我，并不很理解余老师的这一评价。

课堂虽也是"板块式教学"，但板块怎么切分，还是依据旧知识、旧理论，用老掉牙的环境、人物和情节分析，只是形式上有点创新。课堂气氛不够活跃，好像总在浅层次摸索，学生未进入深度思维。我的论文从四个方面洋洋洒洒创意分析文章的妙点，可我就是不会把这些妙点变成学生活动，渗透到课堂里。加上PPT显示出了问题，屏幕上出现了单个的怪字，后来被余老师批评为"生造词"。

余老师对这堂课的评价，令我刻骨铭心。

他说："教师自己缺乏小说欣赏的能力，教师自己缺乏小说的知识，小说的教学是非小说的。"我原原本本记录下来，后来在向浩老师推出的公众号里，也原原本本地保留了这句话。

我当时难过得呀，估计脸红到了脖子根。在所有的批评中，这是对我最大的批评。当时的我甚至还有一些不服气。

余老师接下来讲，小说中细节描写的表现力，彼此的照应、关联，故事背景反复出现，这些都是小说的手法。从小说角度来看，很多精妙的点、精彩的手法都可以赏析，他罗列出了一系列赏析点：

  背景设置艺术

  场景设置艺术

  氛围渲染艺术

  伏笔设置艺术

  叙事的视角美

  白描手法

  教室描写欣赏

  "习字课"描写欣赏

  最后一部分的文学欣赏

  开头部分的表达作用欣赏

  韩麦尔先生"阿尔萨斯人最大的不幸"欣赏

  介绍"韩麦尔"的艺术

  "铁匠华希特"作用分析

  "无言之美"

  两处"朋友"欣赏

  "独句段"欣赏

  绝妙的国旗比喻

  四处"最后一课"在文中的作用欣赏

  韩麦尔先生服饰描写欣赏

  我这才恍然大悟，想起余老师对论文的点评，才意识到自己的肤浅和单调。这些点有的我想过，却不知如何将其变成课堂内容，而有的根本没注意到。真不知道余老师怎么有如此犀利的眼光和如此敏锐的文学触角。

  余老师说：必须对课文进行一字一句地提炼，耐得住寂寞。

  我想起余老师第一次手把手的教导，又羞愧得脸颊发热。这一回是心服口服了。

  从那以后，我就扎扎实实地开始研究小说教学，购买了《解读语文》《小说教学教什么》等，还研究余老师教小说的设计，读书越多，越感到心虚，想想当初的设计，简直不忍目睹。那天以后，我才知道，语文不是科学，不能简单用解剖学的方式教语文，而要以语文的方式教语文。

  其实，至今我还没有很好的欣赏小说的能力，但至少我意识到了自己的缺失，并且在努力地追赶。

默默追随——景仰

四次培训，不知不觉，余老师成了我的榜样、我的理想。虽然是一个极其遥远的理想。

余老师说，"我几乎没有见过一堂满意的课"。我知道他并不是狂妄。感谢那些指出问题的人，正是他们推动我们前进，并让我们保持警醒。

由于各种原因，第三次培训时我没有交作业。培训期间恰逢区内评估，第一天没有去。第二天我到达现场时，刚好余老师来了。

"王俊珍！"

余老师笑眯眯地叫出我的名字，令我很诧异，接着他说："你的文章写得不错！"

我愣住了。

"王俊珍很会写文章，那篇论文非常好！"

得到余老师的表扬时我莫名其妙，甚至不知所措。我不是没交作业吗？向老师的情况说明中清清楚楚地写了我没交作业，以及没交的原因。

后来我终于想起，第二次培训的心得，我那篇《语文课堂如何实现公平》受到推荐。当时"正道语文"两次转载了这篇论文，我想余老表扬的，定是这篇文章，我反倒更加羞愧不已。

可这也坚定了我的决心，下回，一定不负余老厚望，认真写文章。

第四次培训前，我早早写好论文，反复修改后第一个交上去。在余老师反馈的所有文章中，我得到了罕见的"不错"，没有指出缺点和不足（当然不是没有缺点，只是可能没那么严重）。我为这"不错"两个字流下了感动的眼泪。

第四次培训是作文教学，余映潮老师教我们"整篇文章的构思指导"，区别于平时的片段式作文指导。我也有自己的思考，但总是苦于作文参考资料太少，不能给学生大量的范文。课堂上老师们使用的范文，或局限于课本，或难度把握不好。

余老师一评课，便展示了大量范文。随便哪个主题，比如，"一事一议""多件事写一个人""写出人物的精神"，他都能在瞬间找出十几篇范文。这正是我感到最困难的地方。于是课间我跑到余老师桌前。

"余老师，那么多好文章，您到底哪儿来的呀？"

余老师就打开网页，问："你知道现在的报纸都有电子版吗？"我说："知道呀！"

"报纸是最好的文章来源,信息又新,内容又丰富,篇幅刚合适,还容易下载。"

他打开《光明日报》电子版,里面确实有很多这样的小文章。他随手下载,用日期、文章名命名,然后放在归好的类里。

我才看到他的电脑里有专门的文章素材库,有按主题分类的,有按手法分类的,然后里面按日期做了文件夹,清清楚楚,一目了然。

"闲暇时随便下载几篇,日积月累,就有了丰富的素材。"

余老师还告诉我,有些网站非常好,备课资料特别丰富,只有学会利用网络资源,才能在备课时更加游刃有余。借鉴现成的资料,在这个基础上加入自己的思考,就能大大提高备课效率。

他给我们推荐了两个网站:"老百晓"和"语文备课大师"。

最后一天,余老师说该结业了,向老师代表工作室表示,希望能够继续做下去,我们永远是他的学员。余老师就讲下一次是"诗歌教学"主题。《最后一课》之后,我不敢再上公开课,那好像就成了我的"最后一课"。我觉得我需要修炼到一定程度才能再次挑战。但我那时想,如果有下次,我一定要再上一堂课,把上课作为培养"诗歌欣赏能力"的动力,在追随余老师的道路上,不辜负学员这一骄傲的称谓。

不过没等到这样的机会,我们还是要结业。听说这个群体要解散时,眼泪不自觉地流下来。然而,以后永远的永远,我想,我都会追随余老师的步伐,记住他的所有教诲。景仰他,并向着他的方向,努力。

写到这里时,余老师的音容笑貌又一次浮现在眼前,他的谆谆教导仍在耳畔回响。想到难有机会再近距离接触他,我就泪眼模糊了。

余映潮老师和王俊珍老师的合影

教书育人砥砺行　为人为学余味长

——彭淑芳跟余映潮老师学教语文

学员档案

彭淑芳，广东省深圳市龙华区潜龙学校语文老师。龙华区"优秀教师"，曾获深圳市初中语文教师课堂教学大赛二等奖、深圳市龙华区初中语文教师课堂教学大赛一等奖。先后在《中学语文教学》《中学语文教学参考》《中学作文教学研究》等杂志发表论文数篇；主持区级课题《初中语文小古文群文阅读教学研究》，并参与区级科研课题3项。

跟余老师学上课

《端午的鸭蛋》教学实录

时间：2015年11月27日
地点：广东省深圳市龙华区观澜二中（七年级）

导入：顺势导入，自然入文

师：同学们，上课前，先给大家讲个小故事。

话说当年江苏省高邮市的几名年轻人在北京求学，见到既是高邮人，又是中国当代著名文学家的汪曾祺先生。几名年轻人就对汪曾祺说："我们高邮最负盛名的，著名的诗人秦观可以排第一，您可以排第二。"汪曾祺听了之后却连连说："不对，不对，我只能居第三位。"大家猜一猜，排第二的会是什么呢？

生：鸭蛋。

师：对了，鸭蛋。后来在一次采访中，记者问汪曾祺先生，对于家乡最难忘的是什么，汪曾祺先生只说了五个字——鸭蛋的滋味。

汪曾祺先生是一位有名的吃货文学家，在他的作品中出现的美食不下三百种，而且还有很多专门写美食的作品。但他为什么唯独对鸭蛋的滋味念念不忘呢？今天我们就一起来学习他的《端午的鸭蛋》，一起品一品鸭蛋的滋味。

屏幕显示：

端午的鸭蛋

汪曾祺

一、读内容，说鸭蛋

师：昨天大家预习了课文，文中作者为我们介绍了鸭蛋的哪些特点呢？请大家看屏幕，按要求发言。

屏幕显示：

一、读内容，说鸭蛋

读文章2～5段，说说你从中读出了高邮鸭蛋的什么特点。

我从文中_____（字词/句子中）读出了高邮鸭蛋的_____特点。

生1：我从第三段"腌蛋以高邮为佳，颜色红而油多""高邮咸蛋的特点是质细而油多，蛋白柔嫩"，第二行"油多尤为别处所不及"和倒数第四行"高邮咸蛋的黄是通红的"，读出了鸭蛋颜色红而多油，蛋白柔嫩好吃的特点。

师：这名同学找得非常全面，这是从鸭蛋的颜色、味道和口感来描写的，读后觉得味道非常不错，很好吃。除了好吃，还有没有其他特点？

生2：我从文章第五段"除了敲去空头，不把蛋壳碰破。蛋黄蛋白吃光了，用清水把鸭蛋壳里面洗净，晚上捉了萤火虫来，装在蛋壳里，空头的地方糊一层薄罗。萤火虫在鸭蛋壳里一闪一闪地亮，好看极了"读出了鸭蛋好玩的特点。

师：眼光非常敏锐，读书很细致，看来鸭蛋不仅好吃，还非常好玩。

生3：我从"腌蛋以高邮为佳，颜色红而油多"这句话读出了高邮鸭蛋颜色格外好看的特点。

师：这样一颗既好吃又好玩，还非常好看的鸭蛋，不但汪曾祺先生念念不忘，大家也都很喜欢，所以就非常有名。文中有哪些可以体现鸭蛋非常有名的句子呢？

生4：第二段，从课文下面注解知道袁枚是清代的诗人，清代的诗人专门为鸭蛋写《食单》，可见它非常出名。

师：这里除了看出高邮鸭蛋很出名，还有什么？

生5：还有它的历史悠久。

师：除此之外，文中还有哪些地方可以看出高邮鸭蛋享有盛名呢？

生6：第二段"我的家乡是水乡，出鸭。高邮大麻鸭是著名的品种"，后面也有，"每逢有人问起我的籍贯，回答之后，对方就会肃然起敬：'哦！你们那里出咸鸭蛋！'"表明全国上下都知道这个地方是专门出咸鸭蛋的，可见它很有名。

师：看来鸭蛋确实享有盛名呀！刚才我们发现鸭蛋好吃、好玩、好看、有名。现在我们继续看看好吃的鸭蛋到底有几种吃法呢？

生7：三种。第一种在第三段第三行，"如袁子才所说，带壳切开，是一种，那是席间待客的办法"；第二种就是"平常食用，一般都是敲破'空头'用筷子挖着吃"；第三种就是用蛋黄来炒豆腐。

师：请坐，真是个细心又聪明的孩子，找得非常全面细致，还发现了第三种，可以搭配名菜。这三种吃法中你们认为哪一种吃法最有意思，让人垂涎三尺？

生：第二种。

师：那我们一起来读一读，看第二种是怎么吃的。

（齐声朗读）

平常食用，一般都是敲破"空头"用筷子挖着吃。筷子头一扎下去，吱——红油就冒出来了。

师：怎么就这样一句平常的话，却让人有一种垂涎三尺的感觉呢？作者到底用了什么妙招来勾起人的食欲呢？我们一起来品读一下这个句子，说说它的妙处。

屏幕显示：

筷子头一扎下去，吱——红油就冒出来了。

生8：这里有两个动词，很能突出鸭蛋的特点。一个"扎"，另一个"冒"，两个对比，描写了吃咸鸭蛋时的具体动作，写出了高邮鸭蛋的美味。

师：分析精准，抓住了动词，非常生动传神地写出了吃咸鸭蛋时的方法和动作。

生9："吱"这个拟声词形象生动地描写了红油冒出来那一刻的样子。看到这句话就会想到那个画面。

师：这名同学感觉非常敏锐，刚才说"吱"是什么词？

生9：拟声词。

师：拟声词，写出了吃鸭蛋时，不但有动作，还有声音，给读者以非常强烈的画面感。有没有同学来读一读，读出这种让人垂涎三尺的感觉。这名男生已经跃跃欲试了。

生10：筷子头一扎下去，吱——红油就冒出来了。

师：这名男生的声音非常好听，而且真的读出了让人垂涎三尺的感觉。大家有没有注意到，读的时候，他强调了哪几个字？

生11：扎。

生12：吱、冒。

师：把握非常准确，重读这三个词，读出吃高邮咸鸭蛋时的动作、声音和画面。现在，我们一起来尝试着读出这种垂涎三尺的感觉吧。

（齐声朗读）

筷子头一扎下去，吱——红油就冒出来了。

师：真不错，这个句子之所以读来让人有如此强烈的画面感、有垂涎三尺之感，不单是因为鸭蛋本身非常有滋味，还因为文章的语言、用词也是非常有滋味的。

二、品语言，悟情感

师：接下来，就请同学们再次读文章，从文中找出一处你认为最有滋味的句子，品一品，说说你从中品出了这篇文章语言的什么特点，记得做好批注。

屏幕显示：

细读课文，找出一处你认为最有滋味的词句，说说你从中品味到了本文语言的什么特点。

（学生默读、静思、批注）

师：我看好多同学已经批注了好几处，接下来就请同学们把你刚才品析的最有滋味的词句在小组内交流一下，待会儿小组推选同学发言。

（学生分小组交流）

师：讨论时间结束，现在我们来分享成果。

生13：这篇文章，语言非常通俗易懂，甚至还用了一些作者自己的家乡话。比如，"上面用朱笔画些莫名其妙的道道"，"道道"一词，通俗易懂，读起来让人感觉很温馨、很亲切。

师：确实，从整篇来看，语言通俗易懂。

生14：我从"我对异乡人称道高邮鸭蛋，是不大高兴的，好像我们那穷地方就出鸭蛋似的"这句话中读出了文本语言很幽默。

师：你能不能读一读这个句子，读出幽默的感觉？

生14：我对异乡人称道高邮鸭蛋，是不大高兴的，好像我们那穷地方就出鸭蛋似的！

师：这名同学重读了"穷""就"，具有了反讽的意味，颇为幽默。继续发言。

生15：第四段，"端午节，我们那里的孩子兴挂'鸭蛋络子'"，"鸭蛋络子"好像是他们的方言，作者在文章中引用方言，让读者感到更加亲切。

师：大家知道"络子"是什么吗？其实就是……对，有一名同学说到了，其实就是中国结的一种，用线编织成的装小东西的一种网状物。运用方言词语，读来更加亲切。

生16：第132页最后一句话，"曾经沧海难为水，他乡咸鸭蛋，我实在瞧不上"。引用了《离思》中的诗句，突出了作者对家乡、对高邮咸蛋的那种怀念之情。

师：这名同学读书非常细致，还关注课文下面的注释，知道引用了诗句。这跟我们平时的口语相比有什么特别的感觉？

生16：优雅。

师：我们换个表述文章语言风格的词"典雅"。

生17：第四自然段，"蛋白柔嫩，不似别处的发干、发粉，入口如嚼石灰。油多尤为别处所不及"。他这里说尤为别处所不及，就把自己家乡的鸭蛋和别的地方的鸭蛋进行了对比，写出了鸭蛋的好，写出了自己对家乡那种特别的情感，语言简洁但富有深情。

师：什么样特别的情感？

生17：平淡的语言中添加了深切的思念。

师：语言平淡却富有深情，我发现咱们班的孩子思维特别敏捷，短时间内发现了这么多特点。继续发言。

生18：文章语言都很自然，因此可以联想到当时的情景，就如由"筷子头一扎下去，吱——红油就冒出来了"这句话很自然地感受到了当时的那种场景。

师：你有一颗非常敏锐的心，能够读出作者看似非常自然平淡的语言下非凡的感觉。

同学们，作者用看似平淡却又如此有滋味的语言，把一个鸭蛋都写得如此有滋有味，除了他高超的文学功底，还有什么原因？

生19：热爱故乡。

师：对了，一个能够把鸭蛋写得如此有滋有味的作者，也一定是一个有滋有味的人，一个充满深情的人。我们来说一下，你从中读到了一个怎样的汪曾祺，他又有着怎样的深情？

生20：我从本文通俗易懂的语言中，读出了作者的随意，也读出了作者对家乡的深切怀念。

师：随意，换一个形容性格特点的词就是随和，或者说随性，思念之情确实溢于言表。

生21：也可以看出作者的细腻，如果作者不是一个细腻的人，他不可能会对文章中的美食作出那么多的说明。

师：只有一个非常细腻的人，对故乡怀有深情的人，对童年时光念念不忘的人，才能把鸭蛋刻画得如此细腻。

生22：第131页的第二行那里，"一尺来长的黄色、蓝色的纸条，上面用朱笔画些莫名其妙的道道"。从这里的"道道"可以读出那种小孩子的口吻，体现出作者很有童心。

师：童心，不错的发现呀。还有其他地方也能读出童心吗？

生23：倒数第二段也可以读出作者童心未泯。他写这篇文章时，年龄已经很大了，但对小时候用蛋壳装萤火虫的事情却记得一清二楚，而且还用儿童的口吻写道："萤火虫在鸭蛋壳里一闪一闪地亮，好看极了！"

师：这名同学的看法与老师的看法不谋而合，其实作者19岁就离开了故乡，直到60多岁才得以返回故乡。但故乡的点点滴滴、童年的美好记忆，他却依旧记得清清楚楚。这里不但体现出了作者的赤子之心，也体现出作者对故乡的日思夜念。

三、知背景，析人物

师：在离开故乡的这40多年当中，他经历了人生无数的风雨坎坷。他曾经被错划为"右派"，因而被批斗。但是，他却在《随遇而安》一文中写道："我当了一回右派，真的是三生有幸。要不然，我这一生就更加平淡了。"后来他又被派到农科所去工作，大家都想不到是什么样的一个工作——画马铃薯图谱。这样一份工作，在别人看来非常无聊而又无趣，可汪曾祺先生却认为，这是他人生中最惬意的一段时光。他每天就画马铃薯，画完之后就随手把马铃薯扔到牛粪火堆里去烤着吃，而且还率真地说："我敢说，像我一样吃过那么多品种的马铃薯的，全国盖无二人。"

他的一生经历了风风雨雨，但他却说："我们有过各种创伤，但今天我们应该快活。"

同学们，了解到这里，对于汪曾祺，你们又有什么新的发现呢？

屏幕显示：

"我当了一回右派，真的是三生有幸。要不然，我这一生就更加平淡了。"
——汪曾祺《随遇而安》

"我敢说，像我一样吃过那么多品种的马铃薯的，全国盖无二人。"
——汪曾祺

"我们有过各种创伤，但今天我们应该快活。"
——汪曾祺

你从中读出了汪曾祺怎样的性格和人生态度？

生24：从"我们有过各种创伤，但今天我们应该快活"可见，汪曾祺对于生活中的那些困难，保持着一种很乐观的态度。

师：一个乐观的汪曾祺。

生25：我觉得汪曾祺先生是一个享受生活的人，画马铃薯那种平淡的事情，还可以被汪曾祺先生说得那么有滋味，可以看出汪曾祺先生不仅很乐观，而且很会享受生活。

师：一个能从平淡生活中咂摸出滋味的汪曾祺。

生26：我觉得汪曾祺先生的乐观，表现在他不会像其他人一样因为一些事情而抱怨，有一种很好的人生态度。

师：一个从不去抱怨社会、总是怀着善意的汪曾祺。

同学们，我们读书不但要入乎其内，更要出乎其外，不但要读懂、读透这一篇文章，还要读懂相关的系列文章。同学们课后可以去读一读汪曾祺的其他作品，比如，散文《随遇而安》《多年父子成兄弟》，小说《受戒》《大淖记事》等。

屏幕显示：

推荐阅读：

散文：《随遇而安》《多年父子成兄弟》

小说：《受戒》《大淖记事》

师：同学们，刚刚我们一起品味了鸭蛋的滋味，汪曾祺说，"我对异乡人称道高邮鸭蛋，是不大高兴的，好像我们那穷地方就出鸭蛋似的！"作者为什么不高兴呢？高邮除了鸭蛋，还有什么有滋味的、值得品味的吗？

生27：他觉得家乡不仅鸭蛋出名，家乡的风俗文化等都是值得称赞的。

师：确实，值得品味的，还有家乡的风俗。

四、话风俗，品文化

接下来我们来看看，汪曾祺的家乡有哪些风俗。请同学们看文章第一段，说一说，作者为我们介绍了家乡端午的哪些风俗。

屏幕显示：

四、话风俗，品文化

读文章第一段，说说作者为我们介绍了哪些端午风俗。

生28：有系百索子、做香角、贴五毒、贴符、喝雄黄酒、放黄烟子这些风俗，还有吃十二红。

师：找得非常仔细。但刚刚有一个字读得不够准确，应该读"系（jì）百索子"。比如，"系（jì）鞋带"。这是一个多音字，还可以读"系"（xì），比如，"关系（xì）"。

汪曾祺先生给我们介绍了这么多家乡端午的风俗，同学们，你们家乡有没有什么独特的端午或者是其他节日的风俗呢？来给大家介绍一下。

生29：我觉得我家乡端午的风俗没有什么特别之处呀，跟别的地方差不多。

生30：我是安徽人，我记得，我们那边八月十五中秋节的时候，有一个风俗叫撒火把。当天晚上，家里的老人和小孩会准备很多很多的火把，在一个空旷的地方点燃，看起来很像是一些祭祀的环节，其中有一个环节就是所有人把火把放在地上，然后互相挥舞。

师：非常有意思、非常独特的风俗。

生31：我是福建人，中秋节每家都会去山上砍一些竹子，晚上每个人家里有一张大的桌子，上面放的月饼与外面买的月饼不同，是一张非常大的饼，里面裹了非常多的东西，桌上放有香烛、水果，还有很多祭祀的东西。小孩子不能去外面，只能乖乖在家里面，等到祭祀一结束，我们就会把那个月饼吃完，再分享其他美味的食物。

师：请坐，你说得我都忍不住想吃了。

生32：我的老家是湖南的，每到除夕晚上，四五点钟之后，大家就会一起包饺子，但不是普通的饺子，而是用煎鸡蛋做饺子皮包裹东西做成饺子，特别好吃。

师：原来是蛋饺，饺子一般象征着团团圆圆，所以是一种美好的寓意。

除夕包饺子、吃饺子的风俗很多地方都有，正如刚才一名同学说，我们家乡的风俗好像跟其他地方是一样的，没有独特之处。

其实，就像汪曾祺先生在文章开头所提到的，"其实我们这里的风俗跟其他地方的大多是一样的"，而这样的风俗，其实就是我们的民俗文化，是传统民族文化的经验和传承。正如我国著名历史学家钱穆先生所说："传统节日是民俗文化身份的标志，是中华儿女永恒的精神家园。"

屏幕显示：

"传统节日是民俗文化身份的标志，是中华儿女永恒的精神家园。"

师：同学们，今天我们学习了《端午的鸭蛋》这篇文章，老师最后用一段文字来总结一下。

屏幕显示：

《端午的鸭蛋》

女生：一颗小小的鸭蛋
　　　承载了作者浓浓的乡情
　　　还有那久远而无法忘却的
　　　童年的记忆

男生：平淡而有味的

　　　　不只是语言

　　　　更是那一颗恬淡的心

　　　　还有那孕育着我们每一个中华儿女的

　　　　民俗文化

　　合：品读滋味

　　　　感悟滋味

　　　　人生百味

　　　　从一颗小小的鸭蛋开始……

师：请同学们用舒缓而深情的语调分角色朗读。

（播放轻音乐，学生分角色朗读）

同学们，希望我们每一个人都能够像汪曾祺先生一样，做一个有滋味的人，以一颗有滋味的心，去感悟平常生活的滋味，去感悟故乡的点点滴滴，去体悟我们的民俗文化，那么，我们的生活一定会更有滋味。今天的课就上到这里，下课。

生：老师再见。

师：同学们再见。

跟余老师学研究

言有限　意无穷
——《湖心亭看雪》"空白点"浅析

　　海明威说："好的文学作品像冰山只露一角，百分之九十藏在水下。"教材所选作品，都是文质兼美的典范性文章，通常而言都短小精悍，言有尽而意无穷。文言文作为一种特殊的语言形式，更是如此，大多言简而义丰，有些文章甚至有意省略，这就造成了文本中的空白点。当然，文本中的空白点，并非仅指语言形式上的省略，更有语意上的留白。

　　德国作家Lser指出："文字作品中所形成的空白，在作者的思考上也许是无法确定，但对于读者而言，能够通过空白而找到内容的真意，使其真正参与到作品之中。"因而，对于那些言简义丰的作品，我们要探求其有限的言语形式背后那深厚的情感意蕴。

　　张岱的《湖心亭看雪》是山水小品中的精品，文章短小精悍，全文仅159个字。文章以浅淡的笔调、精妙的笔法，寥寥数语，便勾画出一幅独具特色的西湖雪景图，将作者的故国之思、黍黎之悲、家国之痛，以及繁华过后灵魂深处对纯洁宁静的追求，融入字里行间。

本文篇幅虽短，但意蕴颇丰，文中的诸多留白，使文章更富张力，给人以语短情长、意蕴无穷之感。解读本文，不但要明白张岱所写的，更要理解他想写而没有写的内容，这才是深入理解文本的关键。

一、文题留白，引人入胜

文章标题是一篇文章的"眼睛"，往往用极为凝练的语言，凸显文章最为核心的内容或者最为关键的情节和要素。因而，在解读一篇文章时，解题就变得尤为重要，它往往关乎读者对文章理解的准确性。

本文标题为《湖心亭看雪》，交代了地点即"湖心亭"，还交代了事件即"看雪"。从标题可见，本文为一篇游记或者记叙文，应该重在写景，写湖心亭所见之雪景，同时兼带叙事，记叙游览途中之事。但是，文题却只交代了地点和事件这两个要素，从而造成了语意的空白点。

从语法结构层面来说，文题是一个偏正短语，"湖心亭"是状语，"看雪"是谓词性短语，在这个谓词性短语中，"雪"又是"看"的宾语。这就给人留下了无限的想象空间。首先，文题没有主语，那么，究竟是谁看雪呢？仅仅是张岱吗？从一开始，作者就给我们留下了悬念，同时也为本文打开了一个缺口。其次，"看"字在语意上产生空白点。通常而言，我们会说"赏雪"，而非"看雪"，而作者此处却用了一个"看"字，于独特之处更彰显作者的匠心。那么，作者为什么要用"看雪"而非"赏雪"呢？结合后文，我们就可以看出，作者去湖心亭看雪，是一种率性而为，是一种即兴的、发自内心的对于景物的向往，而非刻意地出于某种目的功利性的欣赏，用"看"字，更能显示出作者内心的那种率真，那种对于美景的痴迷，这就给了读者更多的想象空间。再次，"看雪"也颇值得品味。为什么要去湖心亭看雪呢？看的仅仅是"雪"吗？看雪途中会发生什么呢？这里也造成了语意的留白。

文章标题高度凝练概括，但却含义丰富，颇值得咀嚼，让人欲罢不能，起到了引人入胜的效果。

二、写景留白，彰显情趣

张岱写景功夫了得，仅寥寥数语，简笔勾勒，便将西湖雪景传神地描绘出来，给人以强烈的画面感，颇值得赏析。

1. 白描手法，景中传情

本文采用白描的手法，仅用"雾凇沆砀，天与云与山与水，上下一白。湖上影子，惟长堤一痕、湖心亭一点，与余舟一芥、舟中人两三粒而已"两句话，简笔勾勒，于三两点、一线、一面之间，便将西湖雪景描绘出来，既有全景，又有特写，真可谓笔法高超。

作者笔下之景，宛如一幅中国水墨画，虽简略，但却写意传神，给读者留下无限的想象空间，画面感扑面而来。西湖盛景自古以来便为人称道，西湖十景更是为众人所公认，而作者眼中笔下之景却如此简单，只剩下纯净的"上下一白""长堤一痕、湖心亭一点，与余舟一芥、舟中人两三粒而已"。句末的"而已"二字尤其意味深长、耐人寻味，这两个字背后隐含着作者丰富而深沉的情思，彰显了作者的情趣。

在这里，"而已"有两层含义，一方面指张岱所见景物仅此而已。西湖景物虽盛，游人趋之若鹜，然而，在作者笔下、眼中和心里，所见所感之景，不过是"天与云与山与水，上下一白"，还有"长堤一痕、湖心亭一点，与余舟一芥、舟中人两三粒"。从中可见作者的至简之心，并非西湖无景，只不过能入他心者，仅此而已。他不随俗，而是有自己所好之景，更有自己内心之景。这恰恰体现了作者特立独行的人格，以及他对于至纯至美境界的追求。一个"而已"，虽未明言，但却将作者内心那种独特的喜好和情趣，蕴含于文辞之外，给人意味深长之感。另一方面是指舟中人两三粒而已。"而已"一词，表示数量之少。"雾凇沆砀，天与云与山与水，上下一白"这一句勾勒出了天地苍茫，天、云、山、水浑然一体的情形，突出了天地自然的浩大。而"而已"一词，则与前文的天地浩大形成了鲜明的对比，在浩大的天地面前，"舟中人两三粒而已"，这是何等的渺小，宛若沧海一粟。

白描手法，简笔勾勒，在有限的语言之中，却蕴藏着作者丰厚的情思；在语言的留白之下，涌动的却是作者浓郁的情思；在简洁的语言之中，作者那种追求内心的宁静简单，追求与天地山水大自然的邂逅超然物外，而寻求灵魂深处至纯至美之境的独特情趣却充盈于其中。

2. 游踪留白，情趣自明

文章标题为"湖心亭看雪"，但是，在行文中却并未写于湖心亭所看之景。这又是文章的一大空白点。这一留白，看似与文章文题不符，实则恰恰是作者匠心独运之处。

文章共两段，第一段写雪景，第二段叙事。由第二段开头"到亭上"三个字即可看出，第一段所写之景，乃去湖心亭途中所见之景，并非湖心亭中所见之景。湖心亭所见之景，作者只字未提，形成文本的空白点。

作者之所以不写湖心亭所见之景，可以有两种理解。一种理解认为亭中遇他人，赏景兴致被毁，作者再无心看景，心中无景，眼中自然无景，而笔下，当然也就无景可绘了。这一点，我们可以从文中一处前后矛盾处得知，文章前文写"独往湖心亭看雪"，后文却出现"舟中人两三粒"，作者并非独自前往看雪，但他内心却认定自己是独往看雪。在他看来，虽有同行人，却无同心者，那么，无论有多少同行者，他都是一个踽踽独行于这个浩大苍茫的世界中的一个孤独者。文章开头，他便特意交代"余住西湖"，必然深谙西湖美景，却故意选择这样一个游人绝迹的时刻来看雪，便可见他既不欲见人，亦不欲人见。而此时此刻，却发现亭中"有两人铺毡对坐，一童子烧酒炉正沸"。作者原本就不欲见人，但亭中却另有他人，而且亭中两人意不在赏雪而在喝酒，可见并非与作者同心之人，何况还被拉同饮，作者看雪之心顿然全失，自然也就无景可绘了。所以，此处留白彰显了作者内心对于孤独宁静的追求，以及那份超脱尘俗、超然物外的独特情趣。

另一种理解认为，作者此处不写亭中所见之景，是因为偶遇知己，心不复在景上。自明亡以来，作者披发入山，不复出世。在此世间，作者深感难觅知音，此情此境，居然能遇见志趣相投之人，作者内心的喜悦之情不言而喻。作者本就因内心苦闷，无同心之人，因而独往湖心亭看雪，想将自己放逐于天地自然之间，以排遣自己内心的苦闷，寻求精神的寄托和心灵的解脱。而此时，却于亭中遇知己，作者自然无心再看景，而是推杯换盏。何况偶遇之人，竟然是金陵人，仿若他乡遇故人，作者此时早已无心于景了。从后文"舟子喃喃曰：'莫说相公痴，更有痴似相公者'"便可窥见一斑，同是痴心人，以酒解愁肠，目的已达，景物自然无须再绘。

由此可见，无论是看雪心情被毁还是途中遇知音，此处留白，都可以看出，张岱所追寻的始终是内心的那一份超脱。他所注重的，始终是心灵的相通。

三、叙事留白，意蕴无穷

本文的叙事有一个显著特点，那就是弱化自我，让金陵人站在舞台前，反客为主。由于没有直接对作者自己的描写，因而作者的所思所感也就更加耐人寻味。

1. 情感留白，形象丰满

他"独往湖心亭看雪"，本以为知音难觅、知己难求，却不承想亭中偶遇他人，但此处作者却将自己隐藏起来。亭中人见张岱，大喜。然而，张岱呢？他究竟是何心情，我们不得而知。而恰恰如此，文章才更显得意蕴深远，作者的形象也更为丰满。那么，此处的情感留白究竟该如何理解？

在这里，我认为同样可以有两种解读。一种解读可以认为亭中遇知音，张岱亦是十分欣喜的。虽然文中并未明言张岱之喜，但作者行文之妙恰恰在此。他不言自己之喜，而是借写金陵人"大喜"来表现自己内心之喜。金陵人"大喜曰：'湖中焉得更有此人！'"看似是金陵人之惊叹，但又何尝不是作者内心的惊叹呢？另外，无巧不成书，亭中两人恰巧又是金陵人，作者如见故人。此外，"舟子喃喃曰：'莫说相公痴，更有痴似相公者！'"一句，借舟子之口,表达了他们心灵的相通。但是亭中偶遇,短暂相聚,终将分别,短暂欣喜之后,作者又归于沉寂,相聚短暂,后会无期。作者仿佛将自己置身事外,但却又无处不在,站在幕后的那份落寞与清醒,更能让读者窥见他内心那份对于宁静和孤独的追求。

另一种解读可以认为此时张岱并不因此欣喜。"两人铺毡对坐,童子烧酒炉正沸。"可见两人意在饮酒而非看雪,并非与张岱志同道合之人。从"拉余同饮"一句中的"拉"字便可窥见端倪。如若作者认为偶遇知音,内心必然大喜过望,又何须别人硬拉呢?另外,"酒逢知己千杯少",而张岱却"强饮三大白而别",在张岱看来,这两位金陵人并非知心之人,饮酒无非出于礼貌,盛情难却。此外,"问其姓氏,是金陵人,客此",更是让作者内心无法欣喜,作者之所以在游人绝迹之时独往湖心亭看雪,无非就是想要超然物外,排解内心的故国之思和亡国之痛。金陵人的出现,就像一根刺,再一次触痛了作者内心最为脆弱柔软的部分;也像一根无情的线,将原本想要在自然之中忘却一切烦恼的张岱,瞬间又拉回了令他悲痛窒息的现实。此情此景,欣喜又从何而来呢!他内心的伤痛和孤寂,终究无人能懂!

此处作者虽未明言自己的心情,但是,这样的留白却恰恰给读者留下了无限的想象空间,而一个追求心灵契合、留恋故国、人格独立的形象,也因此而更加清晰丰满。

2. 对话留白,意蕴深远

文中有三处对话,三处对话皆有留白,耐人寻味。

第一处对话为"见余,大喜曰:'湖中焉得更有此人!'"此处对话,颇值得解读。首先"此人"二字,意蕴颇丰,"此人"究竟为何人呢?这就可以引发读者无限的联想与想象,而通过金陵人之口,作者的独特形象也就更为清晰可感。其次,文中仅有金陵人之叹,却并无作者的回应,此时此刻,作者内心的心理活动,我们便不得而知,但也正因为如此,我们就多了一份想象与揣摩,也就能够更为深入地体悟作者之感,感悟作者之情。

第二处对话为"问其姓氏,是金陵人,客此"。此处对话虽没有以对话形式出现,但却很有韵味。看似答非所问,却是作者有意为之。问其姓氏,或许是金陵人答非所问,也或许是金陵人说了许多,但引起张岱注意的,唯有"金陵人"而已。金陵是故国都城,自故国灭亡,张岱拒不出仕,还参加过抗清复明的斗争,后发现复国无望之后,他便披发入山,潜心著书,但他内心的那份故国之思、亡国之痛却从未减轻半分,这也正是他深夜独往湖心亭看雪的缘故。此处对话,看似答非所问,只强调"金陵人",却恰恰彰显了作者内心那份从未忘却的故国之思和亡国之痛。

第三处对话为"及下船，舟子喃喃曰：'莫说相公痴，更有痴似相公者！'"这一处对话，仅有舟子呢喃，却无作者回应，形成语意上的空白，却也因为这样的留白，给文章以回味无穷、意味深长之感。这一处对话，借舟子之口，写张岱内心之痴，既表明了自己独特的情趣，又表明了自己对于心灵契合的追求，还彰显了自己内心对于故国的那份痴情与执念。真可谓一唱三叹，语短情长。

《湖心亭看雪》一文短小精悍，以诗化的语言、简练的笔墨、浅淡的笔调，于写景叙事之间，不着痕迹地将自己内心的故国之思、亡国之痛，还有浮华过后灵魂深处那份对于至纯至简心境的追求融入字里行间。文章处处留白，却处处含情，言虽有限，意却无穷，于留白处，更显情深。

（此文已发表在《教育管理》2017年8C期）

跟余老师学做人

以"余式姿态"坚定前行

如果说，教育是唤醒、是点燃，我想，余映潮老师便是那个将我从教学的混沌之中唤醒，点燃我的教学之火的人。他是一盏灯，点燃自己，照亮我们，引领我们，在语文教学的长河中爬行摸索，不断前行。

我以为，平凡如我，与他的缘分，不过是他的名字在书上，而我，只是那个读书的敬慕者，却不曾想，命运如此奇妙，不知什么时候就拐了个弯，让原本不相干的人，偏偏聚合在一起，或许这便是命运的奥妙之所在吧。

早在学生时代，余映潮老师的大名，便已如雷贯耳。读研时期，更是不断研读余老师的专著和各种教学案例。在语文这个"百家争鸣，百花齐放"的大花园里，他是那样独特的存在。在课程改革进行得如火如荼的年月，在小组合作开展得热热闹闹的时候，在课堂掌声雷鸣的时候，他却始终冷静地坚持着自己的主张。在他的课堂中，没有看似热闹的小组合作讨论，没有哗众取宠的掌声，也没有罔顾事实的一味表扬，只有思维静静地流动、笔尖沙沙的响声、学生发言时的一次次语惊四座。这无疑是一股清流，一股冲开淤泥见本真的潮流，也正是这样的一股"语文潮"，让我在懵懂无知的语文教学中看到一丝光亮。那时的我，与余老师，素未谋面，但仰慕已久。

第一次见到余老师本人，见到课堂中的他，是在2013年底。那时，我刚参加工作，对于语文教学正处在懵懂混沌的状态，急需一束强光，引领我走出迷茫境地。刚好，余老师应邀来龙华讲课，上了一堂《老王》。整堂课，他用品词法跟学生一起讨论了三个话题。话题一："三轮"二字，非同小可。话题二："病了"二字，作用重大。话题三："愧怍"一词，含义丰富。我当时就震惊了，语文课还可以这么上！不经意的三个词，却串联起了整篇文章，既有内容的梳理，又有情感的渗透，还有形象的分析，更有主题的深思和章法的品析。看似简单的设计，看似单薄的课堂，背后却是学生训练的一层层推进，是学生思维的一次次流动，是教学目标的一步步达成。我当下就想，大师不愧是大师，恐怕我在语文教学的园地里摸爬滚打一辈子，也未必能及余老师十分之一二吧，如果能得到余老师的真传，那该何其幸运呀！

从未曾想，梦想会成真，但或许是命运的优待，我的梦想，恰恰实现了。

2015年5月，我们的语文教研员向浩老师成立了龙华区初中语文名师工作室，并且邀请余映潮老师担任导师。我一听，立即欢呼雀跃地报了名，更没想到的是，向老师竟然让我担任工作室班长，协助他完成工作室具体事务。接下来的很长一段时间里，我都怀着颇不平静的心情，整理工作室的相关资料，积极筹备工作室第一次成员会。当时，向浩老师给我转发了一个余老师的巨大资料包，里面有对学员的各种要求——学习的、作业的，甚至还有各种上交文稿的格式要求，从字体字号、段间距、行间距、页边距甚至是标题序号和标点符号，都分门别类一一罗列清楚。惊叹之余，我不禁暗想，这是怎样一个要求严格甚至可以说严苛的人！但从此以后，我所有的文稿都特别讲究格式，哪怕是标点，也从不马虎。这一点，完全得益于余老师的严格要求。

第一次真正跟余老师近距离接触，是2015年10月，工作室正式授牌暨第一次主题培训。那时，恰逢我准备市里的教学大赛，但我依然积极报名承担培训研讨课授课的任务。我读了余老师的一系列著作，研读了他的许多课例，了解了他的许多教学思想和教学主张，但始终未领其要旨，如此难得的机会，能得到余老师亲自指导，我怎可错过！

第一次培训主题是语文老师的文本解读能力训练。根据余老师的要求，每一次培训前，学员都需要交作业，作业内容包括：一篇不少于三千字的教学设计和一篇不少于三千字的相关主题教学论文。向浩老师要求我们每个人都要认真完成作业，并且尤其重视文本解读。得益于余老师和向老师的要求，我第一次意识到，讲授一篇课文前，还要对文本进行如此详细的解读，如此深入的挖掘。那是我工作以来备课最认真的一次，也是我教案写得最认真的一次。

我将工作室所有老师的第一次作业交上去时，是国庆放假前夕。发完邮件，我便松了一口气，准备轻松愉快地度过小长假。没想到，就在国庆假期的第二天晚上，我便收到了余老师发回来的已经批阅了的作业。震惊之余，我紧张地点开工作室学员的每一份作业，发现每一份作业中，都有余老师精当到位、一针见血的评语。我实在无法形容当时那种难以言表的震惊之情，只觉得对余老师的崇拜，又加深了许多；对培训的期待，又多了许多。

在工作室授牌仪式及开班典礼上，一直神经紧绷的我还闹了个小笑话。向浩老师让我作为工作室学员代表，接受余老师授牌。当余老师把工作室牌匾交给我时，我内心激动紧张得无以言表，以至于有点手足无措。余老师伸出手，示意我握手，但我两手紧紧捧着工作室牌匾，完全没有领会余老师的用意。虽然他再三提醒，我依然无动于衷，台下的人都着急了。直到余老师微笑着伸出手，拉住我紧握着牌匾的右手时，我才明白过来，一时间窘迫得满脸通红。余老师握着我的手，亲切地说："没事的，小姑娘，别紧张。"一如父亲般温暖亲切，我紧张的心瞬间平静下来。原来，大师也并不都是高高在上的，还有如余老师这样亲切、温和的。

出乎意料，课堂中的我，并没有预想般的紧张。或许是因为一开始的插曲，让我感受到了余老师的亲切温和，所以原本紧张的心情不复存在。于是，在课堂中，在原本设计好的板块式教学模式下，我跟陌生的孩子嬉笑怒骂，在轻松愉快的互动中结束了整节课。期间，我用眼角的余光看了看余老师，他低着头，一直在电脑上敲字，时不时抬头看看课堂。我想，这堂课，我的表现应该还不错吧。

不承想，评课时，余老师一改之前的亲切温和，温柔的面容变得严肃冷峻。我的课，被余老师批评得一无是处，从板块设计缺乏逻辑性到教学目标设置不顾学情，从课堂组织过于松散随意到课堂发言热闹有余而思辨不足，从重个人表现而少集体训练，再到教师用语过于直白口语化，我被批评得完全没有招架之力。更要命的是，他说的，无一不是事实，而且句句中肯、字字见血，我心服口服。让人难以置信的是，余老师居然连我在课堂什么时间提问了什么，说了什么话，如何对学生发言进行理答，全都记得清清楚楚，他都能一一道来！更让我震撼的是，评课之后，他还立即对我这节课提出了新的创意和新的构想。能够破坏的专家很多，但破坏之后又能进行建设的专家，真是少之又少，而余老师，则把两者都做到了极致。

评课之后，我心里久久不能平静，一方面对自己的教学功底感到无地自容，一方面对余老师的崇敬之情愈发深厚。我知道，在语文教学这条路上，我甚至都还没有入门，我要做的还有很多，要走的路还有很长，而幸运的是，在拥有了向浩老师这么好的引路人之后，又能拥有余老师这么好的导师，我何其幸运！

而后，整个观课环节，余老师始终一个人安静地坐在电脑前，低着头，手指灵活地在键盘上飞舞，全然不像一位已近古稀之年的老人。他精神矍铄，神采奕奕。我用手中的相机，记下了余老师观课做笔记的瞬间。照片中，余老师端坐着，低着头，手指敲打着键盘，在阳光的映照下，光芒四射。这个画面，是余老师在我心目中形象的定格。以后的每次培训，余老师都是以这样的姿态出现在我们的视野里，他就那样安静地坐着，认真而平静地听我们每一个人演绎自己的课，然后再一一苛刻地挑出我们每一个人的漏洞和问题，再有针对性地教我们改进。

第一天的活动结束之后，余老师看我情绪低落，特意安慰我："小姑娘，没关系，你已经做得很不错啦，只是我的要求比较高，慢慢来，会越来越好的。"说完，他微笑着朝我点点头，眼里满是期许。那一刻，我受到了莫大的鼓舞，眼泪几乎都要流出来，我说不清自己当时是一种怎样的感受。

饭后，我和工作室的另一位成员送余老师回酒店。一进房间，余老师便坐在了电脑前，给我们看起了他的研究工作，让我们看他巨大的资料库，告诉我们文本解读和课文内容提炼的重要性。让我们颇为吃惊的是，余老师的资料库里，有从小学到初中再到高中所有课文内容相关的资料，而且，一篇课文都有无数个资料夹。余老师给我们展示了《紫藤萝瀑布》一课的课文内容提取资料库。仅一篇课文，居然能够从雅词、美句、修辞、章法等十几个不同角度进行不同梳理。我们惊叹于余老师资料之丰富，疑惑他是如何编写了如此繁复细致的资料库的。余老师稀松平常地说："我只是把别人用来休息玩乐的时间都用来做研究了。"原来，大师成功的背后，有着无数不为人知的付出与辛苦。

第一次主题培训在我们的依依不舍中结束。我们收获良多，也激起了强烈的求知欲望。余老师说："培训时间有限，但学习时间无限，无论培训与否，你们都要不断学习，不断进步。"这是他对我们的期许，也是他对我们的要求，更是我们对自己的承诺。

2017年1月，我们交了第三次主题培训后反思，余老师回复邮件"下次培训，我们安排一个结业仪式"。向浩老师在群里告知了大家这个消息，我们的群里立刻被泪水淹没。两年的时间太短，我们还没有学到余老师丰厚学识的皮毛就要结业了。向老师立刻向余老师表达了我们的心声。最后，余老师终于答应我们：我们，永不结业！我们瞬间欣喜若狂，从来没有如此大悲大喜过！

后来，在工作室年度工作总结上，我作为代表发言，对余映潮老师工作室开办近两年来的工作进行了总结。最后结语时，我用了第一次培训时余老师专注观课的剪影：照片中，余老师端坐着，低着头，手指敲打着电脑键盘，窗外的阳光透进来，洒在余老师身上，熠熠闪光。我把这张照片命名为"余式姿态"。

是的，"余式姿态"。我想，这才是最为恰如其分的描述。近两年的时间,余老师呈现在我们面前的,一直是这样的姿态:谦逊低调地做人,扎实沉静地做学问,亲切从容地上课,严格认真地教学员。他从不标榜自己,也绝不放纵自己;从不辱骂轻视我们,也绝不放松对我们的要求。在他言传身教的影响下,在他毫不懈怠的要求下,我们工作室成员无不严格要求自己,不断前行、不断进步,跟着余老师和向老师,一步一个脚印,扎扎实实往前走。

2017年5月,突然间收到余老师的邮件,怀着惴惴不安的心情点开,余老师的来信简洁明了:"淑芳,问候,辛苦的事来了,慢慢做,7月15日交稿。附件里,是书稿的详细要求。"那一刻,我心里满是欣喜,表面上却波澜不惊。我不禁诧异,我什么时候也变得如此平静如水了?"余式姿态",在我的脑海里一闪而过。

时至今日,我依然不敢说我已经摸到了语文教学的门路,也依然不敢宣称自己是余老师的学生。因为我知道,自己还有太多太多的东西要学,还有很长很长的路要走。

也许,我走得很慢,但我始终坚信,有余老师、向老师的引领,用"余式姿态"去行走,我一定能走得很远。

余映潮老师与彭淑芳老师的合影

品美文入情入境　学名师如痴如醉

——黄燕跟余映潮老师学教语文

> **学员档案**
>
> 黄燕，广东省深圳市龙华区民治中学语文老师。曾被评为深圳市宝安区"教坛新秀"，深圳市龙华区"初中教学工作先进个人"。先后获得深圳市宝安区古诗词教学设计大赛一等奖、龙华新区初中语文教师综合素养比赛二等奖。主持区级课题《初中语文早读课的有效实施策略研究》。

跟余老师学上课

《猫》教学实录

时间：2016年10月27日上午
地点：深圳市龙华区观澜二中阶梯教室

导入

师：同学们，早上好！这是我们第一次见面，先玩一个猜谜的游戏吧。请听谜面：在寻常百姓家衔草衔泥，在唐诗宋词里飞来飞去。猜一种动物名称。

生：猫。

师：猫也会飞了？

生：燕子。

师：反应真快！说说你猜测的依据。

生：因为燕子经常会在各家屋檐下做窝，而且燕子是飞来飞去的，很多诗中也会提到燕子。

师：你不但留心观察生活细节，而且能有意识地积累古诗词。其实，"燕"也是我的名字，不过，我不是动物。（生笑）我们今天学习关于人和动物的故事——《猫》。请看大屏幕。齐读关于作者的介绍：郑振铎——起！

生：郑振铎，笔名西谛，福建长乐人，作家、翻译家、文学史家。郑振铎的一生是纯真高尚的一生，艰苦奋斗的一生，以书为友的一生，是爱其所爱，恨其所恨的一生。他的一生作为及其高尚品格，应该是后来者最好的楷模。

师：课文的篇幅很长，有4500多字，今天，我们将以活动的形式来开展学习。请看活动一：认读，积累词汇。这篇课文的词汇丰富而有趣，老师把它们进行了归类，请看大屏幕，齐读两遍。

屏幕显示：

第一组：与"说"有关的词

  诉说 诅骂 咕噜 辩护

  辩诉 闲谈 叮嘱 表白

  安慰 笑着骂 默默无言

第二组：与"情"有关的词

  忧郁 郁闷 酸辛 怅然

  悲楚 愤恨 愤怒 暴怒

  怒气冲天 提心吊胆

师：这组词如果再进行细分也是可以的，前面五个词，从"忧郁"到"悲楚"是悲情，后面的"愤恨""愤怒""暴怒""怒气冲天"是愤怒之情，"提心吊胆"是表示害怕之情。

屏幕显示：

第三组：与"案件"有关的词

  证实 亡失 预警 失踪

  死亡 捕捉 惩戒 虐待

  冤枉 怂恿 畏罪 潜逃

师：要注意"惩戒"的"惩"读第二声。

屏幕显示：

第四组：需要重点学习的雅词

  安详（xiáng） 污涩（sè）

  蜷（quán）伏 相称（chèn）

  凝（níng）望 冤枉（yuān wang）

  怂恿（sǒng yǒng）

师："冤枉"的"枉"读轻声。现在，在练习本上写一下"安详"两个字。写完的同学，对照大屏幕的写法，检查自己是否写错了"详"字，"详"字的偏旁是——

生："讠"旁。

师：常常有同学把它写成"礻"旁，这是一个常见易错字，注意，当它变成"礻"旁，那就是"慈祥"的"祥"。

另外，"怂恿"的课下注释是"鼓动别人去做某事"，根据这个解释，我们能判断它是贬义词，但从课文原句"三妹便怂恿着她去拿一只来"来看，它是属于贬词褒用，这里极言三妹想要再养一只猫的急切心情。

屏幕显示：

再读重点词语的注释。

安详：从容不迫；稳重。

污涩：肮脏，不光滑。

蜷伏：弯着身体卧着。

消瘦：形容身体极瘦。

相称：事物配合起来显得合适。

凝望：目不转睛地看；注目远望。

怂恿：鼓动别人去做某事。

妄下断语：不经考虑地说出断定的话。

师：学习其他的课文，同学们也可以像老师这样分类归纳，能够极大地丰富词汇积累。

下面，我们一起走进课文，完成第二个活动：说读，概括大意。请大家速读全文，概说文章的大意，建议运用屏幕上的关键词或者词组。你可以选其中的一组，也可以两组都用上。

屏幕显示：

活动二：说读，概括大意

速读全文，概说文章大意，可以用到以下关键词（组）：

第一组：酸辛 诅骂 难过得多

第二组：小侣 亲爱的 同伴 若有若无 冤枉

（学生看书思考）

师：哪名同学先说？

生：我可能说得不准确。

师：没关系，我们可以帮你。

生：作者家里养了好几次小猫，之前好几只猫都死了。他三妹很喜欢小猫，一放学就跟猫玩。她在玩的时候，有一天中午，她很难过地说小猫死了，作者就感觉非常伤心，因为那是三妹比较喜欢的一只小猫，当时作者就安慰三妹说："不要紧，我再向别处要一只来给你。"

师：不错。但还没有概括完整。

生：这篇散文描写了"我"三次养猫的经历，抒发了"我"不同的情感，表达了"我"对第三只猫的内疚，以及"我"内心的痛苦、自责之情。

师：好，你的概括更全面，但是也没有用到老师上面的词语，对不对？有哪名同学能用到屏幕上的词语来概括呢？

生：本文讲的是，作者养了三只猫，他的第一只猫是病死的，作者感到很酸辛。第二只猫是被人抓去了以后，作者的三妹去诅骂抓小猫的人。第三只是因为被作者一家冤枉之后，这只猫在屋檐上死了，对于这只猫的死，作者觉得比前两只要难过得多。

师：因为运用到了关键词，所以你的概述是最全面的，也是最有条理的。这篇文章写了三只猫先后和"我"一家相处的经历。其中前两只猫，和"我"一家的相处，既有欢乐又有悲哀。总的来说，乐大于哀。而第三只猫呢？留给"我"一家的却是深深的愧疚和自责的回忆。课文的最后一个部分，就是关于第三只猫的描述，也是我们需要重点学习的内容。

大家看课文，从15～34段，又可以大致分为两个小部分，前一部分记叙了第三只猫被领养、被冤枉、被棒打，最后沉冤得雪的过程；后一部分则抒发了作者对自己种种行为的愧疚和自责。那么，我们现在来梳理一下，第三只猫被"我"一家认定是吃鸟真凶的原因，并分点简述。

（学生安静地看书）

师：现在，小组内的同学互相交流答案，准备发言。

生：我觉得，总共有三点。第一点就是好吃；第二点，又懒，又不会捉鼠。然后，我觉得还有一点，它老是喜欢爬到椅子上面去看鸟，有点想吃它的意思。运气也不太好。

师：运气不好？

生：刚好鸟的腿被咬掉之后，它就在阳台上趴着，嘴里又在吃东西。

师：事实上，你总结了四点原因。

生：我补充一下，第三只猫，是他在街上捡来的。就是在一个冬日里，作者在外面散步的时候看到一只猫，很瘦，躲在严寒的冬天里。作者想收养它，不想让它因为冬天的寒冷而死掉，他就把它拾起来，放到了家里喂养，但是喂养之后，这只猫非常懒惰，而且好吃懒做，不愿意去捉老鼠。然后他们买了一只小鸟，那只猫见到了小鸟，就很想把它咬死。

师：请坐。叙述很详细，但要注意分点简述。他刚刚说的这一点，也可以归纳为，"我"对这一只猫的印象非常差。

生：我认为原因是大家都不喜欢它，它不活泼，不像别的小猫喜欢玩游戏。第二，是它变成了壮猫，却不改它的忧郁。第三个原因是，那只大白猫对黄鸟似乎也特别的在意，常常站在桌上，对鸟笼凝望。

师：一共讲了三点原因，并且能够结合课文的关键句来叙述。前面同学讲过的原因我们就不再重复了。

生：我讲的也是三点，请大家看第17段。刚买来芙蓉鸟，这只猫就对鸟特别关注。请大家看到第27段，刚好在这只鸟死的时候，它也在吃东西，因为他们家人对它的印象不好，所以认为它偷吃鸟。最后一点，它是一只猫，它没有语言能力，所以它无法解释，也不能为自己辩护和解释，这不是它能做的。

师：这么说，文中的"我"有欺负弱势群体的倾向。你刚刚说这只猫对鸟特别关注，是从哪个词或者句子看出来的呢？

生：17段的"凝望"。

师：其实，"凝望"这个词不只出现过一次，在17段出现过，19段也出现过多次。谢谢你，请坐。

综合同学们的发言，我们可以归纳出以下几个原因：

屏幕显示：

第一，第一印象差；

第二，猫对鸟的两次"凝望"；

第三，鸟亡失的表象；

第四，妻子的推波助澜。

老师：妻子的推波助澜可以在23段找到。

生："妻子也非常肯定地说"。

师：第五，还有张妈的沉默，她虽然是沉默，换一种角度来看，她可能也是——

生：默认。

师：当然，还有其他原因，用一句话来形容，就是"欲加之罪，何患无辞"，正因为这样，当作者发现自己已经冤枉了这只猫的时候，他的那种愧疚，真是责之深愧之切。课文30~31段的内容，是作者直抒胸臆的两段，感情就非常强烈。接下来，请大家标注这两段中有助于把握作者情感的标点符号和词语，可以一边标注，一边小声读。

（学生读书、做笔记）

师：我们来齐读：我心里十分的难过——起！

生：我心里十分的难过，真的，我的良心受伤了，我没有判断明白，便妄下断语，冤苦了一只不能说话辩诉的动物。想到它的无抵抗的逃避，益使我感到我的暴怒、我的虐待，都是针，刺我的良心的针！

我很想补救我的过失，但它是不能说话的，我将怎样的对它表白我的误解呢？

师："想到它的无抵抗的逃避，益使我感到我的暴怒、我的虐待"，这里需要读快一点，"暴怒"和"虐待"之间用的是顿号，表明停顿的时间要比逗号短，请一名同学来读一遍吧。你来吧，注意情感的酝酿。我心里十分的难过——起！

生：我心里十分的难过，真的，我的良心受伤了，我没有判断明白，便妄下断语，冤苦了一只不能说话辩诉的动物。想到它的无抵抗的逃避，益使我感到我的暴怒、我的虐待，都是针，刺我的良心的针！

我很想补救我的过失，但它是不能说话的，我将怎样的对它表白我的误解呢？

师：很好。我们继续进行学习活动。请看大屏幕，研讨与分析："我"对于第三只猫的亡失，比以前的两只猫的亡失，更难过得多。课文有这个句子，在32段。"更难过"的原因仅仅是因为"我"冤枉了它吗？请结合文段的相关词句，分析"更难过"的其他原因。同学们可以依照屏幕的示例来分析。

屏幕显示：

示例：从"蜷伏"一词可以看出，"我"还因为不理解猫而难过。"蜷伏"写出了猫的惯性动作，一方面表现出猫的懒惰性格，与下文的"不活泼"照应，也暗示了它可能试图与"我"接近，希望大家与它交流的精神需求；另一方面，表明猫已把"我"一家当作自己人，而"我"依旧回应冷淡，"我"为自己没理解猫而难过。

开始批注吧。觉得难的同学可以从描写猫的动词和描写"我"的动词、副词开始分析。

（学生安静看书、批注）

生：我批注的是第15段，"若有若无"这个词语。这个词就可以说明家人对它不是很重视，不把它当回事。

师："我"呢？

生："我"也没有重视它。

师："我"为自己对它的这种不重视而感到难过，对吧？

为什么他会为自己不重视而感到难过呢？假如你买了两本书，一本书你很喜欢，另一本书你不喜欢看，你会因为不重视那本书而难过吗？（生笑）你应该再往前找找。

生：第30段。"我心里十分难过，真的，我的良心受伤了，我没有判断明白，便妄下断语，冤苦了一只不能说话辩诉的动物。想到它的无抵抗的逃避，益使我感到我的暴怒、我的虐待，都是针，刺我良心的针。"我觉得"暴怒""虐待"这两个词，说明作者非常难过，因为吃鸟的猫并不是这只猫，而是另外一只黑猫。

师：这是让我们触目惊心的两个词语。

生：对。作者感到他误会了那只小猫。

生：我是从第28段，"我心里还愤愤地，以为惩戒得还没有快意"这句找到的。这句话写出了作者误会了这只猫，惩戒了它之后，他感觉他内心还是很愤怒的。

师：当他回过头来看——

生：回过头来看，他就觉得自己这么做，真的是太不应该了。

生：从第27段"安详"一词可以看出，猫对作者是一点防备都没有的，因为猫是很敏感的，它应该感觉到了作者的愤怒，但是它却以为作者不会伤害它，就一直躺在那里。结果，作者却狠狠地打了它一下。

师：我想追问一下，为什么它以为作者不会害它、打它？

生：它对作者的信任。

师：猫对作者是信任的，而作者对猫呢？却是以棒打来对待。非常高兴你能够关注这个词，老师都没找出来，谢谢你的提醒。

生：请大家看第22段。我们可以从"愤怒""一定"这些词语感受到作者对猫比较肯定、武断地下定论，因为他自己的武断而冤枉了一只猫，所以他难过。

师：是因为自己的武断而难过，没有观察清楚事实的真相。那猫的动作呢？有人批注了吗？

生：请大家看第27段，这里有一个"它便逃到屋瓦上了"，说明猫没有选择抵抗，而是默默地顺从主人，它没有去抵抗主人，只是逃到屋瓦上，可见它很信任主人。

师：其实这和猫的性格是一致的。前文一直写这只猫的懒惰、忧郁，前面两只猫却是活泼的，而这只猫呢？是特别安静的，对不对？好，除此以外，其实同学们还可以看第16段，"春天来了，它成了一只壮猫，却仍不改它的忧郁性，也不去捉鼠，终日懒惰的伏着。"其中的"伏"和17段、19段的"凝望"等词语，都可以看出作者冤枉猫的根据。接下来，我们学习活动四，写读，补充"留白"。请看大屏幕。

屏幕显示：

第三只小猫是在"我"棒打两个月后"忽然"亡失的，这两个月里，"我"和猫的生活状态分别是怎样的呢？请根据文意，展开合理想象，补写百字短文。

（学生安静地写作）

师：大家的习作，留待课后交流。今天，我们学习了《猫》，全文记叙了"我"一家与三只猫相处的故事，表达了"我"对自己冤枉动物的深深愧疚之情，对自身行为的反省，从侧面表现出作者追求人猫平等、还猫以尊严的理想。这也是我们学习与动物相处的极好范本。这节课上到这里，下课吧。谢谢同学们，再见！

生：老师再见，谢谢老师！

跟余老师学研究

精挑细选巧分类　灵动教学字词美

识字，是语文学习的基础。在《义务教育语文课程标准（2011年版）》中，"识字与写字"是每一个学段目标与内容的第一条要求。其中，第四学段（7～9年级）的要求如下：①能熟练地使用字典、词典独立识字，会用多种检字方法。累计认识常用汉字3500个左右。②在使用硬笔熟练地书写正楷字的基础上，学写规范、通行的行楷字，提高书写的速度。③临摹名家书法，体会书法的审美价值。④写字姿势正确，有良好的书写习惯。余映潮老师也指出，中学语文阶段的字词积累教学是读写教学中非常重要的内容之一，课堂是进行识字教学的唯一时间。

我们中学语文课堂的识字教学现状是怎样的呢？

从教学时间来看，有些语文课堂基本是"零识字教学"，课堂起始即是对文本的分析，对文章阅读知识的挖掘，老师们认为在课堂上进行识字教学可有可无；有些语文课堂只是利用一两分钟的时间进行朗读，走走形式而已。

从教学内容来看，以人教版语文教材为例，大多教师只是教学课后"读一读　写一写"部分的字词，或者只教学考试常考的字词，字词教学的内容不够丰富。

从教学的深度和广度来看，没有对某些重点词语进行解释和运用教学，没有对常用的词语进行拓展迁移，甚至连多音字也不提及。例如，"殷"常见的读音是yīn，小学阶段已经学习过，"殷"字第一次出现在人教版初中课本的课后生词是在八年级上册语文课文《落日的幻觉》中，但组词是"殷红"，读音为yān，事实上，它早在七年级下册的《邓稼先》一文中已经"露脸"，原句是"岁首黄尘，燕然勒功，至今热血犹殷红"，教师在教学中可以进行前后勾连，这样就可以加深学生的记忆，弥补教材的不足。

针对以上现状，笔者认为，可以从以下几个方面"略施小技"，改善字词教学。

首先，保证字词教学的时间。字词积累教学是依托课文进行的基础知识教学，每教学一篇课文，都应该进行字词教学，至少要有五分钟的时间。

其次，精选字词教学的内容，巧设各种灵动趣味的形式。在余映潮工作室的培训中，余老师多次强调字词教学的重要性。他认为，字词教学，重在理解、运用和积累，就学生而言，是知识的积累、语言的积累、基础的积累。教师在教学字词之前，必须要对教材进行分析与研读，尽管是十分基础的字词教学，但对教师研读文本的水平也要求很高。

一、梳理归纳

例如，余映潮老师在《大自然的语言》教学中对字词的分类梳理，不仅角度丰富，而且内容周全。

常用词语：

次第　孕育　呈现　农谚　推移　灵敏　观测　来临　悬殊　短促　采集

成语和四字词语：

冰雪融化　草木萌发　翩然归来　北雁南飞　田间草际　销声匿迹　衰草连天

风雪载途　年年如是　周而复始　草木荣枯　候鸟去来　花香鸟语　草长莺飞

近义词组：

孕育—养育　应用—利用　差异—差别　损害—侵害　损害—损失

暖和—温和　丰产—丰收　播种—耕种　气候—气象　植物—作物

季节—时节　区域—区划　农时—农事

与气候有关的词语：

立春　温带　亚热带区域　候鸟　农事　物候　农谚　物候学　观测

气温　湿度　纬度大陆性气候　经度　内陆　沿海　谷雨　立夏

抽青　乔木　逆温层　丘陵　生物学　生态学　气象学

又如，笔者在研读人教版七年级上册课文《猫》时，发现有大量丰富的雅词，可以通过分类整理的方式向学生展示，于是设计了"认读，理解并积累丰富词汇"的教学环节。

第一组：与"说"有关的词

诉说　诅骂　咕噜　辩护

辩诉　闲谈　叮嘱　表白

安慰　笑着骂　默默无言

第二组：与"情"有关的词

忧郁　郁闷　酸辛　怅然

悲楚　愤恨　愤怒　暴怒

怒气冲天　提心吊胆

第三组：与"案件"有关的词

证实　亡失　预警　失踪

死亡　捕捉　惩戒　虐待

冤枉　怂恿　畏罪　潜逃

第四组：需要重点学习的雅词

安详（xiáng）　污涩（sè）

蜷（quán）伏　相称（chèn）

凝（níng）望　冤枉（yuān wang）

怂恿（sǒng yǒng）

字词的梳理教学也可以运用在文言文的教学中。例如，笔者在教学《桃花源记》的过程中设计了"词的盛宴"环节，要求学生在课文中找出以下词组。

同义词：悉、并、皆、咸、具；缘、扶；邀、延。

近义词：问、答、云、说、语。

多义词：志、寻、闻。

古今异义词：交通、妻子、绝境、无论、不足、仿佛。

昨词重现（学过的文言词再现对比）：

异：渔人甚异之　父异焉

闻：村中闻有此人　鸡犬相闻　不能称前时之闻

辞：辞去　蒙辞以军中多务

舍：太丘舍去　便舍船

及：及鲁肃过寻阳　及郡下

学生通过这种归纳式的学习，记忆的力度比较大，既有助于提高阅读课文的积极性，又能把新旧知识进行勾连，对中考的课外文言文考试或是高中文言文的阅读都大有裨益。

诸如此类的梳理设计，不仅可以帮助学生识字，而且能使学生学会巧识字词，在识字的过程中强化对课文内容的理解。

二、造句学用

落实字词、积累字词的最终指向是运用字词，也就是语言学用的一个部分。因此，在设计字词教学的活动时，我们可以学习运用课文的字词造句。

例如，王君老师在教学《老王》时的设计：

伛　荒僻　攥　塌败　取缔　骷髅　滞笨　愧怍　惶恐　翳

师：现在是热身阶段。用上面的词语，说个句子，一个也可以，两个也可以，三个也可以。

……

生：我手里攥着话筒，心里十分惶恐。

这样的教学不但促使学生学习运用词语，并且有助于学生打开思维，为课堂的后续教学做准备。

再看余映潮老师的课例《说屏》。

给同学们4组词语，任选一组，就课文内容写几句话，要求生动地表述课文内容而不是照抄原文：

诗意　情境　向往　微妙

擅长　功能　美感　称道

帷幕　装饰　书斋　休憩

造型　轻巧　绘画　得体

余老师的课例对学生提出了更高的要求，不仅要理解字词、运用字词，而且规定了运用的范围和方向。运用这种方法对课文字词进行集美，给学生一个学用字词的语境，让其遣词造句，不仅完成了字词教学任务，提升了语言训练的档次，而且加深了学生对课文的理解。

三、教学书写规律

从央视10套科教频道推出的节目《中国汉字听写大会》中，我们可以发现"间歇""熨帖""黏稠"，这些生活中的常用词，提起笔来却让人犯难。"熨帖"一词，成人体验团只有10%的正确率；"癞蛤蟆"一词，只有30%的人写对。这样的现象提醒我们广大中小学教师，要深刻反思语文课堂中字词教学的成效，关注汉字书写的教学。

字词教学中的"勾连"，指的是在教学中引导学生追寻汉字的造字规律（象形、指事、会意、形声），归纳同音、形近、同义的字词，进行联类记忆。汉字是一种很强的"音形义"结合体，勾连记忆，不但便于掌握字词，而且有利于扩充词汇量。

例如，余映潮老师课例《三峡》的一个片段。

找出带"山"旁的字并理解意思：

巴东三峡　重岩叠嶂　清荣峻茂

找出带"氵"旁的字并理解意思：

沿溯阻绝　素湍绿潭　悬泉瀑布

飞漱其间　林寒涧肃　泪沾裳

　　该设计抓住了文中字词的字形特点——有相同偏旁，让学生进行联类认读理解。这样的学习活动不仅趣味盎然，还能帮助学生掌握形声字的认读、理解方法，艰涩难懂的文言文，其字词的学习却能变得如此轻松。

　　又如，学生在考试中，经常会写错含"令"字部分和"今"字部分的汉字，这类字大量地出现在人教版课本所收录的古诗词中，如"独怜幽草涧边生""仍怜故乡水""怀旧空吟闻笛赋""狐裘不暖锦衾薄"等。为了杜绝这种经常写混淆"令"和"今"的情况，笔者带领学生总结一些小技巧和规律，凡是含"令"的字，其拼音的声母往往是"l"，读音是"令"的谐音，常见的有玲、领、零、岭、怜等；而含"今"的字，其拼音的声母往往都不是"l"，常见的有念、衾、岑、琴、矜等。学生掌握了这种规律之后，混淆写错"令"和"今"的现象便大大减少了。

　　除此以外，我们还可以运用汉字学的知识，向学生传授汉字造字的规律。例如，在教学"炙手可热"一词时，可以为学生讲解，"炙"字本义是火上烤肉，手摸上去感到热得烫人，并延伸至权势大，气焰盛，使人不敢接近的意思，不仅能让学生记住"炙"的写法，并能帮助他们理解其意思。又如"芳草萋萋鹦鹉洲"中"洲"和"州"的区别，可以让学生认识到洲是州字发展到一定时代的意义分工。

　　通过对众多优秀课例的学习，笔者深刻意识到，识字教学虽然是最基础、最简单的教学环节，但也是必不可少的环节。识字教学的设计不一定要停留在简单的读读写写的传统教学方法上，还可以在传统方法的基础上进行创新，采用更多灵动有趣的方式教学，不仅锻炼了教师开发教学内容的能力，更使学生能切实夯实基础，并感受到识字的乐趣。

跟余老师学做人

最遥远的老师

　　自2015年11月始，我有幸加入工作室，跟着余映潮老师学教语文。在我生平所有接触过的老师中，余老师是离我最遥远的。每一次工作室集训，他都是从远方赶来——东莞、湖北、北京、内蒙古，甚至是从更远的地方刚刚培训完毕；每一次集训结束，他又不顾疲惫地行走远方，开启新的培训历程，把他对语文教学研究的精华，不遗余力地播撒在语文教坛的每一个角落。日久天长，这种东奔西走拉开的遥远距离，却踏出了我们广大青年教师成长的足迹。

我申请加入新区工作室，源于一次失败的公开课。那时的我，刚从产假回归工作岗位，便接到区级公开课的任务。在我五年的工作经验中，大部分时间都在为班主任的琐碎事务焦头烂额，对于语文教学的钻研习惯止步于一知半解，教学视野也仅仅停留在知识点的落实和通过抢抓时间达到追求成绩的目的上，加之休假期间放松对自己的要求，疏于学习。尽管花了很多时间去准备研讨课，却依然有力不从心之感，最终酿成败局，也因此错失了更好的学习机会。自那以后，我陷入了深深的苦闷：有了家庭、孩子的我，再也不可能一心扑在工作上，靠时间赢取成绩，那么，我的教学水平还有什么竞争力呢？我可悲地发现，作为一位语文老师，自己还没入门就遇到了专业瓶颈，还有那么长的路，我该如何走？

　　一个偶然的机会，听说教研员向老师准备邀请余映潮老师来给新区的老师做长期培训，并鼓励青年教师踊跃报名参加，我怀着忐忑的心情报了名。余映潮老师的大名如雷贯耳，他的成就光彩夺目，而我是一个连文本解读都不会的"老师"，他愿意耳提面授吗？我一方面内心自卑苦闷，另一方面又不甘愿错失学习的良机，得知入选工作室的那一刻，我的内心是无法抑制的激动。

　　大众视野里的余老师，都是谦逊慈祥、平易近人的，他是否也有严厉的一面呢？记得第一天的培训，有四位老师分别上了一节研讨课，在我看来，他们的课都是经过精心准备，下足"猛料"的，也没有公开课的哗众取宠之感。出乎意料的是，余老师的点评竟是毫无掩饰的批评多于表扬。还有一次，一位优秀的学员老师在评课之前客套了几句，余老师当时就指出，评课就要直接说优点、提建议，过分客套自谦不如不评。那时，大家听了，心里都有几分畏惧，但那又何尝不是敬畏？唯有这样的指导，才会让我们真正意识到自己的缺陷，才能使内心的平静湖水泛起波澜，才能像黄钟大吕一般在我们胸中击荡，才能唤醒和激发我们沉睡的斗志，才应该是大家乐于听从的教导呀！

　　话说回来，有朝一日，如果站在讲台上的是我，自己是否能改正文本解读不到位，课堂活动不充分，不尊重学生的身心发展规律，教学语言不够干净利落，师生对话质量不高等缺点呢？能否利用所学到的知识提高自己的教学水平呢？面对这一点，我又是毫无自信的。

　　那是一个阴天的上午，第一节就是我上课，面对陌生的学生，我如临大敌，又忐忐忑忑。既担心课堂的走势偏离预设太多，又担心没有足够的时间呈现完整的设计……课毕，我走下讲台，默默地等待着余老师的"批评"。又一次的出乎意料，余老师竟然乐呵呵地握着我的手说："不错，有了质的飞跃！"那一刻，我如释重负。这短短的八个字，驱散了我心头所有的阴霾，给了我莫大的鼓舞。后来的课例点评，余老师的意见是：进行了厚实的分类推进式字词教学，概说文章部分简洁明了，使教学有了抓手，师生对话已经"升格"；但是，老师对课文的品读没有上升到小说的艺术效果上，使教学的深度和广度受到限制。余老师的点评真是"一语惊醒梦中人"，我自己在文本解读的过程中对文本的体裁就十分纠结，不知道该把《猫》定为小说还是散文好，也导致自己的课感总停留在"就文教文"的层面，不能走出文本，运用语文的术语知识去解构文本的构思规律和写作手法。原来，文本特质的确定不是单一的，没有非黑即白的界定，把《猫》定位为散文教学的同时，并不妨碍解读其中的小说艺术，这样的解读非但不会使学生混淆概念，还能打开学生的思维、开阔学生的眼界，充分展现文学体裁的多样性！这个综合点评也指出了我的最大不足，一针见血地道破了困扰我的教学桎梏。从来没有一节公开课和研讨课能来得如此痛快，能收到如此真诚有效的评语，以前的评课，要么是差之千里的谬赞抬举，要么是委婉曲折让人雾里看花般的小批小改，这些让本就愚顽的我苦闷而找不到出口，余老师的点评却像夜空中划过的星子，可以重新点燃我对语文教学的希望，唤醒了我对语文教学的点滴期待。回想起备课期间毫无头绪的苦闷寂寞，论文撰写的枯燥冗长，由于关起门来躲避孩子干扰所产生的负疚，那也许都是曲径通幽，它们能带领我们一步步地向真语文的教学靠近，让人倍觉不虚此行。

　　培训期间，余老师的评课是大家公认的"绝技"，同时，余老师上课也是大家最期待的"黄金时段"。鞭辟入里的文本解读，沉稳儒雅的上课风格自不必说，那些平中见奇、巧妙独到的细节更是趣味盎然又耐人寻味。有一次，余老师在课堂上范读课文《赫尔墨斯和雕像者》，其中雕像者的回答读得尤为传神，读到"白送"二字，他仿若变身轻蔑不屑的雕像者，眼前就站着由傲慢变得恼羞成怒的赫尔墨斯一般，学生们一下子振奋不已，我们听课的老师也被深深感染，忍不住发出会心的笑声，轮到学生齐读的时候，每个人都迫不及待地抢读"白送"二字，恨不得把自己的领悟一下子隔空传给赫尔墨斯……就这"白送"，足以活跃课堂气氛，让整节课熠熠生辉，让学生对老师充满学习的期待。在课堂上，还有什么比学生对老师的期待更能激发他们学习的潜能呢？

　　如果说趣味盎然的朗读是余老师的精心准备，那么随口作文则是他挥洒自如的信手拈来。一次，余老师讲"五笔法"作文，课前，电脑出了故障，余老师和另外两位老师轮流处理，争取在响铃前解决问题。一声不紧不慢的"我们上课"，就把学生的注意力带进了课堂，仿佛刚才并没有出现什么故障。当余老师讲完"五笔法"的作文方法后，又即兴来了一段示范：三位老师正在讲台上忙碌着。（轻点一笔）……原来是电脑出故障了。（解说一笔）……就这样，随堂口头作文一篇，不着痕迹地利用了上课前发生的事件资源，也非常形象地使学生加深了对"五笔法"的认识,教学艺术之纯熟令人叹为观止。

  诸如此类的精点妙语,真让大家应接不暇,它们都是一线老师迫切需要的"干货"。两年时间已过,当我们在某个时刻回首,这些曾经让我们激动的细节,似乎都已经如影随形,成为我们专业成长中一道道亮丽的风景线。我常想,余老师已经步入古稀之年,本可以安享天伦之乐,却依然坚持奔走四方,他图的是什么?也许,余老师的文字就能透露答案吧:"一年四季都在辛劳之中,与一批又一批的毕业生说再见,两鬓飞霜的时日就是桃李天下的时日:回首是一种乐趣。晨起是一种乐趣,晚归是一种乐趣;反思是一种乐趣,惊喜是一种乐趣;受到欢迎是一种乐趣,得到表彰是一种乐趣;接受问候是一种乐趣,悟到真谛是一种乐趣……有这一份教师的工作,就有成长中的乐趣。当教师的人如果能常常体验到'成长的乐趣',那就会有年轻的心,会有童心,会有诗心,会有信心,会有热爱生活、热爱事业之心。于是,就有了人生中最好的心情——快乐之心。"愿我也能坚定信心,跟随余老师的脚步,去靠近那些光彩夺目的足迹,亲近那些散发着语文馨香的思想,不倦追求作为一位语文老师的快乐之心。

(此文已发表在《广东教学》第2757期)

余映潮老师与黄燕老师合影留念

为学为文走一步　做人做事存圭臬

——黄中英跟余映潮老师学教语文

> **学员档案**
>
> 黄中英，广东省深圳市龙华区观澜第二中学语文教师。曾被评为龙华新区"优秀共产党员暨创先争优先进个人""区优秀教师""区教学先进个人"等，并在龙华区首届"卓越课堂"大赛和首届班主任大赛中荣获一等奖。先后在《中学语文教学参考》《中学课程辅导》《教育管理》《班主任》等期刊上发表文章。

跟余老师学上课

《走一步，再走一步》教学实录

上课时间：2016年10月28日上午

上课地点：深圳市观澜第二中学七年级（6）班

导入

师：同学们，今天我们要学习的是一篇记叙文，它是作者在63岁高龄回忆自己童年往事的一篇文章。在学习这篇文章之前，我们先来积累两组词语。第一组是与动作有关的词语，请大家把每个词语读两遍。

屏幕显示：

1. 积累一组与动作有关的词

爬、抓、趴（pā）、贴、挪、转、踩、移、扑、扒

扒（多音字）（bā）：依附在某物上面，如文中紧紧扒住岩石表面；（pá）：用手或用工具使东西聚拢或散开或窃取别人身上的财物，如扒手。

（学生齐读）

师：最后一个字是多音字，它有两个读音，当它表示依附在某物上面，如文中紧紧扒（bā）住岩石表面；还有一个我们非常熟悉的读音，读（pá），指用手或用工具使东西聚拢或散开或窃取别人身上的财物，如扒手。请大家把读音标在"读一读　写一写"的生字词上。

师：我们再来积累一组与心理有关的词语，老师把这些词语放在了句子当中。请大家在读的时候，注意加点的字。

屏幕显示：

2.积累一组与心理有关的词

当看到小伙伴们爬悬崖时，我渴望像他们一样，但犹豫不决，直到其他孩子都爬到上面，我这才开始满头大汗、浑身发抖地往上爬，我的心在瘦弱的胸腔里怦怦（pēng）跳动。爬到一半时，我往下看，感到阵阵晕眩（xuàn）、天旋地转、哭泣呻吟。夜幕降临，周围一片寂静，我趴在岩石上，神情恍惚（huǎng hū），害怕和疲劳让我已经麻木。在我惊慌失措时，杰里带来了父亲，我对他哭诉甚至怒吼，但他依然平静安慰我，指导我一步步爬下悬崖，终于，我顺利爬下悬崖，并且获得一种成就感和类似骄傲的感觉。

师：请同学们把老师标出来的字音，标在"读一读　写一写"的生字词上面。

这是一篇自读课文。同学们，以后在读自读课文时，可以结合课后的阅读提示来读。请同学们看这篇课文阅读提示的第一段，边读边画出你认为有价值的信息。

生（齐读）：本文是作者对自己童年时代一件往事的回忆，文章按照时间顺序，讲述了自己从冒险到遇险再到脱险的全过程，这个过程也是"我"从胆怯恐惧到克服心理障碍，收获自信，甚至有了一种成就感的心路历程。读课文时，画出表示事件发展和"我"心理活动的语句，并试着复述这个故事。

活动一：角度多样概述文章

师：从这个阅读提示当中，我们可以看到这是作者对自己童年往事的回忆，按照时间顺序，讲述了从冒险遇险再到脱险的过程，心理过程是胆怯恐惧到克服心理障碍、收获自信。根据这个阅读提示，我们进入今天的第一个活动，角度多样概述文章。例如，这个阅读提示当中，写到这是作者对自己童年往事的回忆，这就是从文章内容的角度进行概括，而按照时间顺序则是从写作顺序、写作手法的角度进行概括。再比如，老师开头说，我们今天学习一篇记叙文，那就是从文体的角度进行概括。概括文章的角度是多种多样的，希望同学们不要仅仅局限于文章的内容角度，其实还可以从写法、形象、情感、感悟等多角度来进行概括。下面请同学们默读这篇文章，把你概括的内容、概括的角度写在书的旁边。

屏幕显示：

活动一：角度多样概述文章

要求：默读课文，说一说这是一篇什么样的文章，训练我们的多角度概括能力。

例如，这是一篇回忆童年往事的记叙文，这就是从文体和内容的角度来概括；这是一篇按照冒险—遇险—脱险的时间顺序写作的文章，这就是从写作顺序、写法的角度进行概括。

提示：可以从内容、写法、形象、情感、感悟等多角度进行概括。

（生默读文章）

师：你来说说。

生1：讲了在一个闷热的午后，"我"和小伙伴一起去爬悬崖，他们看"我"爬得很慢，开始嘲笑"我"，"我"上不去也下不来。后来太晚，父亲来找"我"，父亲鼓励"我"，强调"我"只需要做一个简单的动作，不让"我"有机会停下来思考，只告诉"我"接下来的事情"我"能做到。最后"我"在父亲的指导下爬下了悬崖，知道只需想着眼前这一步，走一步再走一步，便可成功。

师：这名同学的答案非常完整，交代了时间、地点、起因，而且点出了父亲这个人物形象，还有最后"我"得出的感悟。概括很详细，但可以更简洁一点。

生2：作者通过对这件事情的回忆和感悟，从迈出相对轻松容易的一小步，再一小步，体会到了巨大的成就感，告诉我们遇到任何困难都不要放弃，既然老天让你遇上困难，这就这是天意。老子说过："与其放弃，不如迎难而上。"看着脚下的，望着远方的，竭尽所能，当你成功后，就能体会这件事所给你带来的成就感。

师：这名同学开始叙述了这件事情，后面得出了感悟，这就是从手法的角度，叫作叙议结合来概括，文章最后一段就是议论段。这名同学还引出了老子的话语，然后讲述了自己读完这篇文章的收获，很好。

生3：在酷热的七月天，"我"和其他五个孩子一起去冒险，"我"的身体状况不好，但受到杰里的怂恿，"我"还是坚持去。到了悬崖底下，"我"开始胆怯，直到其他男孩都上了崖顶，"我"还在犹豫中，当"我"上到中途，其他男孩已经回家了。但"我"已经陷入了困境，因为"我"不敢下去，"我"很害怕，一直到晚上，杰里带着父亲来寻找"我"，"我"以为自己下不来，于是一直没有勇气，父亲只是告诉"我"，你只要走一小步，一小步一小步下来，不要管远方的路。于是，"我"从上面慢慢下来了。

师：我从他的答案中提炼了以下的信息，他讲到自己的朋友，一个是杰里，还有其他小朋友。这篇文章中，其他小朋友只有一两处出场，而杰里有三次出场，文中的父亲在后面是浓墨重彩地出现。通过一件事却表现了多个人物形象，这也是这篇文章具有美感的地方。

生4：第1~3段交代了"我"和小伙伴去爬悬崖的原因，第4~14段写了"我"爬悬崖，遇到了困难，第15~17段"我"不敢下去也不敢上去，感觉很害怕。第18~22段，写了爸爸安慰"我"，并指导"我"一小步一小步地下去，"我"听了父亲的话并按照父亲的提示走，最后安全着地，最后一段是"我"的感悟。

师：这名同学是从给文章分段并概括段意的角度来回答的。下面我们就着她的答案，按照冒险、遇险、脱险来分段。大家批注在书上，第1~3段讲的是冒险，第4~16段是遇险，第17~28段是脱险部分，最后一段是作者的感悟。可见本文结构层次很清晰，下面同学们来看老师的总结，请注意画横线的部分。

屏幕显示：

小结：

一、从内容角度

它是一篇叙述作者一段特别珍贵的<u>童年往事</u>的文章；

它是一篇作者在63岁高龄写作的回忆自己8岁<u>悬崖历险</u>的文章；

它是一篇体现<u>人生之悟</u>的自读文章。

二、从写法角度

它是一篇按照<u>时间顺序</u>写作的文章；

它是一篇运用<u>叙议结合</u>手法的文章；

它是一篇主要运用<u>动作、心理和语言描写</u>的文章；

它是一篇以"我"的<u>活动为线索</u>进行叙事的文章；

它是一篇在叙事部分<u>波澜起伏</u>的文章。

三、从形象、情感等其他角度

它是一篇表现"我"从<u>害怕惊慌到自信骄傲</u>情感变化的文章；

它是一篇表现<u>父亲指导有方</u>的文章；

它是一篇<u>通过一件小事表现多个人物形象</u>的文章；

……

（学生齐读"小结"）

师：同学们把刚刚没有涉及的概括内容批注在书的旁边，比如，主要运用了动作、心理描写和语言描写，它是一篇以"我"的活动为线索进行叙事的文章，它是通过一件小事表现多个人物形象的文章，等等。希望同学们今后遇到一篇文章，不仅仅局限于内容的角度，而是能站在更高的角度对文章进行审美。

活动二：圈点品析精段细节

师：这篇文章写得最精彩的段落就是"我"如何在父亲的指导下，一步步爬下悬崖脱险的部分，也就是文章的第17~28段。我们进入第二个活动，圈点品析这几个段落的细节部分。我们一起把这几个段落读一读。

（学生齐读17~28段）

屏幕显示：

活动二：圈点品析精段细节

要求：逐句细读课文第17~28段，圈点勾画，品一品它美在何处。

提示：同学们可以从描写方法、修辞手法、精妙词语、标点符号、句式特点等角度进行品析。

师：大家读得非常整齐，在品析文章之前，老师给大家做了一个示例，我们一起来看第18段。

屏幕显示：

第18段："不过，树林中闪烁着一道手电筒发出的光，然后我听到了杰里和爸爸的喊声。爸爸！但是他能做什么？他是位粗壮的中年人，他爬不上来。即使爬上来，又能怎样？"

品析：

（1）看到的光和听到的声音，从视觉和听觉的角度给处于悬崖上几乎绝望的"我"带来了一丝希望。

（2）杰里的再次出场看似随意，实则大有深意。他在文中一共出现了三次，第一次特别交代他是"我"最好的朋友，就是因为他的这段话，才让犹豫不决的"我"决定和小朋友一起去爬悬崖，他的出现推动了情节的发展；第二次是"我"在悬崖上进退两难时，抓住他的担心神态，这也把他和其他小朋友作对比，为他把父亲寻来作了铺垫。他这第三次出场就是对前文的照应。

（3）后文运用了心理描写，一个感叹号可以读出出现救星时作者内心流露的喜悦、希望之情；两个问号，从实写的父亲再到虚写父亲爬上来的情景，层层递进，都让作者内心涌出的那一点希望彻底破灭。

这段看似写得非常简单，但是却蕴含着大大的深意，我从三个角度对它进行了品析。第一个就是这段的第一句话，看到的光、听到的声音，这是从视觉和听觉的角度给处于悬崖上几乎绝望的"我"带来了一线希望。第二，这段出现了杰里，刚刚老师说过，杰里在文章中一共出现了三次，每一次都有深意。他这次的出场看似非常随意，实则大有深意。他在文章第一次出场，作者特别交代他是"我"最好的朋友，就是因为他的这段话，才让犹豫不决的"我"决定和小朋友一起去爬悬崖，他的出现推动了情节的发展；第二次是"我"在悬崖上进退两难时，文章抓住他担心的神态，这也把他和其他小朋友作对比，为他把父亲寻来作了铺垫。他这第三次出场就是对前文的照应。文章的铺垫、伏笔、照应处处可见。第三个就是这段的第三句话，第三句话是作者的心理描写，你看，"爸爸！"作者加的是一个感叹号，这时作者的心情是有了起伏，爸爸的出现给他带来了一点点希望，而后面接着来了两个问句，从实写父亲是个粗壮的中年人，再到虚写想象父亲爬上来的情景，还是不能救"我"，层层递进，使"我"内心涌出的那一点点希望彻底破灭，这时处在悬崖上的"我"几乎到了崩溃的地步。同学们，你们看，一段如此简单的文字，却在文章中起了很大的作用。下面请同学们细细地、逐字逐句地去品析文章第17～28段，可以从描写方法、修辞手法、精妙词语、标点符号、句式特点等角度进行品析。下面请同学们细读文章，批注在旁边。

（生自由批注第17～28段）

师：来，你写得很用心，和大家分享一下你的批注。

生5：从19～24段，这里通过语言描写，写出爸爸用安慰的口吻让"我"从心理上慢慢放松，由"大哭着""怒吼着"再到"我挪动了一下"，写出了"我"走出崩溃绝望到自信的心路历程，更写出了爸爸对"我"的指导有方。

师：最后的"指导有方"说得很好，大家批注在旁边，在"我"最绝望、最崩溃的时候，父亲对"我"却是平静的安慰的口吻。"现在下来，要吃晚饭了"，这是对父亲的语言描写，他品析的角度很清晰。第二个他刚刚说到"挪""踩"是动作描写，也说明指导得非常细致。第三个，他刚刚还抓住了两个词语，爸爸的语气和"我"的语气。爸爸的语气前面有两个形容词，是"正常的、安慰的"，而"我"的语气是"大哭的、怒吼的"。同学们，有没有发现，这里"我"和爸爸的心态形成了一个巨大的对比反差，使整篇文章张弛有度，形成顶峰状态。我想再请一名同学来说说对"我"的语言描写有什么妙处。你来说说。

生6：作者写"我"的语言，开始爸爸没有教他怎么下去，他一直用的都是感叹号，他大哭，怒吼。后来爸爸一步一步教他怎么下去，他开始变得平和，得到了一些安慰，没有那么急躁了。

师：你很睿智，抓住感叹号。我们一起读一下写"我"的两组语言，把大哭、怒吼读出来。

生（齐声）：我不行！我会掉下去的！我会摔死的！

师：第二组语言，起！

生（齐声）：不！我不行！太远了！太困难了！我做不到！

师：读得很有情感。作者用了三个短句，急需把自己内心的情绪宣泄出来。同学们可以做下笔记，"我会……""我会……"，用了反复的手法，三个感叹短句，把自己的害怕渲染到了极致，这也是文章写作手法的妙处。

生7：第17段环境描写，"太阳已经没在西边低矮的树梢下，夜幕开始降临"，"我"还在岩石上，神情恍惚、害怕与疲劳，写出了作者非常恐惧、害怕。

师：你讲到了环境描写的一个作用，环境描写本身就起到了渲染气氛的作用，这个故事的高潮选择在夜幕时分，就把害怕渲染到了最紧张的程度。以后我们读文章时也要注意一下这个故事发生在什么样的背景下。这里的环境描写，第一，暗示时间过去了很久，因为之前写的是酷热，现在已经天黑；第二，交代是夜晚，就更添一层恐惧的气氛。同学们请批注在旁边。有没有同学分析后面父亲对"我"的指导。

生8："我慢慢地挪动了一下"，这里说明作者从恐惧中看到了希望；第26段，他在父亲的指导下，一步步往下爬，他坚信自己能做到，最终，他做到了，爬了下来。

师：他抓住了一个动词"挪动"，其实这里的动作描写就是暗示作者的心理，他愿意动了说明开始放松。品得非常好，继续！

生9：我找的是第28段，从"扑"字可以看出"我"当时十分害怕，说明"我"当时急需关爱与照顾，"扑进爸爸强壮的臂弯里，抽噎了一下"也说明"我"战胜了困难，克服了心理的恐惧。

师：他抓住了一个动作"扑"，这个动作描写其实也是在写"我"彻底放松的心理。文中两处写"哭"，第一处在第16段，是因为害怕而哭，而这时的"哭"是幸福的，是喜极而泣。

师：同学们，刚刚分析得很好，下面来看看老师做的小结，大家把自己没有品析到的部分批注在书上。

屏幕显示：

小结：

环境描写，渲染恐惧。

铺垫照应，结构紧凑。

对话描写，强调语气。

感叹短句，害怕至极。

心理对比，贯穿全文。

反复强调，给予信心。

细致指导，父爱有方。

师：第一，环境描写，渲染了恐怖的气氛，刚才同学们已经分析到了；第二，铺垫照应，结构紧凑，这篇文章，几处写到了悬崖，为什么"我"能够在父亲的指导下一步步爬下悬崖，就是因为作者在前面交代，那悬崖不是很高，而且悬崖上面长了很多灌木丛，父亲能够一步步指导他爬下来，这也是文章的照应之笔，之前分析的杰里的照应之笔也是一样的；第三，对话描写，强调语气，刚才我们讲到了"我"和父亲的对话形成了一种巨大的反差，作者特别强调了父亲的平静语气；第四，"我"的语言描写，用感叹断句，来表达"我"内心的害怕到了极点；第五，整篇文章，心理描写贯穿全文，"我"的语言动作描写都是在写"我"的心理。从之前的害怕恐惧到后面的自豪成就感，形成了强烈的对比；第六，在写父亲对"我"的指导时，用了反复手法，作者的父亲反复强调"你能做到"，文中出现了三次，一次次给予"我"信心，所以"我"最终才能爬下来。最后点明了父亲的形象，指导有方。

师：文章结尾一段给了我们启示，我们一起来读结尾段。

（学生齐声朗读最后一段）

师：我希望作者的"走一步，再走一步"的启示也能给同学们的生活带来启发，今天的课就上到这里，下课！

跟余老师学研究

巧得一词，尽显风流
——论关键词教学法的具体策略

《新课程标准》要求初中生"欣赏文学作品，能有自己的情感体验，初步领悟作品的内涵，从中获得对自然、社会、人生的有益启示。对作品的思想感情倾向，能联系文化背景做出自己的评价；对作品中感人的情境和形象，能说出自己的体验；品味作品中富于表现力的语言"。但是，纵观现在的课堂教学，还有许多老师在"满堂灌"，一讲到底，学生不能从阅读中主动获得自己的情感体验，而是被动地接受老师的"解读"；还有一些老师在"满堂问""随意问"，不能深入细读文本。这样一来学生无法提纲挈领地理解文章，二来学生抓不住重点，突破不了难点，也品不出文章的美点，这样的教学是低效的甚至是无效的，长此以往，学生的语文学习兴趣难以激发，学生的语文素养难以提高。

针对初中语文课堂教学中出现的这些问题，笔者认为可以通过关键词教学法来改善这种状况。

一、什么是关键词教学法

关键词教学法是指教师在充分研读课文的前提下，根据作品的特点提炼出一个核心字词，让学生能高屋建瓴地对作品内容、写法、主旨等进行探究，从而收到"牵一发而动全身"的效果。

二、关键词教学法策略

1. 从课文的标题着手

标题是文章的"眼睛"，它往往简短凝练、生动具体。标题可以是对文章内容的高度概括，可以是文章的线索，可以是文章主旨的暗示，可以是文章情感的体现，也可以设置悬念，吸引读者的阅读。老师在研读文章的时候，必须关注文章的标题，可以通过问自己"文章为什么要用这个标题""这个标题有何作用，有何妙处""能不能换一个标题"这些问题去思考文章，然后带着这些问题去研究文本，必然会发现其妙处。

例如，在教学《智取生辰纲》时可以抓住标题中的"智"字来展开教学。通过这个"智"可以提炼出如下主问题：第一，晁盖等人如何智取，智具体体现在哪些方面；第二，请分析杨志的智与不智体现在哪些方面。通过这两个主问题，一方面让学生深入读懂文本，在掌握故事情节的基础上，还能结合文章的写法分析人物形象。

再如教学《伤仲永》这篇文言文作品时，许多老师都是串讲课文，只重视落实文言字词，而轻视对文章内容的解读；只重视老师的讲解，而忽略了学生的探究发现。其实，这篇课文的标题就是最好的文眼，老师通过提取"伤"这个关键词来展开教学，"伤"有哀伤、叹息之意，通过对"伤何事""伤何人""为何伤"这几个关键点的品读，学生就能自己领悟到，这篇文章写了一个天资聪颖的小孩最后"泯然众人"的故事。作者在文中不仅对仲永之父表示哀伤、叹息，也对仲永本人不努力学习而叹息，还对当时同县其他人，甚至整个"利欲熏心"的社会环境表示哀伤叹息。

2. 从课文的关键句着手

如果细细品读，我们会发现许多文章是有关键句的。所谓关键句，是指能凝练地体现文章最核心、最重要内容的句子，它可以高度涵盖文章的内容、主旨、写法。一般来说，课文的总领句、过渡句、总结句及能体现作者思想感情的句子，具有哲理意味的句子，都是老师在研读课文时需要关注的关键句。

例如，在教学《老王》时，笔者就抓住了文章结尾的"那是一个幸运的人对一个不幸者的愧怍"这句话，提取出本文教学的关键词为"幸与不幸"。首先让学生探讨"文章从哪些方面，通过哪些文字表现了老王的不幸"，这样就跳出了信息筛选的框架，从而让学生关注文章的词语、句式表达，这样学生就会抓住"活命、破旧的、瞎的、没出息"这些短小而意味丰富的词语来分析老王家庭不幸、生活的艰辛、身体的残疾、旁人的欺侮、社会的冷漠；其次探讨"作者真的是个幸运的人吗"，这样可以让学生结合背景深入理解文章，从而可以让我们感受到杨绛那一颗怜悯之心、善良之心，并折射出当时那个社会的冷漠。最后结合这些"幸与不幸"来分析作者的愧怍之情。深读全文，就会发现作者认为老王最大的不幸来自于其自身，曾经熟悉他、帮助他、同情他的作者对老王态度的转变让老王难以承受。再进一步思考会发现，根本的原因还是冷漠的社会。通过这一关键词句，带领学生深入文字、细品文字，学生自然而然地学会去阅读文字、思考文字背后的意味。

3. 从文章的文眼处着手

一篇文章，找对了文眼，就找到了文章的突破口。而这个文眼的发现，需要老师深入品读文字，提取出提纲挈领、总揽全局的内容。

例如，《读写月报》第8期第45页，汪旭升老师执教的这篇《泥人张》，就抓住了"捏"这个关键词，通过设置三个主问题进行教学设计。文题《泥人张》告知人们泥人张有一项手艺很出名，即"捏泥人"，那么"捏"字是什么意思？有"捏造、拿捏、刁难、要挟"等意思。首先在第一个环节中，让学生用"捏"字造句，要求概括出小说的情节，得出"海张五拿捏泥人张，泥人张捏泥人海张五"的精练概括。在第二个环节把握人物时，执教者通过主问题"海张五怎样拿捏泥人张和泥人张怎样捏泥人海张五"，让学生分析人物形象。重点抓住海张五的语言描写："在哪儿捏？在袖子里捏？在裤裆里捏吧！""这破手艺，贱卖都没人要。"让学生在表演读中体会海张五的挑衅、牛气、侮辱，而对泥人张则重点品读动作描写："抠下、摆弄、找、戳"等，以换词、表演动作等方式，读出泥人张的沉着冷静、机智敏捷、维护尊严的形象。在第三个环节探究活法（生活的活，也就是这两个人拿捏对方的资本）时，通过主问题海张五凭什么捏泥人张（凭借有钱有权有势）和泥人张凭什么捏泥人海张五（靠手艺），然后上升到《俗世奇人》这本书的写作意图、写作特色。

4. 从文章的写法着手

某些文学作品，其文章的写法鲜明而有特色，如果直接从写法入手，未尝不可。例如，余映潮老师在设计《孔乙己》这篇课文时，就着重关注对比手法在文章中的运用。通过对文章第四段和第十一段进行选点比读，来感受孔乙己的变化。在学生的讨论发言后，总结出这两段的对比点非常丰富。如出场与退场、伤痕与短腿、长衫与夹袄、正常与残疾、青白与黑色、眼睛与眼神……还有时令、形貌、姿态、衣着、语气、动作、眼神、语言、酒量……这些对比，把肉体和精神都受到巨大摧残的孔乙己淋漓尽致地展现在读者眼前。

通过选取"对比"这一关键词,让学生既掌握了这篇文章最主要的写法,还深入地品读了文字,也掌握了这种写法的好处,培养了学生的阅读能力和思维能力。

5. 从文章的内容着手

内容就是文章中作者写了什么,它是作者表达感情、表现写作意图的载体和依据。把握内容是文学作品教学中首先要解决的问题。特别是对于那些较长的文章,如果老师要长文短教,那就要找到文章的关键词。

例如,在教学《我的叔叔于勒》和《变色龙》这类小说时,我们可以抓住"变"这个关键词去解读——菲利普夫妇对于勒的态度有哪些变化?不变的是什么?奥楚蔑洛夫处理狗咬人案件里变的是什么?不变的又是什么?设计这样的关键词,会让学生对文章的内容快速了解,而且对文章主旨意图的解读就不再只是扣帽子了。

除了以上这些方法之外,还可以从文章的结构入手、从文章的线索入手、从文章的主旨入手、从文体的特征入手、从学生的兴趣点入手,等等。

总的来说,提取关键词,需要老师高屋建瓴地去研读文本,需要老师细致入微地分析学情,需要老师具备聚焦放大文中最具魅力的一笔和发现学生学习中最大难点之处的能力,只要我们恰当而巧妙地提取出关键词,既可以凸显教学重点,突破教学难点,又能有效避免"碎问碎答、一讲到底、面面俱到"等弊端,还能很好地激发学生的学习兴趣。总之,教师有所研究、有所选择、有所取舍、有所侧重,才是语文"减肥"之道。

(此文发表在《教学管理》2017年8月,总第631期)

跟余老师学做人

教育路上的点灯人

余映潮老师,他一生只做一件事情,却把这件事做到极致、做到纯粹。他的板块式教学理念、主问题教学方法、诗意的教学手法已经深入全国语文老师的心中,他孜孜不倦地为像我这样的青年教师的成长提供阶梯、搭建平台、引领前行,他就是教育路上的点灯人。

第一次见到余映潮老师,是在我工作的第三个年头。2013年7月,第九届"语文报杯"暨全国中青年课堂教学大赛在长沙举行,我有幸跟随师父戴蓉老师前往学习。我们乘坐在从酒店去往会场的公交车上,随处可见与我们同行的人。在和旁边的人聊天时,印象最深的是一位来自西藏的乡镇老师,当他得知赛事是在暑假,不会影响自己的正常教学,而且余老师要亲自上一堂他向往已久的读报课时,他毫不犹豫地自掏腰包,辗转了几天的火车、汽车,终于来到长沙。尽管非常不适应长沙的火热天气而身体抱恙,但他依然觉得不负此行。他一路上和我们聊着余老师,聊着语文教学,从他的言谈中,可见余老师在全国的影响力不仅仅感染到大中城市的老师,而且已经覆盖到任何一个有语文人的地方。

我们到达会场时,偌大的体育馆里已经挤满了来自全国各地的老师,前排的座位已经全部坐满。隔着远远的距离,循着戴老师的描述,我第一次见到余老师——身形清瘦却又精神饱满,头上的银丝在诉说着他的年龄,却也彰显了他的智慧。一开口,沉稳亲切的语调、不疾不徐的语速,迅速使全场人安静下来,也平静了我夏日浮躁的心。

那一次听余老师现场授课,只觉得原来课堂可以如此简约、高效,让我耳目一新。三天的培训,从早上8点到晚上10点,白天余老师要亲自上课、听课、评课,晚上还要做两个小时的讲座、回答老师们的提问,别说对于他——一位将近70岁的老人,就是对于我这样的年轻人,连续三天高强度的听课培训,身心也是疲惫不堪,而余老师却每天都精神饱满地出现在大家面前,一对比,我的心里便越发敬佩不已。

2015年4月,在教研员向浩老师的鼓励下,当我得知能加入余老师在龙华的工作室时,心里万分雀跃。工作室第一次培训活动是在当年的10月,因我正在坐月子休产假,非常遗憾地错过。第二次培训是在来年的4月,听着余老师给工作室其他成员非常有针对性的点评时,我意识到这是多么难得的学习机会。第一次听余老师给我们进行专题讲座培训时,我发现自己对他讲述的很多东西是不太明白的,于是,回到家,又跟着录音,把他讲的内容重新誊写整理一遍,边写边把自己的思考疑问批注在旁边。那一刻,我发现仅仅听余老师的一两节课或讲座是不够的,于是,我把余老师的所有著作都买回家里研读。我知道,要想学习一个人,得去读他的书。

因为平常忙于初三的教学,又要照顾襁褓中的孩子,余老师的书大部分我都是利用工作之余的零散时间来读的。有一次,周末加班从学校回家,刚好是午睡时间,公交车上人特别少,正是读书的好时机。正当我看着着迷时,后排一位中年男人连拍了我几下,疑惑地问:"妹子,现在能在车上看书的人很少了,你在看什么书啊?"我把书一合,递给他看封面的书名时,他居然脱口而出:"余映潮老先生的书。"一听是同道中人,我以为他也是语文老师,便和他聊着,原来他是一个文学爱好者,以前经常自己写点文字,后来在出版社工作过，看过余老师的一些书。他和我聊起余老师的知青生活、养鸡故事，不禁由衷地竖起大拇指。对于像他这样的"非语文人"，居然能对余老师的教学理念说出个一二，可见余老师不仅影响着全国各地的"语文人"，而且他的钻研精神已经辐射到其他领域的"非语文人"身上了。

第一次真正和余老师直接接触是在工作室第三次培训时，我上课的篇目是《走一步，再走一步》。每次培训前余老师都会要求学员把文本解读、教学设计及有自己思考的相关论文提前发给他看。说句惭愧的话，这是我教书五年来第一次真正自己独立解读文本，一句一句地读，一字一字地品，书上密密麻麻写满了笔记，在大家还沉浸在过年抢红包的喜悦中时，我也第一次感受到文字品读带来的快乐。也是在那一刻，我似乎有点明白，为什么在我们看来，余老师要耗费那么多心力做研究，外人看来苦不堪言，而他却沉浸其中、乐此不疲。提交作业没多久，余老师就亲自回复了，给予了详细的指导，提出了有建设性的意见。后来，在评课时，那堂课也得到了余老师的肯定，但余老师的评课总是高人一筹，他总会在评完之后给出他自己的教学设想。他说，没有认真备课的人是没有资格评课的。他从多个角度为这篇课文提取了许多教学资源，从多种训练角度为这篇课文设计了不同的教学思路，他再一次直观地引领我走进语文的大观园，让我知道作为一位语文教师，归类、提取、整理教学资源是多么宝贵，一课多案的设计训练是多么重要，让我这个井底之蛙第一次看到了广阔的天空。

余老师在工作上的严谨认真是众所周知的，小到规范我们作业中的一个标点符号，大到同一篇文章在不同版本教材的不同之处，他都了然于心。而他在生活上却是简单随和、和蔼亲切的，我曾不止一次把他和自己的爷爷联系起来。他们那一辈的人，每天工作已成习惯，便不会把工作说成加班；一辈子吃惯了粗茶淡饭，所以，即使现在生活好了，一箪食，一瓢饮，依然勤俭节约，依旧不改其乐。

第三次培训是在我们学校，头一天下午他刚从东莞上完课过来。晚餐时，我们学校的科组长戴蓉老师让我们工作室的几个成员和余老师一起共进晚餐。他笑着说，他最喜欢在食堂吃，方便快捷又节俭卫生。点菜时，余老师一个劲地要求不能太贵、不能太多、不要浪费。饭桌上，他就像是一位慈祥的老爷子，淡然地讲述着他如何把清贫、茫然、孤独的知青生活过得有点意义、有点滋味，他用自身经历告诉我们，即使生活给了我们一片黑暗，也要用自己的智慧去创造一点光明。

读余老师的书，接受余老师的培训，渐渐明白，为什么全国有那么多人学习他。他的思想不是停留在那几节课上，而是他的分类提取教学资源能力，他的高度概括归纳能力，他的深入钻研分析能力，他的独特有张力的文本解读能力。跟着他学习，才知道教学理念的转变比教学行为的转变更重要，才知道每一堂好课的背后应该有老师自己独特而深入的文本解读，才知道一位优秀的老师务必要从教书匠向科研者转型。

在我快到而立的年龄，能得到他的亲身指导，能聆听他的教诲，能跟着他走一段路，何其幸哉！我愿诚恳地、执着地继续跟着这位点灯人，在语文的世界里，撑一支长篙，走一步，再走一步，向语文的更深处漫溯！

余映潮老师与黄中英老师的合影

教学板块思取舍　面带微笑融课堂

——崔丽芳跟余映潮老师学教语文

学员档案

崔丽芳，广东省深圳市龙华区观澜第二中学语文老师。曾获得全国第十一届"叶圣陶杯"作文竞赛优秀指导教师二等奖，7省9地区教研共同体研讨活动课堂教学一等奖，深圳市初中语文教师职业技能大赛一等奖，宝安区古典诗歌教学比赛论文一等奖、教学设计一等奖，龙华区教师技能总决赛一等奖。主持过校级教研课题，参与多项区级课题研究。

跟余老师学上课

《土地的誓言》教学实录

时间：2016年3月14日
地点：广东省深圳市龙华区潜龙学校

一、交代背景

师：在座的每一位都对生养我们的土地怀有一份深厚的情感。诗人艾青就曾经写过这样一首诗，题目是《我爱这土地》。下面老师朗诵给大家听。（师诵读全诗）面对遭受苦难的祖国大地，诗人艾青泪眼婆娑。同样的，面对被日寇侵占的家园，端木蕻良也写下了这样的文字，让我们齐读课文最后两句话（师生齐读）："我必须看见一个更美丽的故乡出现在我的面前——或者我的坟前。而我将用我的泪水，洗去她的一切的污秽和耻辱。"如此铮铮的誓言，便来自作家端木蕻良的《土地的誓言》，今天我们来共同学习。

首先，我们来了解一下作者。
屏幕显示：

端木蕻良（1912年9月25日—1996年10月5日），原名曹汉文、曹京平，辽宁省昌图县人。先后毕业于南开和清华，学生时代即开始创作，是东北流亡作家群中的代表人物。主要著作有《科尔沁旗草原》《大地的海》等。

（学生齐读，做笔记）

师：我们继续来了解文章的写作背景。

屏幕显示：

1941年9月18日，"九一八事变"已经过去了整整十年，抗日战争正处于十分艰苦的阶段，流亡在关内的东北人依然无家可归。作家端木蕻良，怀着难以遏制的思乡之情写下了这篇文章。他与当时一起从东北流亡到上海及关内各地的一些青年作者，被称为"东北作家群"。他们开了抗日文学的先声，第一次把作家的心血，与东北的黑土，铁蹄下的不屈人民聚合在一起，表达了一种强烈的爱国情感，以及对故土的深深眷恋之情。

屏幕显示：

知识链接："九一八事变"。

二、积累字词

师：下面，我们就借助一段老师改编的文字来积累字词，让老师见证一下大家深厚的语言功底。

请使用课文中出现的词语完成填空。（老师读句子，学生填空）

屏幕显示：

这是一片（丰饶）的土地。白天，你可以见到参天碧绿的白桦树，色彩（斑斓）的山雕，更有那（嗥鸣）的蒙古狗。晚上，你还可以听到狐仙姑的（谰语），原野上怪诞的狂风。我想念被（埋葬）在田垄里的欢笑，（镐头）上的手印，（禾稻）上的香气，（缠绕）其上的蛛丝，（山涧）里的脆响，黑色（土壤）上长着的（高粱）……这里是我的故乡关东原野，如今的她已经沾染了（污秽），蒙受了（耻辱）。我胸膛里怀着的那份挚痛的热爱啊，已经与（亘古）地层里燃烧的洪流形成了一种（默契），共同发出这样的（誓言）：土地，原野，我的家乡，你必须被解放！

师：同学们书写的字体非常漂亮，我们来校对字形（屏幕显示词语）。书写正确的词，看字音有没有问题；书写错误的词，在旁边订正并留意字音。

学生订正，老师巡视。发现学生错误，强调："蚱蜢"两个字都是"虫"字边；解释"田垄"：是分开田亩的土埂或田间种植作物的垄。

师：看来同学们预习得非常仔细。一起来读一下这段话。

（学生齐读）

三、文意把握

师：刚才我们积累了字词，现在，请同学们速读课文，用一句话来说一说。

屏幕显示：

这是一篇什么样的文章？可以从文体、内容、情感等多个角度进行概括。

（学生自主思考，并写一句话）

（课堂交流）

生1：这是一篇表达作者爱国情感的文章。

师：你从感情角度进行了概括，体会很深刻。

生2：这是一篇描写东北富饶物产的文章。

师：你捕捉到了文章所描写的内容。是呀，当年家乡的物产越富饶，失去家乡十年之后，作者内心越难受，这也是强有力的抒情呀。有没有不同的角度？

生3：这是一篇表达作者要解放家乡的誓言的文章。

师：誓言，是誓约时所说的话。我的家乡，你必须被解放！你必须站立！这是誓言，这是决心，这是对故乡挚痛的热爱呀。情感角度。

同学们刚才的概括兼顾到了多个方面，下面老师稍做小结：

屏幕显示：

这是一篇抒情散文。

这是一篇抒发作者对国土沦丧的压抑之感和对故土的深深眷恋之情的文章。

这是一篇充溢着饱满、深沉的爱国热情的文章。

这是一篇体现作者用倾诉式语言表达富有力度的情感的文章。

这是一篇选择有特色的景物组成叠印的画面，像电影镜头一样闪现，展现东北大地丰饶美丽的文章。

（学生做笔记，老师强调关注文体，以及作者的特殊表现形式：倾诉式的语言、特色景物的叠加、有力的情感等）

四、美点赏读

1. 精选片段，赏读示范

这是一篇抒情散文，文中的美点有很多，请以此片段为例进行赏读。

屏幕显示：

当我……的时候，当我……的时候，或者当我……的时候，我想起那参天碧绿的白桦林，标直漂亮的白桦树在原野上呻吟；我看见奔流似的马群，深夜嗥鸣的蒙古狗，我听见皮鞭滚落在山涧里的脆响；我想起红布似的高粱，金黄的豆粒，黑色的土地，红玉的脸庞，黑玉的眼睛，斑斓的山雕，奔驰的鹿群，带着松香气味的煤块，带着赤色的足金；我想起幽远的车铃，晴天里马儿戴着串铃在溜直的大道上跑着，狐仙姑深夜的谰语，原野上怪诞的狂风……

师：请自由朗读这个片段，用你的慧眼去发现，这一片段中有哪些美点。

（学生思索、批注，然后交流）

生4：这段文字描写了许多东北特有的景物，表现出关东原野的富饶，正面突出了作者对家乡的怀念。

师：景物越多，作者对家乡的怀念之情就越强烈。这是景物之美、情感之美。

生5："当我……的时候，当我……的时候，或者当我……的时候，我想起那参天碧绿的白桦林……"这里运用了排比的修辞手法，写出了作者无时无刻不在想念自己的家乡。

师：这便是修辞之美，美在排比。还有吗？

生6：我觉得"呻吟"一词用得很好，写出了美丽白桦树的痛苦状态。

师：是呀，在敌人铁蹄的践踏下，树都呻吟了，人何以堪！这是用词之美。我们来小结一下。

屏幕显示：

修辞之美，美在排比。颜色之美，美在搭配。用词之美，美在移情。

感官之美，视听并用。句式之美，长短得当。

师：请做笔记。

为了帮助大家更好地体会长短句和节奏的搭配之美，我们来分角色朗读这一片段，重点体会节奏的变化，以及感受由此带来的作者内在情感的起伏。

屏幕显示：

师：当我躺在土地上的时候，当我仰望天上的星星，手里握着一把泥土的时候，或者当我回想起儿时的往事的时候，

女齐：我想起那参天碧绿的白桦林，标直漂亮的白桦树在原野上呻吟；

男齐：我看见奔流似的马群，深夜嗥鸣的蒙古狗，我听见皮鞭滚落在山涧里的脆响；

师：我想起红布似的高粱，金黄的豆粒，黑色的土地，红玉的脸庞，黑玉的眼睛，斑斓的山雕，奔驰的鹿群，带着松香气味的煤块，带着赤色的足金；

生齐：我想起幽远的车铃，晴天里马儿戴着串铃在溜直的大道上跑着，狐仙姑深夜的谰语，原野上怪诞的狂风……

（分角色朗读一遍）

师：同学们体会到什么没有？

生7：短句子，读得快一些。

师：你的语感很不错。我们再来关注一下每句中的景物数量，从一个到三个，再到九个，最后减少到三个；句式也是由长句到短句再到长句的变换；作者情感的起伏由弱渐强，直至最强，再逐渐减弱，节奏也是缓增，加快，再慢下来。

学生自由练读，然后朗读展示。

师：这名同学读得很流畅，如果感情能再充沛些就更好了。

全班来齐读一遍，注意情感的抒发。

师：作者的情感就是在这些美点的支撑下传递给我们的。接下来，同学们到文中找一找，还有哪些美点值得我们赏读。

2. 自选美点，赏读训练

屏幕显示：

请跳读课文，从中找出更多抒情的美点（50字左右）。角度提示：美在用词，美在手法，美在人称转变，美在标点等。

示例：美在修辞，反复。

"我无时无刻不听见她呼唤我的名字，我无时无刻不听见她召唤我回去。"这句话运用了反复的修辞手法，连用两个"无时无刻不听见"来进一步强调故乡对"我"的"呼唤"和"召唤"。"我"和"故乡"之间形成的双重思念把文章的感情提升到了一个新的高度。

（学生跳读课文，批注。教师巡视）

（课堂交流）

生8："土地，原野，我的家乡，你必须被解放！你必须站立！"这里出现了两个"必须"，两个"感叹号"，运用了反复的修辞手法，表达了作者强烈的决心。同时，由第三人称转换成了第二人称，显得更加亲切，抒发的情感也更加强烈。

师：这名同学从标点、用词、人称三个角度赏析了这句话，很全面。老师再补充一点，这里采用了呼告的方式。呼告指对本来不在面前的人或物直接呼唤，并且跟他说话。继续分享。

生9：我觉得还把作者想要解放故乡的迫切心情表现得淋漓尽致。

师：你的感受很细腻，感谢你的补充。

生10：第一自然段中，多用"她"来称呼土地，隐含了作者把故乡的土地比作母亲，这里也运用了呼告，直接进行倾诉，表达了作者对故乡的热爱和眷念。

师：你的用词非常精准，作者把土地拟人化了，便于抒情。还有吗？

生11："对于广大的关东原野，我心里怀着挚痛的热爱。"这句中，"挚痛"的意思是诚恳而深切，表达了作者对故乡的感情之深，也为下文作者抒情的展开做了铺垫。

师：是的，这句话用在开头，还营造了一种慷慨、激昂、悲壮的氛围。下文"汹涌""泛滥"等词语的出现，写出了作者情感的难以抑制。继续发言。

生12：我要补充，"对于广大的关东原野，我心里怀着挚痛的热爱。"这句话开门见山，直接引出了文章的主要内容，后半句隐含着作者内心的无可奈何。

师：看来，"挚痛"一词大有深意呀，感谢。

生13："多么美丽，多么丰饶……"这里的省略号表明，在作者的心中，自己的故乡是最美丽的，无法用语言来形容的。

师：文中的省略号共有两处，第一处在第一自然段中，对故乡景物的省略，多得罗列不完；第二处便是这里，对故乡的美好形容不完呀。

生14："在那田垄里埋葬过我的欢笑。""埋葬"一词用得很好，本来指对死去的东西的处理，这里却是埋葬欢笑，写出作者昔日在家乡留下的欢乐早已荡然无存了，取而代之的是日本侵略者的铁蹄，这样写更能表达出一种悲愤，以及对侵略者的一种痛恨。

师：你的解读感染了我，无形中给我们带来了沉郁、悲凉。

生15："土地是我的母亲，我的每一寸皮肤，……心就变得平静"中的"每一寸"写出了"我"与土地无法分离，表达了作者对故乡母亲的热爱和思念。

师：这句中还有一组连词，"一……就……"，可见作者对土地的情感之深。

生16："我必须看见一个更美丽的故乡出现在我的面前——或者我的坟前……""坟"字表明，不管时间多么长久，"我"一定要恢复故乡的美丽，写出了作者为故乡、为祖国战斗到底的决心。

师：这个决心是以不惜牺牲自己的生命为前提的，对吧？

生17："而我将用我的泪水，洗去她的一切的污秽和耻辱。""一切"一词用得很好，本来泪水只有一点点，而作者却要用泪水来洗去祖国一切的污秽和耻辱，写出作者对侵略者的愤恨。

师：愤恨之情在这里用眼泪来体现，很独到。

生18："它们从来没有停息，它们的热血一直在流，在热情的默契里它们彼此呼唤着，终有一天它们要汇合在一起。"这里写作者和土地是融为一体的，体现出作者对祖国土地的热爱。

师：作者和祖国母亲的土地融为一体，爱在一起，恨也交织在一起，所以，作者发誓，一定要解放自己的故乡。下面我们来做一下小结。

屏幕显示：

亮在用词：挚痛、泛滥、埋葬、呻吟，等等。

亮在修辞：排比、比喻、拟人、反复，等等。

亮在手法：呼告，直抒胸臆，借景抒情。

亮在标点："！""——""……"。

亮在色彩：红、黑、金黄，等等。

亮在节奏：舒缓与急促转换，反映感情的起伏。

亮在句式：长短句巧妙搭配。

亮在人称转换：你（亲切自然）、她（客观灵活）。

亮在感官运用：视觉、听觉，等等。

（学生齐读，做笔记）

五、文段背诵

屏幕显示：

（图片自动切换，背景音乐为《英雄的黎明》，老师画外音响起）

师：东北原野，美丽丰饶。在这里，你可以看到红布似的高粱，金黄的豆粒，参天的大树，遥远的车铃，以及迷人的雪原……然而，这一切都因"九一八事变"的爆发而面目全非。东北沦陷，日本的装甲车开入了我国的领土。他们杀戮，他们残害，他们甚至用我们的人体来做试验，多少人流离失所，多少人无家可归。尤其是我们的孩子呀，他们哭泣，他们饥饿，然而，陪伴他们的只有村头树桩上亲人的头颅。面对日本的国旗在中国的土地上飘荡，作者的情感难以抑制，他的誓言久久回荡，让我们再来齐读作者写下的誓言吧。

屏幕显示：

土地，原野，我的家乡，你必须被解放！你必须站立！

为了她，我愿付出一切。我必须看见一个更美丽的故乡出现在我的面前——或者我的坟前。而我将用我的泪水，洗去她一切的污秽和耻辱。

（齐声朗读）

师：文字就是力量，笔杆也能战斗。同学们，你们觉得这篇课文中哪些语句写得最富有感情、最能打动你？读一读，背一背。

学生自由选读，背诵。

下课。

跟余老师学研究

小议课堂教学活动设计的取与舍

初中语文教学中的课堂活动是需要用心来设计的。科学的活动板块设计可以彻底改变老师长期以来形成的线性设计思路。笔者自己平时上课也是在设计一个连着一个的环节，好像是环环相扣，然而从训练的角度来讲，却是在浪费学生的宝贵时间。

人教版语文七年级下册第二单元《土地的誓言》一课的亲身体验，让我意识到：课文不是拿来问的，也不是拿来教的，而是用来训练学生的。如何训练？需要老师在解读文本的基础上，设计恰到好处、层层推进的训练板块，如此课中不见花架子，没有喧闹，有的是学生的积累、思考和思维的提升。

一、活动板块取其分明、舍其模糊

教师在一节课或一篇课文的教学中，应从不同角度有序地安排几次呈"块"状分布的教学内容、教学活动。板块式课堂活动设计可以让学生在课堂上充分地占有时间，真正成为课堂实践活动的主体。

我执教的《土地的誓言》一课，设计之初，看似由几部分组成，其实还是很不完整的，姑且称为三个板块：①了解背景，积累词语。介绍作者、背景，并进行填词训练。②文意把握，亮点寻踪。首先，让学生概括出课文表达的情感。其次进行片段精读，重点赏析"当我躺在土地上的时候……原野上怪诞的狂风……"。最后是亮点寻踪。要求学生找出文中其他部分抒情的亮点。（角度提示：亮在用词、亮在手法、亮在人称转变、亮在标点，等等）③诵读誓言，收束全篇。

这节课的弱点就在于对板块式教学思路不熟悉，没有明晰的板块式教学过程。尽管在教学活动的设计中有了切分的意识，但缺乏系统，不能让学生在每一个板块中都得到很好的训练。第二个环节中，自认为课中老师有举例，学生思考之后有发现，师生交流之后有小结，看似片段精读了，然而，此环节与其他部分之间还是缺乏科学的呼应。可见，我对"板块的设计实际上是训练活动的设计"这句话的实践还是相当不够的。就拿本课中相对比较完整的"填词训练"来说，训练的力度还是不够。由于有些词语比较抽象，所以，我采用把词语放到语境当中来积累的策略，抽取了文中的关键句进行调整、连接，把需要积累的词语用在适当的位置上，然后以文段的方式呈现。这样，一方面可以积累词语，一方面可以回顾课文。我来读，学生来写，然后纠错、答疑，最后齐读、巩固。这个环节比较有创意，不过如果能让学生试着自己再说句话，用上某些词，有了这一步，这个识字的活动板块就会更好。

课后反思自己的课堂，模糊的环节设置太常见，误时、误课、误人。板块分明的活动设计，应该做到：板块有序地连缀，一步一步向前走，一块一块来落实；每一个板块都着眼于解决教学内容的某一角度、某一侧面的问题；板块要有过渡和照应，板块组合要有科学性和艺术性。老师要提取课文中有效的训练资源，将其整合成一个又一个的训练活动，要么训练朗读，要么训练背诵，要么训练写作。集中精力攻一点，日积月累，逐层训练，高效的课堂就能自然生成。

二、活动板块取其有力、舍其平俗

板块活动要有力，就必须有明确的要求，有学生的思考与呈现，有高品质的师生交流对话，还要有高质量的活动小结。要注意给学生时间去生成，让板块活动得到很好的落实；要给学生时间去记录，在课本上定格这节课的精彩。这也是学生积累知识、提升自身能力的必经之路。

活动板块要训练到全体学生，不能还用个别提问的方式来进行，否则就会缺少有力的训练，落入平俗的教学痼疾中。以《土地的誓言》第二部分中的"文意把握"环节为例，我先提出要求"请同学们概括出这篇文章表达的情感"。学生结合自己的预习，再借助第一部分填词训练的感知，基本能够把握文章的情感基调。学生思考之后，进行汇报。我就在学生回答的时候，顺利完成了自己的板书：第一层，是对土地的赞美、对祖国的热爱、对故乡的热爱；第二层，是对敌人的愤恨；第三层，是为解放家乡而战斗的决心。当我把几个关键字板书在黑板上时，我的"文意把握"环节也完成了，这是一堂课中的常态环节。然而，这更是常态课中的平俗环节。老师不能让学生对文意的把握停留在这几个板书的关键词上。单就概说课文这一点，余映潮老师就可以设计出很好的训练活动。

余老师执教的《走一步，再走一步》中有"认识课文"这个板块。老师点拨："可从故事内容、人物、文章结构、文章技法、文章给人的启迪等角度来认识课文。"学生阅读、思考。然后课堂发言，表达对课文的认识。如："这是一篇记叙文。""这是一篇回忆性的文章。""这是一篇以'我'的活动为线索的文章。""这是一篇叙议结合、层次分明的文章。"……教师小结，与同学们对话交流，重点突出如下五点：这是一篇写"我"的"童年故事"的文章（回忆性）；这是一篇先叙事再述感、层次分明的文章（清晰性）；这是一篇基本上是由"细节"构成的文章（生动性）；这是一篇通过一件小事表现多个人的文章（艺术性）；这是一篇通过一件事表达生活感悟的文章（哲理性）。

余老师强调，这里的"认识活动"是自由的，角度是开放的。师生完成了对课文不同角度的"概说"，为切入后续的教学环节"赏析活动"进行了充分的铺垫。还有一种要求明确、形式也有具体规定的"概说"，如《泥人张》第一个教学环节的课文概说，活动要求是：①从"内容"的角度来概说；②从"情节"的角度来概说；③从"人物"的角度来概说；④从"主题"的角度来概说。请同学们自选话题，用百字以内的篇幅，用"写"的方式对课文内容进行概说。余老师强调，这里的"概说"对学生的训练力度显得更强一些。

"概说课文"是一种既能引导学生读懂课文，又能对学生进行概括能力训练的好办法。"概括课文"的方式多种多样，如一句话概括、联语式概括、文段式概括、对话式概括等。这是余映潮老师在他的《语文教学设计技法80讲》一书中的阐述，明确这样的操作流程之后，我们的相关板块设计就有抓手了。

三、活动板块取其科学、舍其耗时

初中语文教学中的课堂活动设计要在影响教学能力的细微之处下功夫。耗时便是我们没有关注到细微之处的弊端之一。优秀的语文老师往往会很注重对教学环节时间的科学把控。

教师要科学地利用时间，除了在板块设计上要进行缜密的思考以外，还要有清晰的表达意识和深刻的对话意识，尤其不能把活动板块演变成问答耗时的低效形式。常见低效耗时的活动板块有以下几种：

1. 设计不合理，头重脚轻

前面内容多，后面的主要内容时间紧缺，不该拓展的内容或是落实不到的内容充斥在课堂里导致耗时不少。

2. 组织学生集体活动少，提问过多

例如，有的老师在识字环节教了三个多音字，问了六次"读什么"；有的老师经常会采用"哪位读"的提问，这也是不合理的，因为没有让每一名学生都得到朗读的训练，是低效的；有的老师喜欢说前半句，然后问"什么"，让学生来接后面的内容；还有一些口头语的出现，如"好了""对吗""孩子们"等，都造成了耗时。

3. 设计无效的问题

例如，"都德是哪个国家的"，此类问题不用问，直接出示答案就可以了。

4. 没有区分度的板块设计，造成高年级学生的课堂耗时

板块活动的要求是要有年级区分度的，小学生与初中生，初一与初二、初三的学生，初中生与高中生，在教学难度上是要有区别的。

5. 不合时宜的板书，造成课堂的耗时

可让学生记笔记，还可让学生进行语言学用的训练。坚持做好有序的板块训练，学生的能力才会不断得到提升。

要想设计好活动板块，还有几点要注意：体裁类型不同的课文，有些板块不能省。如语句精美的抒情散文《土地的誓言》《海燕》等，一定要有背诵环节，否则积累就有欠缺；如古诗词如《石壕吏》《声声慢》等，要把背景讲深讲细，否则铺垫就不够。文章不同，活动不同，只有因文而定，才能收到实效。另外，有些课文是需要一个情感基调的。老师可以通过厚重的背景铺垫来营造，也可以通过朗读的安排来调适。朗读是课堂把控的有效调节剂，我们要在这方面多做思考。

我们要不断实践，化思考为行动。每一篇课文都值得我们去挖掘、发现，并设计出有力度和高度的训练活动。有了取舍之后的板块活动，能够明确训练目标，实现课堂时间的集中利用。

（此文已发表在《中学语文教学参考》2017年第5期）

跟余老师学做人

微笑是一种力量

余映潮老师的脸上始终是带着微笑的，这种微笑是一种力量。

余老师带着微笑为我们上示范课，他慈祥深刻、敏锐机智的台风给我们带来别开生面的熏陶。余老师带着微笑的话语讲述，带着微笑的目光激励，带着微笑的风采对话，是一种牵引力，总能在第一时间消解学生心中的紧张感，并巧妙地把学生的注意力牵引到自己的训练当中来。在余老师有节奏的课堂推进中，学生时而沉思，时而动笔，时而朗读，时而交流，读写结合。学习气氛融洽，学习兴趣浓厚。

对照自己，偶尔微笑，太多僵硬的面孔，也是该尽早做出改变了。尤其是面对有些学生的顽疾状况时，要提醒自己：试着让嘴角在课堂上轻轻扬起来吧。

有幸，我的班级也体验到了余老师的微笑魅力课堂。《赫尔墨斯和雕像者》那节课给学生，包括我个人，留下了深刻的印象。下课的铃声响了，余老师和善而微笑着宣布下课，学生们与老师互相致敬之后，部分学生还久久不愿离开，自发地围绕着余老师，排队求得他的墨宝。余老师站着，微笑着耐心地一个一个完成签名，并给每人送上自己的一句祝福。亲其师则信其道，这样的语文境界令我羡慕不已。

课堂上，余老师的微笑是一种力量，这股力量呈现为对文本的厚重解读，对课堂的睿智设计，对学生的适时牵引。有比较才有鉴别，对照我的课堂，深感余老师课堂牵引力之高妙。

在余老师《赫尔墨斯和雕像者》这节公开课中，我的学生朗读水平不佳。表现最明显的便是：朗读出现严重拖腔，拖到每字一顿，字字挪动，没有生机。早读或者是课上，我多次范读，强调重读，划分节奏练读，然而，换个文段，还是老样子，没有表情，没有领悟。我的心里像是压着一块石头，很沉重。余老师在这节课上，为我班的学生把了脉，并行之有效地让学生找到了寻觅已久的朗读中的成就感。余老师教会了我的学生，也教会了我，真是扎扎实实的课堂训练呀。

朗读训练中，余老师把要求出示在课件上：读出故事味，读出人物的神采。手拿课本的他亲切地说："同学们各自朗读，老师倾听。"学生习惯性地形成了齐读的阵势，两句之后，余老师就打断了。他清晰地点评道："好的，老师听见了，很齐，但没有读出故事味。"我能预料到这样的表现，但没想到余老师发现问题竟然这么快。

余老师不温不火，面带微笑，他结合学情，恰到好处地进行着指导。只见他神色淡定，认真地范读了这几句："赫尔墨斯想知道，他在人间受到多大的尊重，就化作凡人来到一个雕像者的店里……值多少钱？"并语重心长地强调："这，就像讲故事，同学们要像讲故事一样地读故事。不齐读，同学们各自体会讲故事的味道。"学生又开始读起来。有了余老师绘声绘色的范读之后，学生的自由朗读虽嘈杂，却很用心，直至声音渐读渐弱。

学生的第一遍读完，余老师面露喜色，神情肯定地说："我倾听的结论是，大家的朗读有了进步。"这个评价给了学生很大的鼓舞。余老师继续评价，"但是，我也听出了你们朗读的一个大的弱点，就是语速缓慢，好像是一个字一个字在读。"听到这里，我频频点头，余老师为我班学生把的脉，真准呀！如何调理呢？我急切地等待着！"语速要根据文章的内容，适当地改进，有时候快，有时候慢。这样，情节、细节不就显现出来了吗？"看似漫不经心的几句点拨，于我，茅塞顿开。这种比较之下的领悟，令我印象深刻。正所谓海纳百川，有容乃大。

余老师不但有针对性地为我们上示范课，还极其负责任地批阅我们培训前后都要按时完成的作业。哪怕我们的文章质量不高，余老师也会微笑着说："很努力呀！"我很珍惜余老师评价里出现的每一个字，常常在作业发下来的那一刻，便迫不及待地打开，几行字列队跃入眼帘，有对论文整体构思的评价，有对切入点的点拨，还有对阐述形式的定位，等等。深感成为余老师学生中的一员是人生的幸事，对话本身已经是对自己成长的一种提升了。

余老师认真阅读我们的作业，他的评语句句入心，我每次都要把余老师给自己的评语读上好多遍。他的用词，他的标点，他的语气，我都会逐一解读。我的脑海里常常会浮现出余老师伏案阅读的姿态。他一定是在思索斟酌，或蹙眉，或点头，淡淡的微笑也一定在他宽容的眼神里。

跟余老师学习的这段日子，我发现自己在悄然发生着改变。我是一个不怎么自信的人，甚至有些自卑。乐于倾听或者保持沉默是我的常态表达方式。对于语文教学也是始终不得要领，对于关注的着力点也是思考甚少。余老师的牵引和熏陶让我更加懂得抬头看路的意义。他微笑的力量于我，可以理解成一种压力，所幸它演变成了一种动力，一种能够驱动我不断前进的推动力。教书以来，我经常担当鼓励学生的角色，告诉学生要挑战、要超越，却常常忽略了自己。余老师给我们工作室的培训，深刻而彻底地警醒了我，高度唤醒了我的行动意识。累总能找到休息的借口，不读书总能找到忙的理由，当时间匆匆溜走，阶段性的日子里，我们只能两手空空。没有人天生被超越，感谢逆境；没有人彻底被抛弃，除非你抛弃自己。

努力便会有改变，用心才会有发展。我的学生在余老师的训练中，已经发生了改变，不是吗？最明显的是朗读训练的最后环节，余老师考学生道："文章的最后，雕像者的回答中，你们刚才有没有听出来，老师有两个字读得特别有味道？"学生回答不一，余老师的鼓励机制再次运用起来，"聪明的孩子就听出来了——'白送！'短促，好像给谁说，'这个算添头，白送！'故事到这里戛然而止。所以，故事味的语速，对特别能表现人物神采的词语很有要求。读！"这一遍，学生虽然也是齐读，但完整而生动。余老师有层次的朗读指导，让我们班学生的朗读有了奇迹般的进展，我的眼前不禁一亮。尤其是，当文章最后一句"白送！"被生动自然地诵读出来的时候，场下是一片赞许声。

余老师面带微笑，无所畏惧，他敢于吃苦，善于思考，勤于积累，勇于创新。一篇简短的《赫尔墨斯和雕像者》，他都能研读出如此多的教学资源。余老师精心设计的训练，不仅提高了学生的朗读能力、赏析能力，更提高了学生的思辨能力。同样的学生，在余老师的课上就可以被训练出来，再想想我平时一个层面的说辞，不禁心中一悚。对比之下，我深感渺小。我如何能像余老师那样设计出科学的步骤来引导学生进行训练呢？追求有深度的美的课堂，尽早让语文课堂达到享受的境界，于我，迫在眉睫！

感恩余老师为我们诊断课堂，您的微笑带给我们勇气；感谢余老师为我们设置讲座，您的微笑带给我们思索；感动余老师为我们指引方向，您的微笑带给我们行动的力量。此刻，我仿佛看到您投来的微笑目光，沿着您手指的方向，我们看向远方……

余映潮老师和崔丽芳老师的合影

脚踏实地探技法　潜心贯注寻真谛

——杨博跟余映潮老师学教语文

学员档案

杨博，广东省深圳市龙华区新华中学语文老师。2015年获深圳市"年度教师提名奖"，是深圳市"师德标兵"，"深圳市五一劳动奖章"获得者。2014年获"深圳市中小学班主任技能大赛"第一名，2010年获宝安区"初中语文教师素养大赛"一等奖。论文《课堂活动中"话题设置"的高效性初探》发表于核心期刊。

跟余老师学上课

《我的叔叔于勒》教学实录

时间：2015年11月

地点：广东省深圳市观澜第二中学八年级（3）班

一、教学铺垫

师：今天我们一起来学习莫泊桑的一篇小说——《我的叔叔于勒》。请大家把视线投向大屏幕，首先让我们学习词语。

屏幕显示：

识记词语

拮据（jié jū）：手头紧，经济情况不好。

栈（zhàn）桥：码头上延伸到海里的长桥。

煞（shà）白：多形容因恐惧、愤怒等导致脸无血色。

十拿九稳：比喻很有把握，十分可靠。

牡蛎（mǔ lì）：一种软体动物。

褴褛（lán lǚ）：衣服破烂，不堪入目。

阔绰（chuò）：排场大，生活奢侈。

（教师做简单强调，学生齐读）

师：接下来咱们了解作家作品。

屏幕显示：

作家作品介绍

莫泊桑（1850—1893），法国小说家，世界短篇小说巨匠。莫泊桑擅长自由地运用各种写作技法，创作题材丰富的作品。中短篇小说代表作有《羊脂球》《菲菲小姐》《项链》《我的叔叔于勒》等。

（教师做简单强调，要求学生做笔记，并请学生齐读）

二、整体感知，概说感受

师：今天的这节课，我们分成两个环节：说一说，写一写。首先，让我们开始第一个环节，说一说。我们先来完成这样一个任务。

屏幕显示：

课堂微话题一：概说感受

用一句话，说说你读完小说之后的感受。（可以从主要内容、人物形象、主题中心等角度概说）

师：为了引导大家更好地阐述自己的感受，老师给大家做一个示范。

屏幕显示：

示例：我感受到了亲哥嫂抛弃弟弟的冷漠。

　　　我感受到了菲利普夫妇的唯利是图。

　　　……

师：下面给大家2分钟时间，再次快速阅读小说，尝试着说一说自己的感受。

（生默读课文，静思2分钟）

师：好，下面我们一起分享感受。

生1：我感受到了当时社会的冷酷。

师：资本主义时代的法国社会，人与人之间的关系竟是如此冷酷，就连亲人之间都缺乏最起码的信任、理解和支持，唯金钱马首是瞻。感谢你。

生2：我感受到了菲利普夫妇的见钱眼开和拜金主义，也感受到了小若瑟夫的天真和善良。

师：感谢你的发现，在金钱至上的社会中，仍然有像小若瑟夫这样温暖的孩子，他拥有温暖的心灵。

生3：于勒在海外漂泊的过程中，也不忘记给亲人写信，所以我感受到了他内心的善良。

师：就在所有人都认为于勒叔叔是一个十恶不赦、要坑害家人的"流氓"时，我们却能从字里行间读到他人性中美好的一面。

生4：我感受到了菲利普夫妇态度的巨大变化，从最初的讨厌，到后来觉得于勒有钱了就很期盼，最后，当他们发现船上的那位老人就是于勒时，就巴不得躲得远远的。

师：态度的变化体现的是他们内心深处情感的变化，而支配他们情感变化的，就是于勒是不是有钱。

生5：我感受到那个女婿也是爱慕虚荣的，也是贪财的，因为他下决心求婚就是因为他看到了于勒叔叔的信。

师：就连小说中这样一个次要人物都让我们感受到了扑面而来的拜金气息，可见对财富的追求是那个时代的通病。谢谢你。

生6：我觉得于勒挺可怜的，他最后那么倒霉，但他还是很有礼貌，而且也没有回家去拖累他的家人，所以他也挺好的。

师：他的人生经历了波折和大起大落，在最落魄的时候，他却选择了自己承担，这个人物成长了，他变得有责任感了。你很富有同情心。

生7：我觉得船长也是比较冷漠的，感觉他对于勒的遭遇也没有太多的同情啊！

师：的确如此。虽然他好心地把他留在了船上，给了他一个谋生的机会，但我们也能从他的陈述中感受到他对于勒并不"感冒"。你读得很仔细。好了，大家的发言都非常精彩，都是经过仔细阅读品味而产生的真切感受。好，下面我们一起来做小结。

屏幕显示：

小结：

一对贫寒夫妻满含希望又希望破灭；

一个"浪荡子"人生命运的沉浮；

人的心灵和人际关系被金钱所扭曲；

美好的人性战胜了金钱；

……

师：《我的叔叔于勒》，展现了菲利普夫妇的荒诞人生，他们将自己的幸福寄托在他人身上，当希望破灭时，他们的人生也就不可避免地走向了悲剧，他们的确可恨，但他们也可悲；于勒这个"浪荡子"，他的人生也经历了几次起伏波折，在这波折的背后，我们看到了世态炎凉，看到了金钱社会中人们扭曲的心灵和被金钱改变了的人际关系；但小若瑟夫最后的真诚表现，则让我们感受到了人性最初的温暖，他心中默念的"叔叔，我的亲叔叔"，也让我们有理由相信，美好的人性一定可以战胜冰冷的金钱。"一千个读者眼中有一千个哈姆雷特"，我们每个人对小说独特的解读，都会让我们获得更丰富的有关世界和人生的思考。

（生聆听解析，并做笔记）

师：好，下面让我们共同走进这节课的第二个环节，写一写。老师为大家准备了这样一个课堂活动。

三、话题研讨，技法简析

屏幕显示：

课堂微话题二：写法简析

下面有七个微话题，每名同学自选一个话题，根据课文内容完成一段简短的分析（百字左右）。

（1）于勒"称呼"的设置之妙。

（2）悬念的设置之妙。

（3）谈谈小若瑟夫的"看"。

（4）神态描写赏析。

（5）"船"的设置之妙。

（6）景物描写之妙。

（7）小议"女婿"形象的作用。

师：这些话题都涉及小说的写作技法，我们在欣赏小说的时候，需要更多地关注小说技法。简单地说，就是我们不仅仅要知道作者写了一个怎样的故事，还需要了解这个故事是怎么写出来的；我们也需要发现并分析作者都运用了哪些精妙的写作技法来塑造人物。为了帮助大家完成好这个任务，老师给大家做了一个示范，我选难一点的来给大家展示一下。

屏幕显示：

（3）谈谈小若瑟夫的"看"。

整个故事都是在小若瑟夫的眼睛里展开的，他看到了父母生活的艰难，也看到了父母对待叔叔的薄情；他看到了叔叔来信中所传达的希望，也看到了年老贫穷的叔叔是如何的落魄可怜。用小若瑟夫纯真的语气讲故事，就更能表现出菲利普夫妇的冷酷无情，表现出小若瑟夫的善良。

师：（对此条作简要解说）好，下面，给大家5分钟时间，选择你感兴趣的话题，思考，并写一段百字左右的解析，完成之后小组内先作分享、交流。

（生细读文本，5分钟静思，分析，写作，3分钟小组内交流）

师：下面我们一起来讨论这些话题。

生8：我选择第（7）个话题，小议"女婿"形象的作用。女婿这个形象的设置，反映了当时的社会现实，也反衬了菲利普夫妇的拜金主义。从女婿的行为中我们可以看到一些社会背景。

生9：女婿在文中出现的次数并不多，却以一个旁观者的角度，将菲利普夫妇的真实面貌呈现在了我们面前。看到菲利普夫妇和他之间发生的事情，我们就能更好地感受到菲利普夫妇是什么样的人。

生10：就是由于女婿的求婚，我们才决定一家人外出，才有了后文"我们"在船上与于勒叔叔的相遇。

生11：女婿这个人物也很爱钱，这也就是说，在当时的社会，很多人应该都是像女婿那样爱钱的。

师：所以女婿这个人物，从侧面展现了更加真实的社会现实，如果没有他，后文中的一系列情节都将不复存在，他是非常重要的人物设定。感谢你们的思考。

生12：我选择第（4）个话题，我从文中父亲的神态和语言描写中，可以感受到他十分希望他的弟弟回来，因为他的弟弟可以给他带回一笔财产，然而在船上他认出弟弟之后，他的梦想破灭了，他的愿望都落空了，他也害怕他的弟弟再次挥霍他们家的财产。

师：这名同学了不起，他不仅仅关注到文中传神的神态描写，他还将神态描写与人物的心理结合在一起分析。他提醒我们：人物神态的变化，其实是人物复杂情绪的变化。

生13：大家关注文中的这个细节："我父亲突然好像不安起来，他向旁边走了几步，瞪着眼看了看挤在卖牡蛎的身边的女儿女婿，就赶紧向我们走来，他的脸色十分苍白，两只眼也跟寻常不一样。……我母亲……我父亲脸色早已煞白，两眼呆直，哑着嗓子说：'啊！啊！原来如此……如此……我早就看出来了！……谢谢您，船长。'"这个细节写出了父亲的紧张，他看女儿女婿，就是担心他们发现这位老人是于勒，特别是怕女婿知道。"脸色苍白"表现了他的害怕，还有震惊。后面的"煞白""两眼呆直""哑着嗓子"，表现了他们心情的变化。

生14：我找到了这里的细节："母亲突然暴怒起来，说：'我就知道这个贼是不会有出息的，早晚会回来重新拖累我们的。'"我觉得这时候母亲已经知道卖牡蛎的就是于勒，所有的希望都破灭了，曾经的败家子如今又要重新回来，她不由得愤怒。这里表现了菲利普夫人的自私冷酷、唯利是图。

师：你们两位都抓住了细节中的具体词句来分析，很不错。这些具体的描写特别细腻地展现了人物内心情绪的起伏。谢谢你。

生15：我选择（1）于勒称呼的设置。从一开始的"坏蛋""流氓""无赖"变成了"正直""善良""有办法的人"，再到后来又变成了"贼""讨饭的"，等等，这种称呼的起伏就可以看出他们对于勒态度的变化。一开始于勒是寄生虫，所以大家对他厌恶，但不得不忍气吞声；后来他们知道于勒变得阔绰之后，于勒的形象就彻底变了，他变成了全家的希望，他们甚至计划好了用于勒的钱置一所别墅；但当他们在船上看到于勒之后，菲利普夫妇的内心应该是恼羞成怒，那时候已经不是单纯的厌恶了，而是想快点逃离，唯恐避之不及。从这里可以看出，菲利普夫妇的内心已经被金钱支配了，那么多年的亲情敌不过地位、身份。

师：这名同学分析得非常透彻。的确，从小小的称呼中，我们也能感受到人物命运的变化，也可以感受到人物态度的变化，我们可以看到人物内心深处的秘密。所以，"称呼"，也在人物形象的塑造、小说主题的树立方面起到了至关重要的作用。

生16：我选择第（2）个话题。请大家看文章的开头，最初读的时候，我就有三个疑问：首先，于勒是谁？第二，为什么"我们"一家人每天都要衣冠楚楚地等于勒回来？第三个问题，于勒回来为什么叫"我们"惊奇？后来我读完了就知道了。我觉得是运用了设置悬念的手法。

师：故事的开端就为我们布下了迷局，吸引我们带着困惑去阅读，这就是悬念的作用。谢谢你的分析。

生17："一位衣衫褴褛的年老水手拿小刀一下撬开牡蛎，递给两位先生，再由他们递给两位太太"，这里是一处悬念，这里并没有说这位老水手就是于勒。

生18：还有一处是父亲问船长："您船上有一个卖牡蛎的，那个人倒很有趣，您知道这个家伙的底细吗？"父亲感觉这位老水手很眼熟，他心里已经怀疑了，所以去问船长。这里吸引我们去揭开谜底。

师：于勒虽然出场了，但是初读到此处的时候，我们依然不能确定他的身份。这份神秘一直吸引着我们去阅读，这就是悬念的魅力。

生19：我来分析一下景物描写的妙处。"轮船缓缓地离开防波堤，在平静得如同绿色大理石桌面的海面上向前驶去。"请大家看文章开头的这处景物描写，"大理石桌面"写出了海面的平静，这里的景物描写非常漂亮，运用了比喻的修辞，海水应该也是很清澈的。

师：景物描写是小说中非常重要的内容，它展现了故事发生、发展的背景，也衬托出小说中人物的心情，甚至可以推动情节的发展。谢谢你的分析。

生20：我也说说这里的景物描写，我感觉他们一家人很开心，他们一家人要去旅行了，而且他们等着于勒叔叔，也许他会给他们带来好多钱。所以这里的景物描写就很漂亮，和他们的心情是一样的，他们心情很好。

师：景物描写烘托人物心情，"烘托"这个词大家要学会使用和表达，这是一种写作手法。

生21：在结尾也有景物描写："在我们的对面，一片紫色的阴影出现在天际，仿佛从海里钻出来似的，那就是泽西岛了。"这里的景物描写和开头感觉不同，是比较阴沉的感觉。

师：谢谢，景物描写伴随着情节的发展出现了变化，你的发现有价值。

生22：开头的他们其实心情是很好的，但这里他们的心情就不好了，因为这时候他们已经知道那位卖牡蛎的老人就是于勒叔叔了，如果别人知道这位贫穷的老人就是于勒，那其他人都会笑话他们，万一于勒又回到他们家去，他们的日子就更加不好过了，所以他们很不高兴，所以这里的景物描写就是"紫色"的，还有"阴影"。

师：你发现了人物的心情和景物描写之间的关系，小说中的景物描写对人物形象的塑造发挥了作用。好，鉴于很多内容大家在小组内部做了交流分享，自由发言就告一段落，下面我们就来一起做总结。

屏幕显示：

小结：

（1）于勒"称呼"的设置之妙

"称呼"反映了于勒命运的变化；

"称呼"反映了菲利普夫妇对待于勒态度的变化；

"称呼"反映了菲利普夫妇内心深处对于金钱的渴望；

"称呼"反映了金钱社会中，人与人之间关系的复杂；

"称呼"为塑造人物服务，为展现主题张本。

（2）悬念的设置之妙

【故事开端：盛装企盼】"唉！如果于勒竟在这只船上，那会叫人多么惊喜呀！"

【故事发展：神秘"隐身"】于勒从来没有露面，只存在于传闻和全家人的想象中。

【故事高潮：老水手现身】卖牡蛎的老水手极像于勒，引发菲利普夫妇的猜疑。

悬念的设置为情节高潮埋下伏笔；

悬念地揭开则形成故事的张力。

（3）谈谈小若瑟夫的"看"

我心里默念道："这是我的叔叔，父亲的弟弟，我亲叔叔。"

儿童视角，增加"可信度"，更易体现真实感；
儿童视角，增加"对比度"，更易凸显人性美；
儿童视角，增加"反思度"，更易引发深思考。

（4）神态描写赏析

25、34、37、38段……
神态描写反映人物心理；
神态描写塑造人物性格。

（5）"船"的设置之妙

"船"是故事高潮展开的场景；
"船"与前面的线索形成呼应。

（6）景物描写之妙

20段：衬托一家人愉悦轻松的心情；
48段：衬托一家人沉重阴郁的心情；
景物描写为塑造人物形象服务。

（7）小议"女婿"形象的作用

"女婿"是情节链条上的关键点；
"女婿"从侧面佐证了整个社会贪财趋利的本质；
次要人物从侧面烘托主要人物，为下文情节作铺垫。

（教师逐条做简要分析，学生齐读、领悟、做笔记）

师：好了，同学们，今天的课到此就告一段落了。今天我们尝试用更多样的角度去欣赏一篇短篇小说，希望大家以后在阅读小说时，都能用我们今天课堂上所学到的方法，进行更深入、更具技巧性的解读。请大家齐声朗读这些内容。

屏幕显示：

多角度欣赏短篇小说

视角的选择

场景的设置

次要人物的意义

景物描写

……

（学生齐读，下课）

> 跟余老师学研究

课堂活动中"话题设置"的高效性初探

语文课程标准中明确指出：语文课程是一门学习语言文字运用的综合性实践课程。有鉴于此，语文教学活动就应该让学生多读多写，日积月累，在大量的课堂实践活动中体会、把握语文学习的规律。高效的语文课堂活动设计，离不开同样高效的"话题设置"。话题设得实、设得巧，不仅能提升课堂活动的品位，而且能激发学生的求知欲，调动学生的积极性，点燃学生思维的火花，开掘学生的创造潜能。精妙典雅的"话题设置"，"必令学生运其才智，勤其练习，领悟之源广开，纯熟之功弥深"。

然而反观目前课堂活动中的话题设置，却存在如下一些令人担忧的现状。

首先，话题设置"面面俱到"。教师在课上的话题设置过于琐碎，没有形成可供学生活动的"主话题"，导致"碎问碎答"。一堂课下来，没有一个明确的课堂教学中心，学生或是被盲目地牵着鼻子走，或是被困在混乱的"问题阵"中，疲惫不堪。

其次，话题设置"流于表面"。教师的话题设置要么过于简单，以没有思考价值的"话题"来组织教学活动。如以单纯的判断性提问形成所谓的"话题"——"是不是""好不好"等。要么话题设置过于"高端"笼统，如要学生说说"课文的写作特色是什么"。这些话题扼杀了学生学习的积极性，更不用说锻炼学生的思维能力了。

最后，话题设置"请君入瓮"。简单地说，就是教师的"预设"限制了课堂的动态"生成"，教师的话题成了牵引学生向教师预设靠近的阶梯，将学生引向教师早已设定好的"参考答案"。课堂内看似动态生成，实则演练娴熟的问与答，没有丝毫的美感和激发力，学生悲哀地成了教师完成教学任务的"工具"。

因此，提高课堂活动设计中话题设置的高效性就成了亟待思考与解决的核心问题。本文拟从以下两个方面做浅要分析。

一、注意话题设置的牵引力

教学活动中话题的设置是教学目标的转换，是教学目标的具体呈现。有效的话题应该是"提领而顿，百毛皆顺"，主导文本研读、对话的大方向，提纲挈领地引导学生纵览全局、感悟全篇，做到一"问"立骨。好的话题设置，能最大限度地利用一个切入点串联全篇的核心内容，也能最大限度地调动尽可能多的学生来参与思考、讨论、探究。

例如，余老师在《邹忌讽齐王纳谏》（人教版《语文》九年级下册第22课）的教学活动设计中，曾设置了这样一个话题："这篇课文中，有哪几个关键字词既推动着故事情节的发展又表现了人物的特点？"

这个话题设置在课堂教学活动推进的关键时刻，通过前两个学习活动：①简说故事（朗读课文并根据课文内容讲"门庭若市"的成语故事）；②巧编练习（用比较辨析的方法，每名同学编拟一组"词义辨析"练习），学生已经完成了生字识记、文意疏通的任务，并且把握了课文的主要人物和基本情节。

此时的课堂教学活动急需被引向深入，急需牵引学生展开思考、讨论、理解、品味、探究、欣赏等更高层次的学习活动。

此时，面对这个话题，学生需要对课文内容进行从头到尾的品析，然后表述自己的见解。在教学过程中我们可以发现，在经过认真品读寻找之后，学生捕捉到了一些能够表现人物性格的关键字词。例如，"私""畏""求"表现出邹忌面对赞美时没有沾沾自喜的冷静和自省。紧接着，学生又在余老师的启发之下进一步领悟到一些字词对于推动情节的重要作用。例如，"窥"字引发了整个故事。而对"思"与"善"两个字的细腻品析，则让学生真正领悟到，关键字在人物形象塑造及文章内容深化方面会产生巨大作用：正是有了"思"才有了"讽"，这个字的出现构成了行文的一大转折——由闺中小事转向了国家大事，从而突出了邹忌的智者形象；"善"字则引出了全文的高潮，同时表现了齐王的贤者形象。就这样，在师生的融洽对话之中，几乎将本课中有重要表达作用的字词都进行了品读欣赏。

我们可以明显地感觉到，这个问题的设置立意高远而切实，学生需要经过仔细揣摩斟酌，才能在纷繁的词句中寻找到最具推动力和表现力的字词。这个话题就像一条神奇的绳索，牵引着学生进行情节梳理、形象分析、字词赏析、主旨领悟等一系列课堂活动。而学生的提炼概括能力、理解鉴赏能力、品评表达能力就在这个话题的"统率"之下，得到了充分全面的演练。

通过以上案例不难发现，话题设置所产生的独特"牵引力"，会极大地提升语文课堂活动的效率。在课文教学的初读阶段，用一两个"主话题"牵动对全篇课文的深刻理解，可以提高学生品读课文的质量，凝聚学生的阅读注意，加深学生思考的层次；而在课文教学的进行阶段，用一两个"主话题"形成课堂教学的重要活动板块，形成明晰的课堂教学思路，形成生动活泼的学生呈主体性参与的教学局面；在课文教学的深化阶段，用精粹的"主话题"激发思考，引发讨论，深化理解，强化创造，形成波澜，酿造课堂教学的高潮。

有一点值得关注：能否设置出具有"牵引力"的话题，是与余老师一贯注重的文本研读分不开的。精深透彻的文本研读是高效话题设置的前提和基础，通过研读才能于缤纷散乱的问题中筛选出有价值的探究点，进而梳理出课堂脉络，整合为主话题。因此，教师高超的"教材研读"能力才是进行教学活动设计的"本源"，也是提升话题"牵引力"的前提。

二、注意话题设置的激发力

承接上文的思考，主话题的设置在形式上便使得课堂呈现出"板块式"结构。不同的主话题设置，就使得学生活动指向不同的学习针对点，从而利于展开有效的能力训练。同时，主话题不明确指向具体的碎问，也并不设置呆板单一的所谓标准答案，从而使得学生能够在课堂上进行独具开放性且有效可参与的发现、思考、探究等活动，因而极利于实现课堂的丰富生成。

但值得注意的是，话题是否具有激发力，乃是课堂活动能否高效展开的关键问题。

以本人进行《我的叔叔于勒》（人教版《语文》九年级上册第11课）的活动设置为例来阐发对上述问题的看法。最初的活动设置，以人物的叙事视角作为基本线索，将整节课分成三个板块，并设置三个"主话题"：第一，谈谈菲利普夫妇眼中的于勒叔叔；第二，谈谈小若瑟夫眼中的于勒叔叔；第三，根据开头、结尾的补充内容，谈谈成年若瑟夫眼中的"于勒叔叔们"。

然而，课堂教学实践却给了我"当头一棒"。自认为精心设置的第一个话题，变成了于勒叔叔称呼的寻找游戏，孩子们在"法国老流氓""讨饭的""贼"这些词语之间游走，对于人物的理解也仅限于菲利普夫妇是令人生厌的唯利是图者；第二个话题的设置则尴尬地演变为课文最后一段的赏析，我们在"这是我的叔叔，父亲的弟弟，我的亲叔叔"这句语言描写上反复流连，但对于人物性格心理的整体把握却止步不前，无法推进深入；第三个话题设置就更令学生"一头雾水"，由于对文本缺乏充分的解读，补充的课外内容诚然新鲜，却只是让他们感受到小若瑟夫长大了，成了一个关心穷人的"好人"。

课后反思，这样的话题设置，虽然形式上建构了"板块式"的教学模式，"主话题"的设置也貌似能够串联起对人物的整体认知评价，却并没有将学生引领到本文的肌理深处，也并没有真正体现小说教学的基本原则，学生的鉴赏、分析、评价等诸多阅读能力均未得到有效的训练。由于话题的设置不具备延展性、发散性、激发力，就自然局限了学生的思维，学生没从这些话题思考探究的过程中融汇把握小说欣赏中的核心要素，诸如人物形象、主题内涵、写作技巧、情节、环境设置等。面对这样的话题，学生只能陷入"不知所措""无从下手"的痛苦之中。

于是，在对文本进行细致深入的解读之后，我重新进行了教学活动设计。

本次的教学活动，精简到只有两个环节：说一说，写一写。在指导学生进行知识积累与识记，并介绍了作家作品之后，第一个环节拉开了帷幕——课堂微话题一：谈谈感受。在这个环节，要求学生用一句话说说读完小说之后的感受。

　　第二个环节——课堂微话题二：写法简析。我要求学生从准备好的七个微话题中，自选一个话题，根据课文内容完成一段简短的分析（一百字左右）。这七个微话题分别是：①于勒"称呼"的设置之妙；②悬念的设置之妙；③谈谈小若瑟夫的"看"；④神态描写赏析；⑤"船"的设置之妙；⑥景物描写之妙；⑦小议"女婿"形象的作用。这次的话题设置指向短篇小说欣赏的角度和方法，而不只是囿于叙事视角这个单一的小角落。

　　从课堂教学效果来看，此次话题设置基本达成了预期的教学目标。由于话题的设置具备激发力，就极大地调动了学生的积极性，在选取自己感兴趣且擅长发挥的"微话题"之后，学生对文本细部及整体展开审慎的思索、探究，再通过总结提炼，形成文字表达、沟通交流。思想的碰撞让学生在课堂上收获了非常具体的小说欣赏知识，而且进行了非常"实在"的口头训练及赏析实践，达到了较为理想的课堂效果，学生也在扎实的训练活动中收获了丰富的知识积累。

（此文已发表于《中学语文教学参考》2016年第11期）

跟余老师学做人

晓雾·阳光

　　太阳深深地躲藏在雾中，行道树不太丰盈的枝杈，浮在薄雾的上面，是一种冷峻的伫立。这是我对两年前那个清晨，最真切的记忆。

　　那时的我，正陷入一种迷茫与慌张的迷雾之中。

　　教学生涯走进了第九个年头，每日埋头在重复备课、改作业、考试、改试卷的机械劳作中，看不到前路，最初对语文教学的热情，也在"唯分数论"的教学现实中渐渐消融。读研究生时挥斥方遒、孜孜以求的洒脱和严谨，已经苍白成了每日课堂上的百无聊赖，"枯竭"成了教学现实中刺目的关键词。各种公开课、教学研讨似乎都与我绝缘，我开始向倦怠的情绪妥协，我安慰自己说，这应该是成长的必然。

　　然而，课堂上孩子们疲惫困乏的表情，他们失望不屑的眼神，却深深刺痛了我的心。这不应该是我要的课堂状态，我需要给他们更有质感、更具魅力、更有实效的语文课堂！

就这样，我走进了"向浩工作室"，走进了那个清晨的第一次培训。

忐忑地走进那间灼灼闪光的微格教室，在座位的第一排，我第一次见到了他，对我来说"神"一般存在的他——余老师。

花白的头发，干净的白色衬衫，他的脸上带着谦和的微笑。

"余老师，这是新华中学的杨博老师。"向老师笑着将我引向他。

不知为何，我的心突然收紧了，就像是一名女学生见到了梦中的偶像。

"杨博，这个名字不错！"他笑着向我伸出手来，我看到了他眼中的亲切与柔和。

我慌张地向余老师伸出手，那是一双有力的大手，温暖而平和。"余老师好……"一时间我竟语塞，也许是他看穿了我的紧张，"杨博，听名字就像是有学问。"他依旧微笑着。慌乱纷扰的心绪就在余老师抑扬顿挫的开班讲话中平静下来，而那时的我并不知道，一场刷新认知、横扫旧习的研修就此拉开了序幕。

按照向老师的要求，我在第一次研修中将作为展示者之一，呈上一堂公开课。准备的过程一波三折，我选择《我的叔叔于勒》作为展示课的内容。抱着对"视角"这一叙事概念的偏爱，我决定用自认为很棒的创新设计，来展现"叙事学"理论视野下的语文课。在我看来，这是突破自我的一种冒险，更是告别过去的一种姿态。

然而一天的展示课后，余老师对其他学员公开课的点评却让我如坐针毡。

他很直接，一针见血："一位语文教师，如果执教之初就语言啰唆、开口必问、随意追问、碎问不断，长此以往，将很难养成良好的教学习惯，更不用说练就过人的教学技艺了。"

他很严谨，细致入微："导入时间最短的课不超过1分钟，导入时间最长的课用了7分钟，平均导入时间为3分钟，比例偏长，浪费了宝贵的课堂时间。"

他很专业，高屋建瓴："深入细致的课文研读，是阅读教学设计的开端与奠基。对课文研读的领悟程度，直接影响着教学设计的质量；只有确有心得的阅读才能成就有质量的课。"

……

当穿透迷雾踏上回程，我惊诧地发现：短短一天的培训，便颠覆了我对语文教学的所有浅薄认识，我忽然发现自己一直津津乐道的课堂是多么的不堪。那些看似热闹、看似花哨的教学理念和教学内容，原来如此虚无缥缈。余老师反复提醒的几条课堂中普遍存在的问题，我几乎招招都中。

例如，碎问碎读碎说：课堂教学中无用的话太多；

例如，无教学思路的切分，无让学生占有较长时间活动的设计，像背诵训练、朗读训练；

例如，缺乏教学核心知能的教学训练，如语言学用教学、精读能力训练、文学知识的渗透；

例如，教学中没有深入到课文的任何一个片段或者任何一个"点"；

例如，课堂教学中始终与单个学生对话，无动笔要求，无积累意识；

例如，长期运用"小组展示"模式，学生在课堂上没有片刻安静的时间；

例如，教学手法低端平俗，长期让学生用句式说话，课堂掌声不断。

回望自己的教学实践，我发现自己既没有站在学生认知基础之上进行教学设计，也没有经过深入的探究和思考来反复推敲文本。我的教学设计取悦的只是自己，是一厢情愿的"创新"，透过我的教学设计，有的只是某些看似新鲜的理念、技法。

那个晚上，我通宵改稿，推翻了之前自认为绝妙的一切教学设计。我开始捧着那篇似乎已经熟悉得不能再熟悉的小说，开始沉下心来细致解读。从小说的"三要素"，到最新鲜的叙事学的"视角"；从景物描写到人物描绘；从场景设置到悬念、称呼……我按照余老师所提醒的解读方式，反复地揣摩、感受、思考，一个字，一个词，一种语言现象，一种形象修辞，一处精妙技巧，一处伏笔照应……

当我真正走进文本的时候，我才恍然发现，原来所谓的"烂熟于胸"不过是"囫囵吞枣"，所谓的"高屋建瓴"不过是"浅尝辄止"。我忽然间开始明白了余老师所说的，教师必须具备的科研能力是什么，"解读提炼"的能力又是什么。当我们将"提炼"能力用于生活、用于思考、用于观察、用于研究时，我们就可以做到去粗取精、变隐为显、化繁为简、发现规律。

我按照余老师所倡导的"板块式"教学模式，通过课堂活动来整合教学内容。我不知道自己是哪里来的精力和斗志，也许，我是真的不想让余老师失望吧。

第二天的展示课，应该是这九年来，我上得最踏实舒心的课；而那天余老师对这节课的分析，是我听到的最"不留情面"，也最"对症下药"的评价。余老师微笑着坐在第一排，眼神里是一如既往的平和与期待，他轻轻地在键盘上敲击着，记录下教学过程中他所发现的点点滴滴。他站在讲台上，用抑扬顿挫的声音，告诉我们什么才是真正的"好课"，什么才是语文教学的真谛。

他专注的身影，就这么定格成了两年培训过程中最难忘的画面。这画面让我汗颜，为了自己曾经的懈怠，曾经的混沌；这画面更让我警醒，让我明白什么才是语文教师应该追寻的，什么才是语文教师应该秉持的精神的高度。

时光就这么悄然走到了最后一次培训。

依旧是三千字的教学设计、三千字的教学论文，依旧是余老师超乎我们想象的、中肯的评改，依旧是满满当当的学员展示课，余老师亲力亲为的两节连堂示范课，再加上一个半小时的讲座。

高效地完成了两天的培训之后，我们围上去和余老师合影。是的，我们都想把这珍贵的时光永远地留存下来。我们抢着拥到他的身边，他看到了我，亲切地说："杨博，你来了，刚才还和向老师问起你。"

心中涌上的，不仅仅是感动。那么忙碌的余老师，竟然还记得我这个只上过一节展示课，平常得不能再平常的老师。

"谢谢您……"此时，似乎只有这三个字才能表达我的复杂心境，那是一种惊喜、一种不舍，更是一种温暖、一种崇敬。

前两天，刚刚结束了工作室的"结业展示课"《香菱学诗》。朋友看到我的教学设计，惊讶地说："你的设计角度真的很新颖，我好像从来没有看到过有人这么解读这篇文章！你是怎么想到的？"

我笑而不语，这是我觉得不辜负余老师的唯一方式。

耳畔仿佛又响起他那铿锵有力的声音："确保语文教学质量最重要的前提就是教师个人独立地进行多角度的课文研读，要教好语文，必须有很强的教材研读基本功……"

什么时候才能再聆听先生的教诲呢？

永远记得最后一次培训时，窗外那不同以往的阳光，穿过厚厚的云层，形成一条条等待编织的光线，它们轻而易举地挑开了我沉重的眼帘。

余映潮老师和杨博老师的合影

去芜存菁真语文　拨云见日独前行

——钟正岚跟余映潮老师学教语文

学员档案

钟正岚，广东省深圳市龙华区高峰学校语文老师。2016年12月执教第二届全国中小学"核心素养"下名师课堂展示暨高峰学校素养课程观摩展示活动公开课《谈读书》，2017年4月在全国第三届"三新"作文教学研讨会优秀论文评比中获一等奖。

跟余老师学上课

议论，也可以很美
——《谈读书》教学实录

时间：2016年12月
地点：深圳市高峰学校九年级（3）班

一、初步感知，版本对比突亮色

全班齐读课文，老师在黑板上记下学生读错的字。

板书正确读音：傅（fù）彩、大而无当（dàng）、诘难（nàn）。

全班齐读两遍，并做笔记。

师：这篇文章的语言跟平时读的文章相比，有什么不一样的地方？

生1：非常精练，文笔优美，辞藻很华丽，用词讲究。

师：语言精练讲究，从内容上看比较趋近于哪一种文体？

生2：议论文。

师：同学们的判断是很准确的。大家一起读。

屏幕显示：

"文体——随笔：散文的一个分支，是议论文的一个变体，兼有议论和抒情两种特性。

作家作品：培根，英国哲学家、作家。《培根随笔》是英国随笔文学的开山之作。《谈读书》是《培根随笔》中一篇重要的文章，提出了许多关于读书的精辟见解。"

师：同学们从预习中领略到了哪些精辟的见解呢？

生3：我从"读书时不可存心诘难作者，不可尽信书上所言，不可寻章摘句，而应推敲细思"这句话中读出了读书的观念：不可尽信作者，也不可刁难作者，读书时要有自己的思考。

师：你学到了读书的方法。

生4：我从"读书足以怡情，足以傅彩，足以长才"这句话中知道，读书可以带给我们很多改变。

师：你看到了读书的好处。

生5："读史使人明智……凡有所学，皆成性格"告诉我们，各种各样的书对我们有不同的功效。

师：看到了读书的功能。

屏幕显示：

读书的好处—读书的方法—读书的功能。

师：文章先讲好处，再讲方法，最后强调功能，内容的安排是符合我们的认知规律的，可见文章逻辑之严密。本文能成为谈论读书文章中的经典，固然离不开精辟的见解，但在各个国家的传播过程中离不开优秀翻译者的贡献。本文的翻译者王佐良先生就是一位非常优秀的翻译家。

屏幕显示：

译者王佐良，诗人、翻译家、教授、英国文学研究专家，最广为流传的作品是翻译《培根随笔》及其中的《谈读书》，以语言精练、优美、传神被广大读者视为最权威的版本。

师：他的这个版本被视为最优秀的版本，但是现在有些人说这个版本过于晦涩，不适合中学生读。如果下次改教材的时候，选你去当编辑，你会选这个版本编入语文教材吗？

生6：我肯定会选王佐良先生的译本，因为它是半文半白的语言，用词非常精练，在培根生活的年代盛行简洁的文风，这个译本符合原文的时代特征。

师：选择有两个理由：一是与原文风格相符；二是语言精练优美——遵循了翻译"信、达、雅"的要求。

生7：语言文白杂用，更具文学特色。我会选这篇入教材。

师：你不担心学生读不懂吗？

生8：读不懂的地方可以通过查字典来解决，也有助于语文能力的提高。

师：问题可以自己解决。

生9：语言高度凝练，大量使用排比句，读起来朗朗上口，是一种写作特色，让我们能够体会到原汁原味的文章，体会写作特色，虽然语言难以理解，但可以提高我们的欣赏品位。

师：重在欣赏，重在提升，最能将培根原文的精髓体现出来。正如我们学过《香菱学诗》里的这段对话。

屏幕显示：

香菱笑道："我只爱陆放翁的诗'重帘不卷留香久，古砚微凹聚墨多'，说的真有趣！"黛玉道："断不可学这样的诗。你们因不知诗，所以见了这浅近的就爱，一入了这个格局，再学不出来的。"

师：正如黛玉所说，不要见了浅近的就爱。王佐良先生使用了文白夹杂的语言，不显浅近，但是却能丰富我们的语言积累，提升我们的审美情趣。

二、多层次赏析语言之美

1. 赏析用词之美

（学生齐读）

屏幕显示：

遣词之雅

1. 二字雅词

怡情　傅（fù）彩　练达　涉猎　狡黠（xiá）　诘（jié）难（nàn）

咀（jǔ）嚼（jué）　滞（zhì）碍（ài）　顺畅（chàng）　相宜

阐（chǎn）证

2. 四字词语

（1）常用成语：高谈阔论　大而无当dàng　寻章摘句　全神贯注　孜（zī）孜不倦　味同嚼（jiáo）蜡　吹毛求疵（cī）　文采藻（zǎo）饰

（2）古典词语：独处（chǔ）　幽居　纵观　统筹　好学　深思　全局策划　处世判事　推敲　细思　天资聪颖　欺世有术　诸如此类　明智之士　用书之智　淡而无味

3. 单音节词

然、则、盖、唯、亦、皆等

师：文中使用了大量的二字雅词、四字词语和单音节文言词，所以不仅语言简洁、表意丰富、文笔优美，还给人以节奏和谐、精练文雅之感。

2. 赏析造句之美

从同学们的预习作业中，我可以看到同学们对文字的敏感。大多数同学对排比句进行了批注。的确，全文一共17句话，其中排比句占了12句。我们知道排比句可以增强语言的气势，增强说服力和感染力，符合议论性散文的文体特征。除了这些共性，本文的排比句有哪些自己的特点呢？

（无人发言）

屏幕显示：

（1）读书足以怡情，足以傅彩，足以长才。

（2）狡黠者鄙读书，无知者羡读书，唯明智之士用读书。

（3）书有可浅尝者，有可吞食者，少数则须咀嚼消化。

师："怡情""傅彩""长才"，这三个词之间有怎样的逻辑关系？

生10："怡情"是让心情愉快起来，"傅彩"是让语言有文采，"长才"是真正提高我们的素质。

师：所以，它们的关系是——

生11：层层深入。

师：排比分句之间呈现出环环相扣、层层递进的关系。在以后的学习中，要更多关注语言形式。

关于比喻句，同学们能体会到比喻使语言生动形象，使道理通俗易懂。除此之外，本文的比喻句还有什么特别的高妙之处呢？

（无人发言）

屏幕显示：

（1）读书补天然之不足，经验又补读书之不足，盖天生才干犹如自然花草，读书然后知如何修剪移接。（明喻）

（2）书亦可请人代读，取其所作摘要，但只限题材较次或价值不高者，否则书经提炼犹如水经蒸馏，淡而无味矣。（明喻）

（3）书有可浅尝者，有可吞食者，少数则须咀嚼消化。（借喻）

师：请大家关注喻体——自然花草、蒸馏水、食物，它们具有怎样的特点？

生12：很常见。

师：喻体都极其常见，与本体搭配恰当而巧妙，易于感知和理解，从而达到很好的表达效果。

在预习作业中，同学们基本只关注到了排比句和比喻句，事实上，本文的句式之美远远不止于此。请看这组句子。

屏幕显示：

（1）其怡情也，最见于独处幽居之时。

（2）读书足以怡情。

（3）则非好学深思者莫属。

（"其、也、于、之、足以、非、莫属"为红色字体）

师：这篇文章还使用了大量的文言句式，一起读，红色字体的字声调往上扬。

（学生齐读）

师：文言句式能使语言简洁，营造出一种古风古韵的语言之美。除此外，本文短句居多、骈散结合，给文章增添了变化之美。

屏幕显示：

造句之美

美在排比句加强语言气势

美在比喻句增添语言生动

美在文言句式组织语言典雅

美在多种句式呈现丰富变化

（学生齐读）

3. 赏析句子之间的衔接之美

师：对句式的赏析，除了修辞手法，还大有可为。

除了句式的美感，句与句之间的衔接非常紧密，呈现出别样的流畅之美。平时，我们会使用哪些方法让文段显得连贯呢？

生13：过渡的句子，过渡的词语，内容的变化。

师：还有什么别的语言形式吗？

（无人回答）

屏幕显示：

1. 连接词

（1）然读书并不以用处告人，用书之智不在书中，而在书外，全凭观察得之。（转折）

（2）亦不可寻章摘句，而应推敲细思。（并列）

（3）换言之，有只需读其部分者。（解释）

（4）取其所作摘要，但只限题材较次或价值不高者。（转折）

（5）因此不常作文者须记忆特强。（因果）

师：连接词是大家最为熟悉的衔接语言形式，但这篇文章中还有别的一些语言形式。

屏幕显示：

2. 衔接关系

当语篇中一个成分的含义依赖于另一个成分的解释时，便产生了衔接关系。

师：什么时候会形成依赖的关系？

生14：代词。

师：代词这种衔接方式有什么作用呢？

生15：字数减少，语言更简洁。

师：衔接紧密，语言简洁。

屏幕显示：

3. 省略

读书费时过多易惰，文采藻饰太盛则矫。

读书费时过多易惰，（卖弄书中）文采藻饰太盛则矫。

师：省略也是一种常见的衔接方式。

屏幕显示：

4. 重现

定义：指句子之间同样的词语或类似的词语反复出现。

（1）同词重现

读书足以怡情，足以傅彩，足以长才。

其怡情也，最见于独处幽居之时；其傅彩也，最见于高谈阔论之中；其长才也，最见于处世判事之际。

读书足以怡情，最见于独处幽居之时；足以傅彩，最见于高谈阔论之中；足以长才，最见于处世判事之际。

"怡情""傅彩""长才"三个词语以同词重现的方式保持了两个句子话题的统一性；将本可以合说的内容有意分开，多说一次，更突出了读书的重要作用，强化了阅读印象，从而实现了句子间的衔接。

（2）近义词重现

其怡情也，最见于独处幽居之时；其傅彩也，最见于高谈阔论之中；其长才也，最见于处世判事之际。练达之士虽能分别处理细事或一一判别枝节，然纵观统筹、全局策划，则非好学深思者莫属。

师："练达之士"是阅历丰富、通晓人情世故之人的意思，与前文"最见于处世判事之际"合用在一起，有什么妙处？

生16：有顺承的关系，使句子显得很紧密，思路很清晰。

师：很好，"顺承"这个词用得很恰当。

屏幕显示：

两个近义词，一个在前句之尾，一个在后句之首，空间位置紧密相接；后句的内容又紧接前句最后的内容，从而使前后两句衔接紧密，突出了读书对处世判事的重要作用。

师：重现表示一种强调，同时也保持了上下文语意的衔接。

我们来总结一下：本文主要涉及代词、省略、重现（同词重现和近义词重现）三种衔接方式。这些是本节课所学的新知识，接下来请大家从衔接的角度对文章进行批注。

（学生批注，老师巡视）

生17："作文使人准确"，"作文"这个词运用了同词重现的衔接形式，使后面的内容与前面的内容衔接紧密，突出了作文对人的重要性。

师：我们再读一下文章，看是不是要突出作文的重要。

生（齐读）——

因此，不常作文者须记忆特强，不常讨论者须天资聪颖，不常读书者须欺世有术，始能无知而显有知。读史……

生18：强调的是读书的重要性。

师：起衔接作用的不一定是最重要的。放在句首和句尾通常是要强调和突出的对象，但并不全都是这样。我们要深入到内容中去，具体地分析，不能教条主义。

生19："读书补天然之不足，经验又补读书之不足"，我们可以倒过来说"经验补读书之不足，读书补天然之不足"，原文的顺序更强调了读书的重要性。这句话句式整齐、古风古韵。

师：不仅赏析了衔接之美，还赏析了句式之美。

生20：书有可浅尝者……换言之，前后两句讲的是同一内容，但作者用了不同的语言形式，前面是比喻，后面是解说，都是对读书方法的看法。

师：品析的是连接词，用"换言之"三个字把前句和后句衔接了起来，进行了进一步的解释说明，使读者更清楚明白。

生21："读史使人明智……皆成性格"，前面部分是从不同角度论说读书的好处，后一句"凡"字是对上文的总结，又顺承到下文。

师：赏析的是代词。

生22："然"字，表转折，衔接上下文，使文章自然流畅。

师：连接词，让前后内容衔接紧密。

同学们都能够发现文章中的衔接方式并进行品析，老师来总结一下。请大家齐读。

屏幕显示：

重现、代词、省略、连接词等句子衔接手段使整个语篇文脉通畅，如行云流水，一气呵成。

师：本文读起来朗朗上口，还因为遵循了汉语散文体行文内"平起仄收""仄起平收"的和谐音韵规律。如读书使人充实（平），讨论使人机智（仄），笔记使人准确（仄）。平仄相间，音韵和谐，所以读起来抑扬顿挫。

因此，本文真是一篇妙不可言的美文。原来，议论文也可以很美。

屏幕显示：

谈读书
美在用词典雅，
美在句式丰富。
美在衔接顺畅，
美在音韵和谐。

（学生齐读，下课）

跟余老师学研究

让语文课堂教学远离"流行"

作为一位年轻教师，我在多次听课中感受到了新课改给语文课堂教学带来的新气象和多样化景观，同时也看到了某些相同的元素几乎出现在了所有的课堂上，俨然形成了席卷语文课堂的"流行"风潮：阅读必是"带着问题"，提问必有"请说出你的看法"，讨论必须"四人小组"，课后必设"拓展阅读"，凡此种种，不一而足。这些"流行"的做法真的就是包治百病的灵丹妙药，能够解决所有的问题吗？适合所有的课文吗？面对新事物，我们需要接纳和学习；面对"流行"，我们也需要冷静思考、忠于实践。

一、走近学科本质，让语文课堂教学远离"流行"的"大杂烩"

相较于其他学科老师备课只需解决"怎么教"的问题，语文老师往往还要纠结"教什么"，一线教师特别是刚毕业的新老师对此体会尤深。翻阅教学论文，各家见解大相径庭、各执一词；查看课堂实例，语文课堂教学的舞台精彩纷呈——哲学历史先行，图画音乐电影齐上，思想道德升华……解释者理直气壮——文史哲不分家，文艺都是相通的。

若真如此，语文学科存在的意义何在？学科设置是遵循经济性原则的，它必然有不可替代的价值才会独立门户。

对此，《语文课程标准》有明确的论述："语文课程致力于培养学生的语言文字运用能力，提升学生的综合素养，为学好其他课程打下基础。""语文课程是一门学习语言文字运用的综合性、实践性课程。义务教育阶段的语文课程，应使学生初步学会运用祖国语言文字进行交流沟通。""语文课程应激发和培育学生热爱祖国语文的思想感情。"非常清晰，语文学科的目标是激发学生对语言文字的热爱和运用。"语文课程是实践性课程，应着重培养学生的语文实践能力，而培养这种能力的主要途径也应是语文实践。"同样明了，语文学科实现目标的途径是以语言文字为主角的实践活动。王尚文在《紧紧抓住"语文"的缰绳》中说："语文课程为了形成和发展学生的语文素养，学生的听说读写活动必须指向如何正确理解运用祖国语言文字，而主要不是它们的内容。这是语文课与其他课程的根本区别。"著名特级教师于漪在《语文课要教出语文的个性》一文中指出："语文教学一定要正确把握语文课程工具性与人文性统一的基本特点，展现语文教育的个性，语文课就是语文课，不是思想品德课，不是某种文化某种艺术的课。"

语文不应上成思想品德政治教育课，但并不是没有这方面的功能。语文学科提高学生思想道德修养和审美情趣的方式应该是熏陶感染，而不是大范围的说教和直白的灌输。当然，这些更不能成为语文课堂的主角。语文老师要站好自己的岗，做好自己的本职工作，提高学生对语言文字的理解和运用能力，为学生学好其他科目打下坚实的基础，而不是在语文课上大讲特讲其他学科该讲的知识性内容。离开了文字而言其他，那就不是语文课了；不讲语言知识而讲其他，那也不是语文老师了。

二、走近语文知识，让语文课堂教学远离"流行"的就文教文

就字教字、就文教文，缺乏生成性的现象在当前的语文课堂上并不少见。教某个多音字，出示读音和组词，读完后吩咐学生记住即完事。如果老师关注到多音字相关的语文知识，教法就不一样了。多音字有两个或两个以上的读音，不同的读音表义不同、用法不同，词性也往往不同。以"薄"字为例，有三个读音：在专有名词"薄荷"中时读"bò"；在合成词中一般读"bó"，薄礼、厚古薄今；单用时一般读"báo"，被子很薄。如此，不仅记忆快速准确，学生在今后学习多音字时也会归纳整理，提高学习效率，不必再死记硬背。

"我们平时的教学之所以低效甚至无效，一个根本的原因就在于我们不少的课堂只是在一个平面上滑行，没有梯度，也没有高度。"语文知识就是建筑阶梯的材料，从而形成老师与学生之间的梯度和高度差。"实际情况表明，现代语文教育知识的缺失已经严重制约了语文教学效率的提升。"老师要给学生一滴水，自己要有一桶水。一个课堂教学高效的语文老师必须具备高于学生的

语文知识的储备，这样才能发现学生看不到的奥秘，然后带领学生在纷繁复杂的语言地形中寻找矿藏，并在寻找的过程中学会探索的知识和方法，并在一次次的训练中形成能力。

语文知识浩如烟海，如着眼于语言组成单位字、词、句、篇、章，相对应的学科为文字学、语法学、语用学、文章学、文学。作为一位语文教师，这些学科的基础知识都应有所涉猎。

有了这些语文知识，才能辨别文章的优劣，知道它们精美在哪里、缺陷在何处；才能品味出文字的精粗，用这个字的好，不用那个句式的不好；才能平字见其奇，朴字见其色。总之，有了这些文学知识，才会拥有解读文本的能力，透过文字挖掘出埋藏在下面的语文知识。对文本的解读，说到底，就是从文本中寻找出语文知识点的能力。这是一切语文有效教学的根本点，也是语文有效教学的抓手。学海无涯，知识浩渺，有了方向，总是可以点点滴滴积累。积累多了就丰富了，丰富了知识漏洞就少了，漏洞少了发掘文本语文的知识就会了。

三、走近课堂笔记，让语文课堂教学远离"流行"的只说不写

一些语文公开课打着"开放"或"素质教育"的旗号，学生在语文课上高谈阔论、游离文本，说得天花乱坠，一节课讲完居然没有一名学生在课本上写下一个字。仿佛只要学生一动笔，就是与应试教育为伍了，因此老师们唯恐避之不及。

《语文课程标准》明确指出："语文课程应激发和培育学生热爱祖国语文的思想感情，引导学生丰富语言积累，培养语感，发展思维，初步掌握学习语文的基本方法，养成良好的学习习惯，具有适应实际生活需要的识字写字能力、阅读能力、写作能力、口语交际能力，正确运用祖国语言文字。"

"语文"概念提出者叶圣陶先生对语文的解释为：口头为"语"，书面为"文"。

没有动笔写字，就不成其为语文课堂。特级教师余映潮在《文本解读的智慧》总序中说："学生语文实践的关键是多读多写，日积月累。"余老师的课例中，知识积累随处可见，就像长在树上的叶子，是天然不可分割的一部分。其随文进行的字词教学、文学知识教学、写作教学、学习方法指导活动，无一不是在进行踏踏实实的积累，为切实提高学生的语文能力汇入新源。杨绛先生在《钱钟书是怎样做笔记的》一文中说："许多人说，钱钟书记忆力特强，过目不忘。他本人却并不以为自己有那么'神'。他只是好读书，肯下功夫，不仅读，还做笔记；不仅读一遍两遍，还会读三遍四遍，笔记上不断地添补。所以他读的书虽然很多，也不易遗忘。"可见，做笔记和不断重复才是加深记忆

的法宝。韩愈《进学解》有言："记事者必提其要，纂言者必钩其玄。"意思是要记的事和编纂的言论很繁杂，所以要提出主要的，钩出玄妙的，也就是去粗取精、简明扼要的意思。一堂课时间短、内容杂，教会学生做笔记，就是教会学生归纳要点。

做笔记，将知识定格为文字，应成为课堂的常态活动。既有利于知识沉淀，也便于课后复习进一步咀嚼。

四、走近灵动艺术，让语文课堂远离"流行"的模式教学

近年来，小组合作模式风头最劲。自从新课标提出自主、合作、探究的学习方式以来，小组合作似乎被当作了体现此精神唯一的教学方式，在课堂上攻城掠地，大有后来居上、星火燎原之势。遇到问题，必须小组合作讨论解决；效仿杜郎口中学将课桌摆成四人小组让学生长年相对而坐的学校也不鲜见。老师们似乎已经达成共识，没有小组合作，就是没有领会新课标的精神，就是跟不上时代前进步伐的表现。

不可否认，小组合作教学作为传统教学组织形式的突破和补充，具有一定的积极作用。自20世纪70年代在美国兴起以来，这一模式被广泛运用于课堂教学，形成了一套复杂的操作系统。以小组成员搭配依据为例，就须考虑学业水平、能力倾向、个性特征、性别乃至社会家庭背景等方面的差异。可见，小组合作不是一粒简单快捷的特效药，反而因其复杂性容易在实践操作中出现误区，流于形式——分组随意；分工不明确；交流之前学生没有进行充分的思考，交流没有碰撞出火花；课堂节奏太快，学生没时间进行充分的合作交流；优秀者的想法代替整个小组的意见。这些现象都是有悖于小组合作"提高学生学习的主动性和对学习的自我控制，提高教学效率，也促进学生间良好的人际合作关系，促进学生心理品质发展和社会技能的进步"的初衷，结果不言自明。"当前不少课堂里小组合作学习处于一种自发阶段和随意状态，很多教师在应用小组合作学习这一组织形式时偏重形式，缺乏对其内涵的深刻认识和反思。"如此盲目追求表面形式，罔顾实际的学习效果，实在是对课堂时间的极大浪费，形似神异，无异于"画虎类犬"。

况且，语文学科教学的特性也决定了语文课堂不应该是千课一面。"语文学科与数理化学科最大的区别之一，就在于它的'灵'与'活'，即它的每一篇课文都是有灵魂的，是有思想感情的，因而它的教学过程应该是活动的流动，而不应该是僵化的一成不变。"如同没有哪一道菜可以合所有人的胃口一样，没有任何一种模式适合所有的课堂。

"不畏浮云遮望眼，只缘身在最高层。"参差不齐的信息，需要我们用不懈的学习和研究换来的知识与能力去辨别、去吸收，然后充盈我们的知识储备，武装我们的大脑。唯有这样，我们才能底气十足地站在讲台上，面对那一双双信任和渴望的眼睛。

跟余老师学做人

看淡世界，纯粹前行

第一次见到余老师，是在2011年的广州。

那年七月，我走出校门，初为人师，在语文教学的门口兜兜转转，不得其门。暑气还未退尽的时候，我得到了去广州观摩全国诗词教学大赛的机会。六年过去，记忆中只留下三块残片：一位男老师的吟诵、偌大的会场和余老师的点评。

当激昂而浑厚的男中音在偌大的会场响起、扩散开时，全场安静，然后是雷鸣般的掌声。用吟诵的方式教诗歌，令人耳目一新，让初为'语文人'的我大开眼界、欣羡不已。专家在评课中也是不吝溢美之词。

最后评课的是余老师。他列举了各堂课老师提问的数量和各个环节所用的时间，在此基础上指出，老师提问太多会占用学生的训练时间，每个环节所用的时间要和此环节在课中的地位相匹配。语文课就是学习祖国语言文字运用的，怎么就唱起来了？余老师的点评，像一支蓄满了内力的羽箭，射破了长时间的和谐。

"这样的老师，估计是怀才不遇，才会以打击别人为乐趣。在这么多人面前说人家的不是，太不给人面子了。以后，肯定没什么人敢请他了。"我在心里这样说。

彼时，余老师在台上犀利地评课，我在下面糊里糊涂地听他评课。

2014年7月，湖北荆州。我刚带完第一届毕业生，中考结束，与同事一起去观摩课堂教学大赛暨作文研讨会。

同行的一位同事是余老师的铁粉，一路上每每谈起课堂教学，他总会以"你去看看余老师的书就知道了"来结束谈话。对于即将参加的活动，特别是能亲眼见到余老师一事，他更是兴奋难掩。

尽管赛课活动精彩纷呈，都是各大省市的上课高手，但是如三年前一样，余老师的点评环节却成了大家翘首以待的环节。余老师评课时，上座率明显高了不少。一如既往的犀利，一针见血的点评，听众席上的教师个个奋笔疾书、颔首频频。有个课例我之前在其他场合听过两次，无不赞声一片。余老师指出，课例的设计是非语文的，也无助于学生语文能力的提高。惊愕之余，不胜佩服。

　　时隔三年，我零零星星地读过一些关于余老师的文字，知道了余老师对当今中语界的重大影响。翻过课例，但因看不出个中玄妙而作罢。此时，听余老师当场评课，迷雾稍稍散开——坚持以语文的方式教语文，才是正道。对正道的坚守，永远都不会过时！

　　余老师平静的表情，温和的语调与明确的判断，坚定的态度，刚与柔，如此自然地融于一身，以至于他的话有石破天惊之力。你永远不知道，他平和的陈述中接下来会有怎样的惊人之语，突然敲醒在语文讲台上昏昏欲睡的我们。

　　活动要结束了，等过长长的队伍，终于站在余老师的身旁，留下合影。照片上，余老师的脸上微漾着的浅浅笑容，将拍摄模式调成了暖色调。

　　这样的交集，就像飞鸟掠过天空，痕迹很快消失，就像不曾来过。未承想，今生竟还会有师生的缘分。

　　2015年9月，深圳龙华。初中语文教研员向浩老师成立了龙华区"余映潮名师工作室"，我有幸成了其中的一员。工作室每学期集中培训一次，每次培训针对不同的专题。

　　培训之前，每位学员要写一份三千字左右的教学论文和三千字左右的教学设计。我在语文教学门前探头探脑地转悠了三年，如今似乎看见，那扇紧闭的门在缓缓打开，在迷蒙中透出一丝光亮。

　　接到任务后，我买了几本书，有《这样教语文》《跟余映潮老师学教语文》《余映潮的中学语文教学主张》《余映潮语文教学设计技法80讲》《致语文老师》。

　　正值休产假，除了照顾宝宝，读余老师的书成了我每天生活的主要内容。于是，像回到了多年前的学生时光，一个人坐在书桌前，左手翻页，右手握笔，居然就这样一本一本地看了起来。囫囵吞枣地看完了两三本后，对余老师的佩服有了更实在的支撑。

　　余老师的勤奋，让我佩服。

　　余老师在少年时期，应该就是非常勤奋的。他能背出像《卖火柴的小女孩》那样长的英文文章，他能在有理由气盛的年纪里跟农家人一样埋头苦干一整天，他还会拉胡琴，用悠扬的琴声作为上课铃召集田间的孩子来听课。如果没有勤奋和坚持，是不可能做到其中任何一样的。比照自己，背书觉得没有技术含量，练字又觉枯燥烦闷，学画因进步缓慢而放弃。相较于余老师的多才多艺和我的一事无成，我对他老人家的佩服又深了一层。

　　余老师在工作上的勤奋程度，也让人望尘莫及。多年来，他每天工作10小时以上，即便是冬天，戴上手套，在寒气中依然坚持写作。反观自己，在考研的那个冬天，我可以做到头悬梁，但是一旦考试结束，倒头一睡，10个小时也不够。一时勤奋容易，一世勤奋的人才真让人佩服。当勤奋成为像吃饭睡觉一样自然地存在于生活之中时，必然会结出惊人的硕果。50岁有底气重新返回讲台，始终在教学一线为全国各地各层次的学生授课，每次课的创意都各不相同。在全国的多个工作室，每次都亲自批阅工作室成员作业，听课后即时评课，并提出新的教学创意。这样的工作质量，这样的工作密度，在当今中语界无人能望其项背。

余老师的纯粹，让我佩服。

余老师讲《孤独之旅》，对文本的解读获得了作者曹文轩的赞同。文中用这样一句话来描写杜小康的旅途：前行是纯粹的。这句话，是迄今为止，我能找到的最能描画出我对余老师印象的句子。

余老师的生活经历，简直是一本对"纯粹"进行注解的书。在学校，就"纯粹"做一名学生，是华师附中的高才生；在农村，就"纯粹"做一名农民，是远近闻名的养鸡能手小余哥；在课堂，就"纯粹"做一位教师，是家长认可、学生喜欢的余老师；在教育局，就"纯粹"做一名教研工作者，是扎根一线、切实提高老师教研水平的教研员——余老师的课例很多、培训很多、著作很多、文章很多、荣誉很多……但是头衔很简单：著名语文特级教师，全国中语会学术委员会副主任，湖北省荆州市原语文教研员。每一个，都有着沉甸甸的分量。

因为要前行，所以必须纯粹；因为够纯粹，所以才能一直前行。

余老师说，最重要的是看淡一切。他看淡苦难，在苦难中种出甜美的生活之花；他看淡名利，在清苦中酿出醇香的学术之酒；他看淡个人，在奔走中培育出一批潜心教研的语文之师。

余老师的样貌、举止、语言、文字，无不散发着清幽之"雅"，像兰花的香，越过万树千草，芬芳犹在。这种雅，来自他的纯粹，来自他的看淡。而这淡雅，是世间难见的高贵。

第一次给我们上培训课时，余老师已经68岁了。精神矍铄，连续两天听课加评课，上课加讲座，思路顺畅，反应敏捷，令我等疲惫不堪的年轻一辈汗颜。点评依然到位，不过此时不再觉得异样，而是听出了老师的一腔真诚和对后辈的提携。余老师还教导我们，评课就要说出问题、提出建议，被评课的老师才能有进步，否则评课就没有价值。时间很宝贵，不要浪费在说虚假的客气话上。余老师如是说，也如是做。余老师教我们踏实上课，也教我们踏实做人。

工作室的作业往往让原本悠闲的假期变得忙碌，活动常常让原本沉重的教学任务百上加千。可是，那份充实，那份坚持后的快乐和成长，让一切都变得值得。随着文本解读能力的增强，我不再为教什么而发愁，往往能发现新的教学点，被动备课变成了探索新领地，职业幸福感和成就感大大增强。主问题设置和板块式教学，让课堂不再信马由缰，教学环节明显清晰了不少。

第三次培训活动，我该上汇报课了。

本次活动的主题是"文学作品阅读教学"。我上课的课题是《故乡》。小说教学，难；鲁迅的小说，难；长文教学，难。而《故乡》，集合了以上三个难处。那为什么还要选呢？这么难上的课文，只有经过余老师的具体指导才能让我找到解开这类难题的钥匙。

我的教学创意是：通过赏析人物出场的妙处领略作者高超的创作艺术。由于课文长，所以在字词教学部分融入了主要人物内容的教学，人物出场赏析做了示范。上完课，学生反映还是难了些。一是因为对课文内容不够熟悉，二是因为"人物出场"是陌生的知识点。

又到了点评的时刻。"有很大的进步"，余老师说。听到这样的评价，连日的辛苦都有了归宿。要知道，余老师可是很少表扬人的。

接着，余老师指出了本节课的致命问题：

从教学设计的角度看合理，但从小说角度来看不合理。闰土的出场才是品析的重点。首先不需要讨论杨二嫂，而应该讨论闰土，要分清主次。第一节课设置为文意把握的课，出场艺术应该放在第三节课。没有品析：为什么要设置杨二嫂这个人物？

如果没有对整篇文章的熟练把握，单独分析出场艺术，站不住脚。人物出场是和整个人物形象与故事情节设置密切相关的，难度很大。

然后展示了新的教学创意：精细赏析。

三节课：第一节课，少年闰土赏析；第二节课，中年闰土赏析；第三节课，杨二嫂赏析及故乡高妙的表现手法。海边的沙地，贯穿整篇小说。捕鸟、管西瓜、捡贝壳等全都与海边的沙地相连接，情节中也时时照应。

《故乡》的经典就在于，他所塑造的人物，在几十年乃至上百年后，都仍然具有典型性。

故乡，其实就是揭示了社会的发展变化和人的生活变化的规律。

文中有精妙的穿插：

> 我盼望下雪。
> 闰土的心里有无穷无尽的稀奇事⋯⋯
> 夹叙夹议的手法，边叙事边抒情。
> 宏儿的出场，也是有照应的。

妙在用一个"变"字贯穿全文的内容。

妙在肖像描写的层次很美。

妙在比喻写人手法的运用。

教《故乡》，从来没有见过这么美妙的创意。如果我不选这个课，怎么有机会见识到呢？

活动结束，我走到余老师的面前，说出了那句藏了许久的话："余老师，谢谢您！"余老师抬起头，伸出手掌，"谢谢你们的努力！"我赶紧将手伸出去，握住了那只苍劲有力的手。

我将带着来自掌心的温度，一路向前。

余映潮老师和钟正岚老师的合影

集体训练促高效　觅影循声意动人

——戴芝兰跟余映潮老师学教语文

> **学员档案**
>
> 　　戴芝兰，广东省深圳市南山区留仙学校语文老师，原广东省深圳市龙华区观澜第二中学语文老师。曾获得深圳市龙华区"2015年初中教学工作先进个人"荣誉称号，2015年深圳市初中语文童话寓言阅读教学大赛二等奖，2017年深圳市初中语文命题比赛三等奖。在《中学语文教学参考》等杂志发表论文数篇。

跟余老师学上课

《孤独之旅》教学实录

时间：2015年11月19日
地点：广东省深圳市龙华区观澜第二中学八年级（6）班

师：上课！
生：老师好！
师：同学们，我们先来读一个小故事！
生：（齐声诵读）
油麻地最厚实的一户人家忽然一落千丈，小男孩只好和爸爸去芦苇荡放鸭。前行是孤独的，爸爸不给鸭子们一点觅食和嬉闹的可能。他们到达了真正的芦苇荡，空气里满是清香，飞着无数的萤火虫，但是这些都不能驱除小男孩的恐慌。在芦苇荡中，父子经受了孤独的考验。暴风雨歇斯底里地来了，芦苇被风撼断，小男孩独自一人去追鸭，芦苇旧茬儿戳破了他的脚，他却毫无知觉。雨后月夜中，小男孩找到了受惊的鸭子，他们都长大了！

师：这个和孤独有关的故事，源自曹文轩的《草房子》。

老师再来读读这段文字，请你们把文段中涉及的课后字词听写出来。

油麻地最____的一户人家忽然____，小男孩只好和爸爸去芦苇荡放鸭。前行是孤独的，爸爸不给鸭子们一点觅食和____的可能。他们到达了真正的芦苇荡，空气里满是清香，飞着无数的萤火虫，但是这些都不能____小男孩的恐慌。在芦苇荡中，父子经受了孤独的考验。暴风雨____地来了，芦苇被风____，小男孩独自一人去追鸭，芦苇_____了他的脚，他却毫无知觉。雨后月夜中，小男孩找到了受惊的鸭子，他们都长大了！

师：请同学们检查字词。

屏幕显示：

厚实：家境富裕

嬉闹（xī nào）：嬉笑打闹

驱除（qū chú）：赶走，除掉

戳（chuō）破　　撅（juē）断　　　　旧茬（chá）儿

一落千丈：声誉、地位或经济状况急剧下降。

歇（xiē）斯底里：形容人情绪异常激动，举止失常。

师：我们再来读一读这些字词和词义。其中，"戳""撅"字形复杂，我们再来写一遍巩固一下。"歇斯底里"的使用对象通常是人，在文中是拟人的手法。

（学生齐读字词，做笔记）

活动一：走进课文，再现"昨天"的杜小康，感知故事内容

师：我们来认识曹文轩和《草房子》。

（学生齐读）

屏幕显示：

曹文轩：我国当代著名作家，精擅儿童文学。中国少年写作的积极倡导者、推动者。主要小说有《草房子》《青铜葵花》《山羊不吃天堂草》《根鸟》等。

《草房子》是曹文轩的一部关于少年的长篇小说。作品以曹文轩自己的童年生活为素材，写了男孩桑桑刻骨铭心的成长经历——少年之间毫无瑕疵的纯情，不幸少年与厄运抗争的悲怆，残疾少年对尊严的坚守等等，感动人心。

师：《草房子》以曹文轩自己的童年生活为素材，塑造了许多性格迥异但禀性美好的少年。猜猜这段话描写的是谁？

屏幕显示：

他家原来是全村首富，一直过着无忧无虑，有求必应的生活。他的生活令孩子们美慕：他是班长，学习成绩优异，别的孩子还穿着单衣在冬天簌簌发抖的时候，他已经拥有了四季穿不完的衣服；当油麻地六年级孩子还拿麻绳当裤带的时候，他已经拥有了一条油汪汪的皮带；当别人几乎还没有见过自行车时，他已经趾高气扬地骑着自行车上学了；他享受着至尊无上的地位，做游戏也往往是"将军""司令"这样的领袖人物。

生1：杜小康。

师：这是"昨天"的杜小康，那时候他是一个家庭富有、无忧无虑、趾高气扬的少年，在油麻地可以呼风唤雨。那么"今天"的杜小康又是什么样的呢？

静读课文，思考：一句话概括《孤独之旅》的故事内容；并用一个词语或短语说说"今天"的杜小康留给你的第一印象。

生2：杜小康家境衰败而到芦苇荡放鸭，经历暴风雨成长的故事。第一印象是坚持不懈。

师：你是从小说三要素人物、情节、环境入手，来概括故事内容的。

生3：杜小康经历苦难，忍受孤独，坚强成长的故事。第一印象是害怕孤独。

师：你是从故事的主题和内容的角度来概括的。

生4：本文通过生动的环境描写——芦苇荡，烘托了主人公成长的故事。第一印象是真正的男子汉。

师：用环境描写烘托人物性格，这是从写法的角度来概括内容。"主人公"三个字，就有小说的色彩。

发言的三名同学从不同的角度概括了故事内容，概括内容的方式是丰富多彩的。老师的小结如下：

屏幕显示：

小结：

1. 从内容的角度（点明起因、经过和结果）

杜小康家道衰落，随父亲放鸭，在暴风雨中破茧成蝶的故事。

2. 从写作手法的角度

杜小康被命运抛到芦苇荡放鸭，经历暴风雨成长的故事。（小说一定要形成波澜）

一个以河流、芦苇荡和暴风雨为场景的父子牧鸭的故事。（强调故事发生的场景）

通过生动的环境描写，烘托了一个少年和一群鸭共同成长的故事。

（用环境描写烘托人物性格）

这是一个以杜小康和父亲牧鸭的孤独行程为明线，以杜小康牧鸭过程中的心理情感历程为暗线的故事。（理清故事的线索）

这个故事讲述了杜小康与父亲芦苇荡放鸭的四个情节：失学离家—孤独行程—风雨寻鸭—少年长大。（从情节入手：开端、发展、高潮、结局）

这是一个以儿童为视角，用第三人称叙事的主人公战胜苦难的故事。

（儿童视角：《社戏》《爸爸的花儿落了》《最后一课》《我的叔叔于勒》）

3. 从人物形象的角度

娇气懵懂的杜小康战胜孤独，变得深刻冷峻、坚强自信的故事。

（学生齐读，做笔记）

活动二：品读课文，体悟"今天"的杜小康，感悟人物形象

师："今天"的杜小康正经历着人生的蜕变，促使他蜕变的就是那场暴风雨。现在就让我们聚焦第36段，品读"暴风雨"。

1. 读出层次，品析文段的思路

师："品读"，顾名思义，就是品味加诵读。请同学们有感情地自由诵读第36段，要读出天气的恶劣，大家边读边体会。

同学们现在来齐读第36段，把天气的恶劣读出来。

生：（齐读）

师：请你们再加重读"最恶劣"三个字，第一句读完后停顿一个节拍，再继续读后文。

生：（齐读第二遍）

师：读得有层次感了。现在大家圈出表达时间的短语，重读，语速逐渐加快。大家按这个指导自由朗读，细细领悟。

老师进行了朗读的暗示，把这段分为了两层。大家知道哪儿是第一层，哪儿是第二层吗？

生5：第一句话是第一层，余下的句子为第二层。

师：这种写法叫作概写一笔，细写几笔，以时间为序。请同学们做笔记。

2. 读出细节，品评文中的"黑"字

老师范读此段，思考：哪个字最能体现天气的恶劣？

生6：黑。

师：请赏析"黑"字之妙，做批注。

（提示：可以从色彩、副词、标点、艺术手法等角度切入赏析）

生7：这句话运用了环境描写，连续运用了四个"黑"字，体现了当时天气之恶劣，渲染了一种"山雨欲来风满楼"的气氛，体现了杜小康心中紧张和恐惧的情感。

师：环境描写可以渲染气氛，烘托人物心情。

生8：文中的"黑"运用了反复的修辞手法，是一种视觉感受，体现了杜小康内心的焦急，为下文鸭子的走散做了铺垫。

师：环境描写可以推动情节发展，从"视觉"的角度进行了挖掘，请同学们做好笔记。

生9："天黑，河水也黑，芦苇成了一片黑海"是真实可以看到的，是实写；"杜小康甚至觉得风也是黑的"是虚写。

师：景物是实写，内心感受是虚写，一种虚实结合的手法。大家记下来！

生10：这一句还为后面杜小康的坚强和成长做了铺垫。

师：我们分角色再来读，女生齐读描写"黑"的句子，男生齐读第二部分，读出拟声词。

屏幕显示：

（女）一早上，天就阴沉下来。天黑，河水也黑，芦苇成了一片黑海。杜小康甚至觉得风也是黑的。

（男）临近中午时，雷声已如万辆战车从天边滚动过来，不一会，暴风雨就歇斯底里地开始了，顿时，天昏地暗，仿佛世界已到了末日。四下里，一片呼呼的风声和千万支芦苇被风撅断的咔嚓声。

师："呼呼的风声""芦苇被风撅断的咔嚓声"，拟声词轻读，语速放慢。

学生再齐读拟声词部分。

生11："呼呼"和"咔嚓"是听觉，"黑"是一种视觉，听觉和视觉相结合。

师：这就是有声有色。现在来小结一下：

（屏幕显示："黑"字之妙，学生齐读，做笔记）

心理感受，展示了杜小康对暴风雨的恐惧；

有声有色，以"黑"为底色的暴风雨中，雷声、风声、苇断声一时齐发、众妙毕备，突出了环境的恶劣；

夸张渲染，彰显了大自然的阴暗、可怕，人类的渺小、脆弱；

句式递进，用恶劣的环境渲染了杜小康的孤独恐惧；

虚实结合，前三个"黑"写景，是实写；后一个"黑"是杜小康对暴风雨的恐惧，是虚写。拓展了读者的想象空间。

师："黑"字不仅说明了环境的恶劣，体现了人物害怕、恐惧的心理，同时也展示了景物描写的方法。

（屏幕显示，学生齐读，做笔记）

概写一笔，细写几笔；时间为序，着力渲染；

有声有色，虚实结合；句式灵活，修辞多样。

3. 读出诗意，品味形象，理解主题

师：作家肖复兴曾赞誉"《草房子》是一首诗"。我们再来换个形式读，读出诗意。

（师生共读，语速放慢）

    （合）天黑

      河水也黑

      芦苇

      成了一片黑海

      风

      也是黑的

      雷声

      如万辆战车

      从天边滚动过来

      天昏

      地暗

      四下里

      一片呼呼的风声

    （女）还有

      千万支芦苇

      被风撅断的

      咔嚓声

师：说一说，作者为什么要大力渲染暴风雨。

生12：交代了恶劣的环境。

生13：渲染了紧张的气氛，为下文杜小康寻鸭的艰难及他的迅速成长做了铺垫，推动了情节发展。

生14：烘托了人物的心情，恐惧和害怕。

生15：塑造了人物的性格，杜小康从一个软弱恋家、不堪忍受孤独之苦的少年成长为一个勇敢坚强、有责任心，甚至享受孤独的男子汉。

师：我再来补充，暴风雨是全文的转折一笔——天气的转折、全文情节的转折、鸭子表现的转折、人物性格的转折等，暴风雨还有突出全文主旨的作用。全文的笔力聚焦在了杜小康一人身上。

师：默读第38段，人物评说——杜小康。

（提示：可以从关键词、标点、句式、修辞、艺术手法等角度分析人物

性格）

师：老师先来示范。

屏幕显示：

示范：杜小康是一个勇敢冷静的少年。从"追"字可以看出，杜小康在父亲几乎要晕倒时，他独自一人毫不犹豫地去找鸭，忍受着恶劣的天气、芦苇的伤害，但丝毫没有胆怯。

生16：第38段最后一句运用了对比的写作手法，把"温顺"和"疯了一样"作对比，突出了暴风雨的可怕和鸭子的恐慌，写出了杜小康的勇敢坚强。

师：这也是一种侧面烘托。

生17：从"钻心""顾不得"可以看出杜小康不再是那个家庭富有、无忧无虑的孩子，他明白了鸭子的重要性，杜小康能够正视困难，变得成熟了。

师：杜小康的脚被芦苇旧茬儿戳破，鲜血直流，但他都忍受着痛苦坚持寻鸭。

生18：杜小康是一个有责任心的少年，"追"是一种责任的体现。

生19："追、拨、看"一系列动作描写，生动形象地刻画了一个勇敢冷静的杜小康形象。

师：用一系列动作来刻画人物形象，在我们的课文中也是常见的。比如，《从百草园到三味书屋》中捕鸟的那一段。

生20：此段以短句为主，读起来语速可加快，展现了杜小康无所畏惧追鸭的一面。

师：这一段十句话，只有最后一句是长句，以短句为主，展示了快速奔跑的节奏感和暴风雨的猛烈。

老师用一句话小结人物形象。

（屏幕显示，学生齐读，做笔记）

杜小康是一个不再害怕芦苇荡，敢于追鸭的少年。

杜小康是一个直面困难的少年。

杜小康是一个勇敢坚强、有责任感的少年。

杜小康是一个战胜暴风雨的寻鸭少年。

杜小康是一个战胜了孤独、恐惧的少年。

杜小康是一个有野外生活经验的少年……

师：同学们，再来读读标题"孤独之旅"，自由表达。

生21：孤独之旅其实是远离家乡的痛苦历练；

生22：是孤独成长中的心路历程；

生23：是一个少年蜕变的过程。

师：题目中"旅"的本意是"远行，历程"。结合全文看，这是一次美好的成长，陪伴着鸭子，挺过暴风雨的考验，看着鸭子生蛋。

课文的结尾，展现了这种成长的美好。我们用诗意的情怀来诵读，最后有四个感叹号，要读出一种惊喜、激动。

> 雨后天晴
> 天空
> 比任何一个夜晚都要明亮
> 月亮
> 也是
> 那么的明亮
> 异乡的天空下
> 白嫩的芦苇根
> 滋养着
> 一个独自成长的少年
> 鸭们
> 深浅不一样的蓝羽、紫羽
> 犹如软缎一样闪闪发光
> 一天早晨
> 蛋！爸！鸭蛋！鸭下蛋了！

师：优美的景色、惬意的心境、喜悦的心情，这些都是成长的美好！

活动三：走出课文，了解"明天"的杜小康，寄语小读者

师：鸭下蛋了，杜小康是不是就过上幸福的生活了呢？我们来看看后面的故事。

（屏幕展示，学生齐读）

他的鸭子全没了，鸭蛋也泡汤了，父亲病重，红门真正没落了。当他穿着破烂的衣服重新出现在油麻地时，他面容清瘦，但一双眼睛却出奇地亮，并透出一种油麻地的任何一个孩子都不可能有的早熟。几个月后，他甚至不带一丝卑微地在自己曾经就读的"油麻地小学"门口摆起了地摊。油麻地小学校长桑乔说："日后，油麻地最有出息的孩子，也许就是杜小康了！"

师：曹文轩笔下的少年都会经历成长的苦难，因为作者相信"少年时，就有一种对痛苦的风度，长大后才可能成为强者"。

学生齐读曹文轩的寄语。

> 跟余老师学研究

集体训练在课堂活动中的有效运用

一堂语文课，往往是由教师和学生的互相交流构成的，可见"教"与"学"本应该是相得益彰的。但是，在当前的语文教学课堂中，教师会用自己的"教"来代替学生的"学"。温儒敏就曾在《语文教学中常见的五种偏向》一文中指出："课堂教学的'两多两少'，即教师讲得多，讨论对话多；默读少，涵泳少。"这种偏向就是以"教的活动"为基点的教学课堂。于是，教师教的过程有结构的关联，能构成一个完整的课堂教学陈述，但是学生的"学"呢？只是在教学活动的间隙，零散地、不成结构地进行着。"教的活动"丰富多样，"学的活动"呆板单调。2011年版的《义务教育语文课程标准》深切地关注到了这一点："语文是实践性很强的课程，应着重培养学生的语文实践能力……应该让学生更多地直接接触语文材料，在大量的语文实践中掌握运用语文的规律。"这一份《义务教育语文课程标准》意在强调，课堂教学应以"学的活动"为基点，在课堂教学中要给学生大量语文实践的机会。所以在教学中，教师要关注课堂实践活动的设计，促使学生的"学"相对完整，并且丰富多样。

一、课堂活动设计中的集体训练

何为课堂活动呢？简单地说，它指的是教师在课堂上指导学生进行学习的活动，是将客观的学习内容转化为语文能力和素养的中介与载体。余映潮老师的陈述更详细，他将课堂活动定义为"在教师的指导下，学生在课堂上充分地占有时间，进行有形式也有内容的学习语言、习得技巧、发展智能、训练思维的操作演练"。经常有老师抱怨学生学习不主动，发言不积极，讨论不投入，如果学生大面积地出现诸如此类的问题，一般就是教师没有很好地组织课堂活动。课堂活动的设计是一门艺术，需要教师运用各种方法，采用多种课堂组织形式，以学生为主体，充分有效地展开课堂教学活动，像万花筒一样，展现出丰富的艺术组合。

余映潮老师非常关注学生的集体训练。他说："有学生集体训练的课是好课。"什么是集体训练呢？概念并不复杂，"就是一位教师着眼于全班同学所进行的训练，就是让他教的这个班的所有学生在同一时间内都能参加活动的训练"。在很多教师的眼中，集体训练不就是大家一起读一读、写一写、背一背，非常平俗的一种手法，谈不上创新，更说不上是一种艺术，这是教育理念无更新的体现。余映潮老师在谈到高效教学六种意识时说过，教师要有"集体训练为重"的意识。课堂教学中，教师不是面对四五十名散乱的学生，而是面对四五十名学生所组成的学习共同体，是在与班集体发生着交往与对话，班级课堂教学就是要形成学生共同的学习经验。举一个课堂上常见的现象，教师问，学生回答，学生的声音很低，缺乏经验的教师就会走过去，结果是教师靠得越近，学生的声音越小，致使课堂的师生对话变成了师生间的窃窃私语，剩下的几十名学生只能一头雾水地看着这对师生。那么，这些学生有没有获得新的学习经验呢？很显然是没有的。这就暴露了课堂活动的一些问题：一是学生认为说的话只是说给老师听的，与其他学生无关；二是教师碎问碎答的问题；三是教师缺少"集体训练为重"的意识。

二、如何设计和组织课堂集体训练活动

一是要有较充分的时间保证。王荣生教授对大量优秀课例进行了分析，初步认定："语文课堂教学，一堂课的教学环节，以2～3个为宜（即每个环节15～20分钟）；教学环节，就是组织学生进行较充分的'学的活动'（即每个环节的大部分时间是'学的活动'）。"集体训练天然地符合第二个条件，因为集体训练大部分是"学的活动"的设计，每一名学生都进入活动，每一名学生在课堂上都有时间进行学习。但要保证在课堂中有相对完整和比较充分的集体训练的学习时间，这样才能组织学生进行充分的"学的活动"。以笔者执教的《孤独之旅》为例，第一个活动，速读课文，一句话概括《孤独之旅》的故事内容；并用一个词语或短语说说"今天"的杜小康留给你的第一印象。在课堂上，笔者给了学生3分钟静读静思的阅读时间。在这3分钟时间里，所有学生都在研读、思考，并写出了表达自己见解的文字，这就是集体训练，也体现了老师集体训练的意识。接着，让学生把自己写出的文字，即将《孤独之旅》故事内容的概括说出来，老师进行小结。这个环节用了大约6分钟。余映潮老师在点评此课时指出，这一部分推进过快，内容的概说是可以引出很多小说塑造人物、表示故事情节的手法的，老师应该顺势引入。比如，这是一个流浪的故事，流浪的地方就是芦荡，芦荡是表现人物的场景。所以，由故事的概括可以引出好多小说的手法，增加学生的知识积累。概说活动起码需要10分钟，才能完成学生概说，老师小结，学生做笔记，积累知识的扎实学习过程。做笔记也是一种集体训练，一些课堂改革一味追求快节奏，不考虑学生的成长规律，于是学生在初中三年的语文学习中，面对的是教师的喋喋不休，而那些有价值的读书笔记和课堂笔记却没有进到学生的头脑中去。

余映潮老师执教的《孤独之旅》只有两个主要环节，留给了学生大量学的时间。活动一：课文美点自由赏析，请同学们动笔，写100字左右的美点赏析

文，只写一个美点。活动二：课文精段文学欣赏第36~47段，为什么写＿＿＿？让学生自由命题，创作、交流，教师小结。这两个活动都是集体训练，人人动笔，进入课文。活动一是文意把握，训练学生的概括能力，教师的小结一定要有文学语言的渗透，比如，线索之美、手法之美；活动二属于片段精读，利用精段训练每一名学生的品析能力，对学生而言这是极其美妙的文学欣赏活动，每一名同学都受益。学生交流和教师小结都安排在了集体的读写之后，一堂课就有了"静"与"动"的结合。

二是集体训练的活动设计"层次"要高，要让学生获得新的学习经验。以宁鸿彬老师《皇帝的新装》第一课时为例，首先描述一下宁老师的课：导入，活动一：从人物形象入手，"读课文之后，请给这篇童话加一个副标题——一个××的皇帝"。8名学生逐段朗读课文，老师正音；全班学生默读、思考，为课文拟副标题，学生交流，老师点拨。活动二：从情节入手，"谁能用一个字来概括这篇童话的故事情节？或者说，这个故事围绕哪个字展开？"学生思考，提出见解，教师引导，学生形成共识。活动三：小结，"文中各个人物是怎么围绕'骗'字进行活动的"。第一课时三个环节，前两个活动是核心活动。来看看活动一，重在对人物形象的理解，对透过人物所表达的主题思想的理解，要求全班同学静读静思，并把思考所得写下来，这就是集体训练在学生学习资料收集、整理和分析方面的体现。在这个活动中，学生从多方面揭示了人物特点，从不同角度认识和评价了"皇帝"，即使是在交流的过程中，学生的发言也是互有关联的，同学们在阐述自己的见解和观点时，又在聆听其他同学的见解和观点，丰富了自己的认识及对作品的感受，形成了新的学习经验。

再来看杭州采荷实验学校汪胡英老师的课例《风筝》，也是高层次的集体训练的活动设计。这堂课的重点是：用点画评注的方法，把握作者的情感。汪老先生精心设计了三步走：第一步学生自主阅读，凭自己的感受，借助点画评注，体会作者所表达的情感，当然老师给出了两个示例给予启发；第二步，在老师的引领下，揣摩作品的语句，具体地感受作者的思想感情；第三步，老师提供五则资料，都是关于鲁迅的语言风格和人格精神的，老师出示了一个示例，要求学生"在文中找到与这些评价相一致的地方，加以评注，评注时要学会运用这些资料中的重要信息"。做批注本身就是一种很好的集体训练方法，这种集体的小步轻迈的评注方式，不仅将大量课文解读的课堂转变为大量语言学用的课堂，也训练了学生的语言品味、文学欣赏、感受评价等能力。那种只是"找"的学生集体训练活动，即找到和教师提问有关的内容并将它们表述出来，因为没有多少思考、欣赏、探究的成分，在学生阅读分析能力和思维能力训练上就显得"浅显"，欠缺深度和力度。

三是集体训练的活动设计也应该讲究形式的雅致和灵动。余映潮老师在集体训练的课堂活动设计方面做了很多创新，我们来欣赏余老师《端午的鸭蛋》一课的创新设计。余老师在这个设计中把文本、集体训练和能力提升三块融会贯通，成为一个经典的课例，尤其是其中集体训练的活动设计形式雅致、灵动。《端午的鸭蛋》三次阅读训练：活动一，节日之美内容概述——请同学用提取关键词的方法来概说家乡的端午节之美。一下子就扣住了端午节，扣住了文本，又扣住了能力训练。所有学生都要勾勒，方法却非常简单：同学们，老师把一个短语圈出来——"系百索子"，你们再来观察应该圈什么？于是端午的风俗就美美地展现在学生面前了，学生不仅学习了文章内容，更重要的是获得了学习方法，这就是利用课文训练学生阅读能力的一种方法。活动二：妙语赏析——读第二、三段，"好的鸭蛋"妙语赏析。汪曾祺这篇文章第二、三段写自己家乡的鸭蛋处处都是妙语，更不用说它的描述、引用、对比、直接抒情……进行语言赏析，语言赏析一律是能力训练，这才是真正的语文课。活动三：字词品味——研读第四段，说说端午的日子里孩子的情味之趣。这也是极有抓手而资源丰富的教学内容，比如，"挑"就有情味，要挑淡青壳的，挑秀气的；"蠢"字太有情味、趣味了，所以这个片段也是处处都有抓手。

再来看余映潮老师活动方法的变化：第一个活动的方法是圈。大家都来圈，一起读，老师小结。第二个活动的方法是做批注，妙语赏析要先批注再来赏析。批注之后就表述，表述后就师生对话，然后教师小结。第三个活动的方法，是自由说话。三个活动全用于学生的集体训练和实践活动，而且由于角度和方法形式的变化，课堂就会有趣味。

这是第一课时，第二课时干什么呢？课文作文，出示非常多的作文题目，让学生自由选择题目，用三十分钟写一篇微文。题目如下：①假如你是推荐《端午的鸭蛋》的作者，写一篇课文简介；②假如你是文中的小朋友，以"家乡的鸭蛋"为题目写几句；③假如你是文中的小朋友，就"乐在端午"写一段话；④假如你是高邮的厨师，写一写"鸭蛋吃法一二三"……老师巡视挑选，当堂评点。

课文作文是每名学生都要写的，这就是集体训练，整体训练每一名学生的动笔能力，又能加深他们对课文的理解。这就是创造性思维，同时学生也在创造性思维的引领下写出美文来。变角度、方法，让学生由读到写，是一个完整的两课型的训练过程，因为有了第一节课的铺垫，学生非常熟悉课文，第二节课的课文作文实施起来就不在话下了。

三、集体训练在课堂活动设计中的意义

"集体训练"是造就高效课堂教学的途径之一。这是因为让每一名学生都进入了活动,每一名学生在课堂上都有了自己的学习时间,于是默读和涵泳就多了。正是由于所有的学生而不是某一名、某几名、某一些学生都在训练的状态之中,所以训练的效率是最高的。

集体训练无形中还能帮助教师克服教学陋习。比如,碎问碎答碎读;单边对话;讲得多,讨论感受多;花架子,特别是过多地让有的学生表演、有的学生观看的"展示"活动。

集体训练有利于把课堂教学做稳做实,增加学生在课堂上安静思考的时间;教师解读的少了,大量的课堂实践活动就可以充分展开;这有利于提升学生独立解决问题的能力;增加学生的"知识"积累量。

我们的课堂活动设计要实实在在、扎扎实实,在每一节课中都要让所有的学生有真收获。

(此文已发表在《少男少女·教育管理》2017年总第634期杂志教学研究栏目)

跟余老师学做人

觅影循声,足以动人

深圳,龙华。一头银发的余映潮老师站在学生中间,衬衣简洁大方,声音厚重沉稳,透着语文老师的率性真挚。

这是我第一次以工作室成员的身份来听余映潮老师的课,总觉得有别样的欢喜和自豪,也有不一样的紧张和庄重。在这个天高云淡的下午,飘满黄叶的诗意中,当我真真切切地见到了我的老师——余映潮老先生时,内心有说不出的激动。于是,在斑驳的秋阳里,我觅影循声,随着余映潮老师走进了《老王》,去领略纯美的人性。

余映潮老师先从相关的背景说起,杨绛、钱钟书、干校、"文革",还有冰箱。我当时满心疑惑"冰箱"这个词语有什么好讲的,虽然和文中后面老王给她家送冰的情节有关,可谁没有见过冰箱啊,我从来没去好好思考过这个"冰箱"的含义,听了余映潮老师的讲解我才明白:那个年代家用电冰箱几乎没有,杨绛家应该也没有,所谓的冰箱应该是自制的储冰箱子。这真是一个很有用意的词语,对帮助学生了解文中的人性美有一定的作用。余映潮老师把握住文本中的细节,找出了初中生阅读时可能会存在的语言障碍,解决难读写的字词。余映潮老师用"品词法"的教学设计走进《老王》。话题一:"三

轮"二字，非同小可；话题二："病了"二字，作用重大；话题三："愧怍"一词，含义丰富。一堂课，是精心推敲后的简简单单，是不浮躁功利的朴素实在。

我听着余映潮老师的课，觉得他是在用语文人最真诚的姿态给我做人生的引领。在他简洁的教学步骤里，清晰地呈现着《老王》一课的教学脉络，由"三轮车"上的悲欢苦难走向"病了"后的善良美好，最后汇集成"愧怍"中的纯朴人性，通过品词训练推进教学的深度，板块清晰，点评准确深刻。余映潮老师用他的一言一行告诉每一位语文人何谓文本的挖掘，何谓课堂的真实，何谓教学的坚守。

这堂课上，余映潮老师选择了静读静思的阅读方式，很注重训练学生的独立阅读能力和分析评价能力。王崧舟老师也曾说过："语文味还表现于动情诵读、静心默读的'读味'；圈点批注、摘抄书作的'写味'；品词品句、咬文嚼字的'品味'。"没有读就没有悟！感受文本的基本路径必须也只能是依靠自己的阅读和顿悟，这是教学的质朴回归。让学生有充分的时间与文字触碰，用有温度的心灵去感知散文的内涵情蕴，体味语言的厚度、力度和质感，捕捉生命内在真善美的共鸣！余映潮老师时时亲切慈爱地提醒学生记笔记，这是一位老者的关爱，也是一种接地气的教学。有一次，在课间闲聊时，余映潮老师对我们几个工作室的学员感慨："课堂笔记是让学生收获定格的技巧，现在的课堂改革多讲究快，只讲究热闹有趣，不考虑学生的成长规律，于是学生在初中学了三年，只有作业，没有笔记，最精华的东西没有在学生的头脑中生根。"那时，余映潮老师的神情，我还记得：极其认真又无比惋惜。

余映潮老师从不为难学生，在课堂上不会催促学生，在语言上总是尊重学生。课堂进行中，不知道是因为学生很紧张还是因为语言表达能力确实有限，在品词训练中发言的学生不多，我打心里为余映潮老师捏了一把汗，但是余映潮老师脸上没有一丝愠色和焦虑，自始至终都是那样谦谦有礼、和蔼可亲，理解着学生的处境。当学生回答了问题后，余映潮老师一定会掷地有声地说"谢谢你"，这已然是"余氏特色"了。犹记得一次工作室活动，轮到余老师上展示课，恰好这个班的学生刚上完体育课，学生个个大汗淋漓地回到教室。余老师走上讲台前，突然低声和我说："先把空调关了，学生出了很多汗，容易生病。"我当时感慨万分，这样细心呵护孩子的长者，谁会不爱戴呢？

《老王》这节展示课后，有老师把余映潮老师课堂中三次大等待视为冷场。关于这一点，我很赞成教研员向浩老师的看法："当我们习惯于一问一答式的单一教学模式的教学生态时，等待是一种低调的奢华。等待，说明心中有学生；等待，坚信学生有思维；等待，遵循学生自我建构之规律；等待，是隐身教师作用、凸显学生自主的最佳体现。"对我们而言，这条等待之路可能会有些漫长，并且路途艰难，但是我相信有教学情怀的老师是愿意等待的。

　　余映潮老师说："愿世界上有更多深深积雪的地方，于是也就多了尝试，多了跌跤，多了在皑皑的白雪中留下一串深深浅浅的足迹，无论如何，都是一次奋斗。"愿我们能如余映潮老师一样，努力去挖掘那些还无人踩踏过的雪原，遇见美丽积雪下掩藏的秘密，并潜心去探索那些通往秘密的道路，造就未来语文教学的精彩。

　　觅影循声，足以动人！

　　我感谢在语文教学的漫漫长路上，可以遇见这样一位身体力行的前辈，他用智慧和行动诠释着有创意、有深度、有人情味的语文课堂。

余映潮老师和戴芝兰老师的合影

析字品词入情境　甘之如饴做人师

——张军跟余映潮老师学教语文

学员档案

张军，广东省深圳市龙华区潜龙学校语文教师，深圳市龙华区初中语文中心组成员。曾执教市级公开课《五柳先生传》，参编《星光闪耀——解读中国古代十大诗人》（语文出版社），主持区级课题《初中文言文主题教学研究》，在《广东教学》《深圳教学研究》等期刊发表论文多篇。

跟余老师学上课

《三峡》教学实录

时间：2015年11月19日

地点：深圳市龙华区观澜二中八年级（3）班

一、铺垫导入，感知三峡

教师投影对联：

上联：汪洋澎湃水汹涌

下联：峻峭峥嵘山嵯峨

师：请同学们一起朗读这副对联。

（学生齐读）

师：请同学们说说这副对联有什么特点。

生1：上联的部首相同，都是和水有关系。下联的部首也相同，都是和山有关系，而且看起来很工整。

师：你的眼光很睿智，这是一个很聪明的发现。这涉及部首的相关知识，那我们一起来了解一下"部首"。

屏幕显示：

部首，东汉许慎首创。他在《说文解字》中把形旁相同的字归在一起，称为"部"，每部把共同所从的形旁字列在开头，这个字就称为部首。字典中大多数汉字的意思都由汉字中具有表意作用的部首充当。

有的部首会发生形和位置变化，如水写作"氵"；阜（小山）写作"阝"，"峰"有时会写作"峯"。

师：请大家齐读。

（学生齐读）

师：由此得知，部首具有表意作用。同一部首的字的意义都是由部首意义演化而来。同学们还有什么发现？

生2：上联是讲水的，下联是讲山的。

师：这副对联比较特殊，上联部首同为"水"，只不过写法不同，一个写作"水"，一个写作"氵"。（师板书：画出"水"简笔画）下联部首同为"山"。（师板书：画出"山"简笔画）

（师在此过程中，完成简笔画）

师："峡"的本意就是两山夹水的地方，正如这幅图画。今天让我们一起走进三峡，感受三峡的山山水水，一同领略三峡的魅力。

二、出入文本，体认感知

环节一：学会释义，读出美点

师：请同学们齐读课文。

（学生齐读）

师：同学们读得字正腔圆，非常流畅，体现了非常好的语文功底。但是有一个地方，大家读得不是很齐。有没有同学还记得是哪一处？

生1：多生怪柏，"柏"的读音为"bǎi"，不读作"bó"。

师：这名同学耳朵特别灵敏。除此之外，大家读得都正确。读完之后，同学们有什么发现没有？

生2：文章中关于"山"字部首和"水"字部首的字特别多。

师：说得非常好。那么请同学们快速从文章中找一找哪些字以"山"为部首，哪些字以"水"为部首。

（生快速阅读文章，寻找以"山"为部首的字和以"水"为部首的字）

师：哪名同学愿意分享一下你的发现？

生3：以"山"为部首的字有：山、嶂、岩、巘、峻、岸。

生4：以"水"为部首的字有：水、湍、泉、漱、清、沿、溯、潭、涧。

师：还有没有补充的？

生5：老师，我觉得"陵"也是以"山"字为部首。刚才投影上显示"阜"字，变形为写在字形左边的"阝"。

师：你特别用心、特别有心，在别人没有发现的地方显露出你的智慧，说得很好。

生6：老师，还有"泉"字，也是水部的。

师：很好，水在下面，也是形旁。

接下来，我们从部首的字源出发，看一看这些部首的字都是什么意思。山的本义：地面上由土、石形成的高耸的部分。我们根据注释和具体的语境来猜猜文中"山"部首字的具体含义。我们先来看书下注释所没有的以"山"为部首的字的意义。

"嶂"字。

生7：老师，这是不是屏障的"障"字？刚才讲到了"阝"旁和"山"部的关系，我觉得是。

师：多么会学以致用的学生啊，说得真棒。那么，这个"嶂"字是什么意思呢？

生8：高高的，像屏障一样的山。

师：非常聪明的一名同学。接下来，"陵"字。

生9：我想是小土包或者矮山。

师：为什么？

生10：我想到古代的皇陵，都应该是这样的。

师：行万里路破万卷书，看来你的游历增长了你的学识。我们刚才把有关"山"的字的具体意义分析出来了。同样的，我们来分析以"水"为部首的字的意义。

生11：潭，是水潭的意思。有水潭的地方水比较深，所以会有回清的现象。

生12：瀑，像泼下来的水，形容水非常大。瀑布，就像布一样的水。

生13：漱，像漱口一样，冲刷。

生14：涧，有个词叫作山涧，我想应该是山间的水沟。

师：刚才大家把书本上没有注释的单字都解释通了。下面，结合书下注释，把文章中出现的四字短语再解释一下。

屏幕显示：

第一组：

重岩叠嶂　空谷传响　清荣峻茂

师：这一组都是与"山"有关的四字短语。请大家齐读两遍，并请同学们解释一下。

（学生齐读）

生15：重岩叠嶂——重重叠叠的山陡峭得像屏障一样。

生16：空谷传响——空旷的山谷传来响声。

师：什么响声？

生17：猿猴声。

生18：清荣峻茂——江水清澈，树木茂盛，山高挺拔，草很繁茂。

师：总的说来，山具有高、险、连绵不断的特点。我们来看第二组。

第二组：

沿溯阻绝　素湍绿潭　回清倒影　悬泉瀑布

（学生齐读）

师：请大家解释下。

生19：沿溯阻绝——顺流而下、逆流而上的水路都阻断了。

生20：素湍绿潭——白色的激流，碧绿的潭水。

生21：回清倒影——回旋的清波倒映着各种景物的影子。

生22：悬泉瀑布——水从高处流下，形成瀑布。

师：同学们翻译得真好。总的说来，三峡的水四季不同，有动有静，有多有少，各具情态，或秀美，或壮美，不一而论。我们来看第三组：

第三组：

亭午夜分　隐天蔽日　乘奔御风

（学生齐读）

生23：亭午夜分——正午半夜。

生24：隐天蔽日——遮蔽住天和太阳。

生25：乘奔御风——乘着风驾驭着飞奔的骏马，形容非常快。

师：这些四字短语都不是写山和水的，但又都是写山和水的。大家看一下，这是一种什么样的写法？

生26：侧面描写，衬托，侧面烘托。

师：是的。这是一种侧面烘托的手法。它们烘托了什么？

生27：烘托出山的高大，烘托出水流之快。

师：同学们分析得非常好。文章理解的障碍都已经解决了，那请同学们自己准备一分钟，之后和同学们分享一下你的翻译。

（一分钟后）

生28：翻译。

译文：

在三峡七百里之间，两岸都是连绵的高山，完全没有中断的地方；重重叠叠的悬崖峭壁，遮挡了天空和太阳。若不是在正午半夜的时候，连太阳和月亮都看不见。

等到夏天水涨，江水漫上小山丘的时候，下行或上行的船只都被阻挡了，不能通航。有时候皇帝的命令要紧急传达，这时只要早晨从白帝城出发，傍晚就到了江陵，这中间有一千二百里，即使骑上飞奔的马，驾着疾风，也不如它快。

等到春天和冬天的时候，就可以看见白色的急流，回旋的清波。碧绿的潭水倒映着各种景物的影子。极高的山峰上生长着许多奇形怪状的柏树，山峰之间有悬泉瀑布飞流冲荡。水清，树荣，山高，草盛，确实趣味无穷。

在秋天，每到初晴的时候或下霜的早晨，树林和山涧显得一片清凉和寂静，经常有高处的猿猴拉长声音啼叫，声音持续不断，非常凄凉怪异，空荡荡的山谷里传来猿啼的回声，悲哀婉转，很久才消失。所以三峡中渔民的歌谣唱道："巴东三峡巫峡长，猿鸣三声泪沾裳。"

环节二：品读美点，入境入画

师：刚才同学们翻译得真不错，说明大家已经读懂了文章。但这只是我们学习文言文的第一步，我们还要有更高层次的审美需求。下面我们再次走进文本，感受三峡之美。

《三峡》字字珠玑，每一句话都是一幅美妙的图画。且看第一句："两岸连山，略无阙处。"老师给大家示例：两岸的山连绵不断，山连着山，一点中断的地方也没有，老师认为这是一幅____图。有谁能帮老师填这个空？

生1：山高。

生2：不对。写山整体的感觉，就像古代的山水画一样，我觉得"墨色群山图"比较好。

师：我觉得也是，这比较像山水画，这个名字还比较有诗意。那么，类似的，请同学们将文章中的句子加以浓缩，定格在文字画面中，说出你看到的美景图。

（生思考，小组讨论，汇报结果）

生3：重岩叠嶂，重重叠叠的山像屏障，那就是"屏山高耸"或"屏山绝世"图。

生4：隐天蔽日，山太高太大了，都看不到天和太阳了，那就是"暗无天日"图。

师：感情色彩有些不对。

生5："青山掩日"怎么样？

师：我觉得不错。这句话是夸张手法，我们知道再怎样，天还是不能被遮住的。这也是陌生化手法的运用，很亲近、很贴切。这个题目还很有意境，有天的背景支撑，场面宏大，凸显山高。

生6：自非亭午夜分，不见曦月。讲的是如果不是正午和半夜，看不到太阳和月亮。水的两岸太陡峭了，那么"一线天"挺好的，我在电视上看到过类似的景观。

师：很形象、很生动。狭窄的峭壁相映成趣，大自然鬼斧神工。

生7：沿溯阻绝，沿着水上不去下不来，我觉得挺进退维谷的。那就叫"维谷"图吧。

师：还挺有哲理。但是，"维谷"很难让听众获得直观的感受。这个感受就像之前同学们说的"一线天"，不但有视觉的冲击，还有视角的变化，让人动起来。在这个角度上，可以怎么描绘这一幅图景？

生8：视觉上，"水漫金山"算不算？

师：有色彩，有水量，有力与美结合的感觉。

生9：老师，那"沿溯阻绝"能不能是"波浪滔天"或"水天云涌"？

师：为什么要用"天"？

生10：水连天，水太大了，只有天才能与之相媲美。

（生笑）

师：这名同学把水的汹涌和云的随风吹动联系在了一起，很有想象力，以云摹水，潮起潮落，云卷云舒。

生11："虽乘奔御风，不以疾也"，写出了水流之快。我在网上看过"马踏飞燕"的雕塑，我觉得这里可以用"驭马追风"图，很威武。

师：在古代，交通工具比较快的就属马了。"驭马追风"以实写虚，我们可以想见马甩动长长的尾巴，疾驰在原野之上，何等迅疾，何等威风！

生12：老师，我觉得第三段最好概括了。我想用毛主席的诗句："江山如此多娇"来概括。

师：此话怎讲？

生13：这里写了三个季节，每个季节山水相合处各有标志景色。单独概括，都不能体现景物的宏大场景。

师：这名同学太厉害了。西方文论中讲到优美与壮美，壮美与高大密切相关，壮美又有很多小的美点即优美组合而成。这名同学将优美与壮美相结合，微观细琢，宏观总揽，点面俱到，真期待有同学能够画出这幅图景！

生14："晴初霜旦"图，这个最容易了，课文中直接就有。

师：如果有点色彩，让人的感受就更明了了。秋天是什么颜色？

生15：黄色。

生16：红色。

师：黄色大家都懂，红色怎么理解？

生17：霜叶红于二月花，"秋日红花"图。

师：我们班的同学真是了不起。你们如果是画家，肯定能将郦道元笔下的三峡描摹得绘声绘色。红花不仅写出了树叶的颜色，还写出了太阳的颜色，浑然一体！

生18："林寒涧肃"到"哀转久绝"甚至到最后的渔者歌的内容，都是很悲伤的。刚才一名同学讲到了树叶，我想如果以孤零零没有叶子的树和曲折的江面为背景，将我画面的重点落在一片破败枯黄的叶子上，能够体现这种意境。但是名字我还没有想好。

师：构思非常明确了，构图有背景，画面有中心。只是缺一个好的题目，大家集思广益。

（同学们思考，但是面露难色）

师：同学们，要不要起一个更有内涵的名字？老师建议大家想一想有没有将树叶、江水、秋天相结合的诗词，我们可以化用先人的智慧，这叫学以致用。

生19：范仲淹《苏幕遮》：碧云天，黄叶地，秋色连波，波上寒烟翠。"寒烟泛渚"图。

师：很不错，从色彩的角度写人的心理。一个"寒"字，写出了人的心境、人的处境。虽不是从刚才同学所讲的落叶着手，但是意趣很高雅。其实，杜甫有一首《登高》，将叶、江水、秋天紧密地结合在一起。"风急天高猿啸哀，渚清沙白鸟飞回。无边落木萧萧下，不尽长江滚滚来。万里悲秋常作客，百年多病独登台。艰难苦恨繁霜鬓，潦倒新停浊酒杯。"我们化用其中之字组成"霜鬓秋晚"图也是可以的，以长江山水为背景，场面宏大，诗人背对观众，置身浩渺的宇宙空间，看不到表情，留给我们充足的想象空间，空中零落一片枯叶，青黑色的山，境界全出。

三、析境入情，赏析手法

师：刚才这些美的山水画，画面美，文字美，作者是用什么方法表现出如此美景的？这就涉及文章的写作手法。

屏幕显示：

写作手法：写作手法属于艺术表现手法，即艺术手法和表现手法，也含表达手法。

常见的有：悬念、照应、联想、想象、抑扬结合、点面结合、动静结合、叙议结合、情景交融、衬托对比、伏笔照应、托物言志、白描细描、铺垫悬念、正侧面结合、比喻象征、卒彰显志、承上启下、开门见山、烘托、渲染、实写与虚写等。

师：大家找一找，文章都运用了哪些写作手法？

（学生讨论）

生1："两岸连山，略无阙处"，白描的写作手法。一笔带过，整体感出来了。

师：什么整体感？

生2：山的连绵不绝。

师：怎么感触到的？

生3：远望才能有如此感觉。

师：白描手法的运用，简单的一笔，就将三峡群山连绵不绝的情状呈现在我们面前。它给了我们画面感，像是我们在驻足远眺，像是我们若有所思，使我们能够即刻融情于景。文章审美的格局有了，格调奠定了。刚才老师和同学的对话属于回答这个问题的思维过程。同学们的回答可以按照这个思路。请这名同学把我们的对话整理一下再次阐述。

生4："两岸连山，略无阙处"，运用了白描的写作手法，从远观的视角，整体上写出了三峡两岸的山连绵不绝的特点。

师：好，继续。

生5："自非亭午夜分，不见曦月"，这句话运用了侧面烘托的手法，用正午的太阳和半夜的月亮为衬托，从仰视的角度，从具体微观上写出了在峡中向上看时山笔直、陡峭的特点。

生6："虽乘奔御风，不以疾也"，运用了对比的手法。古代马的速度可以说是交通工具中最快的，马快水更快，将水快的虚化为实，将遥不可知的速度变为触手可及，变为完全可以想象出来的情景，写出了水快的特点。

生7："素湍绿潭，回清倒影"运用了动静结合的手法，"湍""回清"是动，"绿潭""倒影"是静，动的写山，静的写山映在水中的情态，像一对恋人一样。

（生笑）

师：是啊，《论语·雍也》篇中讲道："智者乐水，仁者乐山。"仁者和智者，我想本身就是一类人。今天我们学习了《三峡》，从文字的部首入手，读懂了文字的意思；从部首的意思入手，品读出了三峡文字之美，品悟出了三峡画面之美；从文字的写作手法入手，品味出了文字的写作手法之美。这种美是融在我们对万事万物的感知之中的，我想对这篇文章的学习，一定能够擦亮我们欣赏美的眼睛，净化我们欣赏美的心灵。

最后，请同学们齐读课文，让我们再次领略三峡之美。

生（齐读）：（读完）

师：谢谢同学们，下课。

（在掌声中结束本课）

跟余老师学研究

以《三峡》为例，谈"部首"是文言文教学的重要抓手

王玉新教授认为："以部首作为切入点，可以进一步深入揭示汉字构形、构造规律，以及汉字系统形、义两个层面的发展演进规律。"由此，研究同部首的字，由外在字形发端，从字给我们的直观感受入手，继而探寻其内在文化思想意蕴上的相同、相通之处，将其归类，探讨这些同部件字呈现出的共同文化意蕴，不仅可以在教学过程中使文言文的枯燥点减少，甚至可以将枯燥点变为兴趣点，有益于教师的课堂讲授、学生对文言文的学习，有益于提高语文课堂的文化品位。

智者乐水，仁者乐山。山和水，在中国文化中是一对分不开的共同体。《三峡》节选自郦道元《水经注·江水》，是对"（江水）又过巫县南，盐水从县东南流注之"的一条注解，是一篇难得的散文佳作。通篇155字，其中，包括重复和山有关系的有峡、岸、山、岩、嶂、峡（重复）、隐、陵、阻、陵（重复）、陵（重复）、巘、峻、谷（山谷）、峡（重复）15个字；和水相关的有水、沿、溯、江、湍、潭、清、漱、清（重复）、涧、渔、泪、沾、瀑15个字；两部首的字共占几近20%，数量之大，变化之多，令人咋舌。可以大胆地说，在《三峡》中郦道元无一字不在写山，无一字不在绘水。

这么多同部首的字，为《三峡》语文课堂活动的开展提供了非常丰富的抓手。

一、追本溯源，明其释义

作为表意文字的汉字，它的意思既是固定的，又是流动的。汉字字义的"固定"在于万变不离其宗，离不开最初始的本来之意；"流动"在于随体附形与智慧，和不同的字组合，赋予与本义相关的新的内涵。掌握了汉字的"固

定"即本源意义，由此生发，对文言文的理解至关重要。

山的本义：地面上由土、石形成的高耸的部分，其关键词在于"高耸"。在《三峡》一文中，试举几例。峡：两山夹水的地方；岸：水边的陆地；岩：山石；巘：极高的山峰；峻：山高；重岩叠嶂，嶂：重岩合起之貌，像屏一样的山。这些字无不体现着"高耸"的本源。指导学生知道山的本义，学生便很容易将峡、岸、岩、巘、峻和自己已有的学习经验相联系，三峡岸陡、山高、多高山的图像便呈现在学生们的脑海中，印象一旦确定，文章整体的感情、认知基调便随之产生，有助于学生对文本的整体理解。

水字旁在此化为"氵"和"水"两种情形。这两种情形体现的都是常识中液态的、流动的水：清澈、清明，水少时的灵动、水多时的宏大状。在《三峡》一文中，试举几例。清：水干净；沿：顺着水；溯：逆着水；瀑：大的水；湍：急流的水；泉：山中之水；漱：水快速冲刷。若学生有了像上文中所讲的"山部"的知识思维，就会很快将水的种种情状想象于文字之中，三峡四季水的不同形态便跃然纸上，达到与学生经验的最快衔接。

作为专有名词，由部首来推敲其意义，对文本意思的理解大有裨益，这就为学生的学习提供了良好的思路。学生在理解文意的基础上，不自觉地进行了文学接受中的想象，对文中山和水的简单形象有了基本的印象。

二、分析点染，思其画意

由字成词，由词汇篇，是文言文文本的基本规律。仅有以上文字的储备，不足以分析出山和水的具体形象。在文中，郦道元借助"山"部和"水"部，大笔点染，同中存异，异中析别，用了一个个的修饰词，摹山绘水，出神入"画"。

写山高、连绵：重岩叠嶂，略无阙处，隐天蔽日，绝巘，峻茂。

"重""叠"修饰"岩嶂"，使我们知道"岩嶂"一词同义。同义的运用，相当于将字叠化，让我们仿佛看见了山的堆砌，由低而高，伴随着视角的变化，颇有"争高直指"的气势；"略无"修饰"阙处"，双重否定肯定了山的完整，容不得读者对山势险峻有一丝丝的怀疑；"巘"本身指的就是极高的山，再加一"绝"字，将笔直的山的形态呈现在我们面前，完全不给读者以比较和想象的空间——你们见到的山简直太小太矮。这对专注于地理学著作的学者来说似乎有违客观的原则，但对博览群山的他来说，敢出此言就意味着要对此负责，不容置喙。以"茂"饰"峻"，写出了高山仰视时的形态，化用植物的茂盛写山的葱茏，写出了水向下流而山向上生长的大视角，将静的山写活，使其具有了生命。

写江水，变化多端、婀娜生姿。写水量多：夏水襄陵，水漫金山之感，江面的宽度、江水的深度、水流的速度都由一"襄"字产生；写水量少：林寒涧肃，用声音的安静写出了水量之小，尽得"涧"之风流；写色彩：素湍绿潭，回清倒影，水流的冲击，江水的倒映，山水的互现，像在互相欣赏；写形态：悬泉瀑布，将山高与水流完美融合在一起；写动态：飞漱其间；写静态：绿潭，在动静结合之间使水的姿态得以尽展。最妙的是水的形态，悬泉瀑布。数量似一左一右，有少有多；动作上有轻缓，有剧烈。似一位少女，总是能够以最为恰当的姿态出现在"悦己者"面前。

如同一幅幅的画。山："高深莫测"图，"晴初霜旦"图，"秋日红花"图；水："逐水踏浪"图，"驭马追风"图，"水天云涌"图。不一而足。智者乐水，仁者乐山，也就如此吧。

三、入情入境，甘之如饴

将学生已有的学习经验和文本经验相衔接，学生的成功理解是继续学习的前提。在《三峡》一课中，理解了文章大意，学生的脑海中形成了一幅幅山水画，将山水缀连在一起，学生由此入情入境，不断品味文中的美点。

文字的"山"字和"水"字作为部件构成了峡字（两山夹水的地方），自然的山和水本身又相映成趣，共同构成了三峡之美。山美在何处？水美在何处？三峡之美美在何处？细细品味文章中的每一处美点，都会增加学生学习文言文的新的生长点、刺激点。

"两岸连山，略无阙处"，近乎白描的手法，虽一笔带过，但将三峡给人带来的第一印象印得很深，整体的朦胧，远景的总写，貌似写满写实，却给人留下极大的想象空间，杜甫"齐鲁青未了"也是如此。郦道元笔力之胜，语力之强，强有力地说明山高、连绵；"自非亭午夜分，不见曦月"，侧面烘托的技法，不容你有丝毫怀疑，山就是这样的陡峭，但还是留有余地，给读者提供了想象的空间：亭午、夜分；"隐天蔽日"，正面直接描写山的高耸，再大再亮的太阳在山面前都会俯首称臣。

写水：动态之处在于"飞漱"，甚至"素湍"，写出了水流之快，"飞"和"湍"写出与不同地形相结合的水的具体形态，水流的量大和速度快用一个颜色——"素"来表明，让有类似经历、见过类似场景的人们马上有身临其境之感；写静态之处在绿潭，写动在"素湍"，一句之中既动静结合，又有张有合。摹山之余，文章在范水处烘托渲染，时而大开大合，时而温婉细腻。有色彩的碰撞，有声音的交织，画面声情并茂，脑中图文并茂。

在授课过程中，教师通过对部首的讲授，通过研究并归纳同部首的字，进而完成对文本的解读。以部首为抓手，《三峡》语文课堂完成了学生对"言"的理解，对"文"的体会，对"文言"的感悟。将部首与文字的特质和教学有机地结合起来是一个很好的学习文言文的办法，它根植于每个中国人的基因中，将学习任务转化为学习兴趣，定会提高学生学习文言文的效率。

跟余老师学做人

亦师亦友的余老师

我对余老师的印象，始于大学时一本语文期刊。封面上余老师很年轻，身体结实，扎着蓝色的领带，书生气息，满面和善，给人一种沉稳、大气的感觉。他眼神中散发着英气，特别有精神。他的名字一看便能让人牢记：如鱼得水，映立潮头。实际上，那个时候，他已是花甲之年。很多同学都在向他学习，囫囵吞枣，我也是。

毕业后，我如愿成为一位语文教师。此时余老师在全国各地讲学，成绩斐然，尤其是"板块教学"更是风靡全国。看余老师的书，听余老师的课和报告，更觉余老师身上有英雄气概：别人不敢上的课他上，别人总上的课他能上出新境界；别人靠一两节课出名，出名后还是一两节课，而余老师节节课都出名，出名后还一直坚持在上课。全中国的语文老师都知道余映潮，我在默默学习着余老师、敬仰着余老师，我只是想模仿，模仿已然是对我自己的超越，我从未奢望过会有和余老师语文之外的任何交集。

人生之中，总会在关键时刻与生命中重要之人相遇，这个人会助你一臂之力，我称之为贵人。在职业发展的第五个年头，我感到了职业的倦怠，我不知道自己下一步的职业方向在哪里。这个时候，向浩老师出现在了我的职业生命中。他指导我在语文教学研究中不断学习，让我清楚了语文学科教学的最新方向，也让我在思想上走出了狭窄封闭的空间，找到了语文教学上的乐趣。不仅如此，向老师还积极地为我们这一群年轻人今后的职业发展奔走。于是，大学毕业七年后，余映潮老师便走进了我的语文教学生命之中，我也走进了余老师的语文世界里，似乎一切都是那样的自然而然。

从心理上来说，参加工作室成为余老师的学生让我有了一种读研时同门兄弟姐妹一起学习的快乐，有一种找到组织的感觉。还记得那是一个晴朗的早晨，我们学校一行四位语文教师到观澜二中微格教室参加余映潮工作室开班仪式。虽然在之前做足了功课，我们的内心还是很忐忑，听说余老师特别严格，堪称严厉，真害怕自己毕不了业，辜负了向老师的一片苦心。见到余老师后，一种莫名的熟悉感、亲近感油然而生，而恐惧感好像只存在了片刻，便消失得无影无踪。十几年了，余老师还是记忆中的那个模样。都说岁月无情，但是在他的脸上却没有留下任何痕迹。我想，语文的魅力留住了他的帅气，他在语文探索的路上永不停滞，语文就是余老的不老药。我想，永远年轻的心才是余老师年轻的秘诀。我们的年轻，体现在运用现代信息技术上；余老师的年轻，更表现在对信息技术的运用上。看他打字的速度，看他搜集处理文字的能力，看他对信息技术的接受，都足以表现出这种年轻来。他的年轻，还表现在源源不断的精力上，就像物理上的"永动机"。

作为学员，我佩服余老师渊博的学识和严谨的治学态度。说实话，我觉得做余映潮老师的学生很辛苦，但是我深知余映潮老师更辛苦。余老师在我们"勤学苦练"时与我们"同甘共苦"，余老师的苦也会通过"苦心孤诣"从而让我们"苦尽甘来"，我们特别能理解余老师的"用心良苦"。潜龙学校有幸成为余映潮工作室的基地学校，这样我们就会有更多和余老师接触的机会。一回回的言传身教，一次次的耳濡目染，春风化雨，我会感恩地铭记点点滴滴。

作为朋友，余老师表现出严谨的另一面，那就是认真。余老师很守时，只要有约定的时间，他一定会准时或者提前到达。深圳夏天的午后闷热而漫长，在老师们的要求下，余老师中午得休息。说是休息，实际上就是在酒店稍微躺一下，除去接送的时间，能够小憩一会儿的时间寥寥无几。工作室每天的日程安排都很满，每天的劳动强度都很大，对一位年近七十的老师来说，休息真的是必须而且必要的。我有幸负责接送余老师，有幸近距离接触到余老师在课堂之外的一言一行。

学校距离酒店有十分钟的车程，如果遇上堵车，可能时间要加倍。我和司机从学校出发的时间往往是按照不堵车来算，这样自己就可以偷懒多休息会儿。在此之前，按照惯例都是到了之后再等专家再接到学校。但是每次去接余老师，他总是准时甚至提前出现在酒店的门口，像一名小学生，面带微笑，拎着重重的包，他的华发随风扬起，安安静静地等待我们的到来。或许是怕我们找不到，他总是站在最显眼的地方。在这些细节上，他总是能够首先考虑我们的感受。我曾建议余老师如果早下来的话可以坐在大堂的椅子上等我们，那里有空调，椅子还很舒适。但他总是以"刚好下来"宽慰我们，我不知道这个刚好是多长时间的跨度，但是想到余老师特别强调的教师要尊重学生的时间，教师要合理安排时间而且不能浪费时间时，我们无言以对。接过余老师手中的包，打开车门入座，他总是非常客气地对我和司机说"谢谢"。我曾经问过余老师："余老师，您怎么能精力这么好，要是我的话中午肯定醒不来。"余老师回答："哪有啊，我是定了好几个闹钟呢！"我竟又无言以对。两天的活动，余老师总是能够按照约定的时间回酒店、到学校，总是能够满面春风地迎接我们的到来，又总是能够以最饱满的精神状态投入到听课、评课、上课中去。余老师不是铁人，我们都清楚，我们都心疼，我们都心存感激。孔子说过"七十从心所欲，不逾矩"，余老师做到了。他坚守着自己的原则，他坚守着自己心里的标准，从他安慰别人的话中我能感受到他那份高尚的人格。

　　余老师上课话很少，时间都留给学生思考与提升。在课外，他却很健谈，平淡的话语中给我们点拨人生的智慧。从在农村养鸡的快乐到四川授课的囧途，从教研活动到组织舞会，从现在语文教师课堂的积习到现实的解决途径，他无话不说，于平淡处带着轻松与快乐，点缀着智慧与幽默，处处体现着长辈对晚辈的关爱。他和风细雨、慢声细语、毫不张扬，在平缓的话语中透露着自己的谦虚与才学。对我们这些晚辈，他能够放下姿态，平等对待，我们就像在和自己的一位长辈唠家常，有时还可以开句玩笑，他笑声爽朗，毫无架子。他听得专注、听得用心，不会打断别人，一直保持微笑，一直保持温和的姿态。即使说话者表达得不是很清晰，他也尽量在字里行间捕捉信息并加以回复，话到共鸣处，他不吝啬自己的笑容，同时还伴着他标志性的爽朗笑声。余老师说话时是看着人的，慈眉善目，流露着殷切的关怀，充分体现着对对方的尊重，声音一如既往的平缓，没有大开大合，总是在朴素的语言中点缀着智慧的闪光。余老师作为语文教学专家中的专家，可以说对所有的课文都如数家珍，谈到某一个细节，他总是能够将他最新的思考告诉我们，旁征博引，和盘托出。

　　虽然我们只是进行了工作室的开班仪式，但我们的心里已然把余老当成了自己的导师，把自己当成了余老师的弟子，而余老师也能很快乐地和我们相处，把我们当朋友一样看待。余老师很健谈，总是睿智地点拨着我们的成长。两天的接送，我学习了余老师怎样为师、怎样为人，感恩之情更化作对余老师的崇拜。余老师跟我们在一起时很放松，说话不拘束，放得下身段和架子；我也很放松，也没有顾虑余老高高在上的威望，像朋友一样，在车上聊着很多教学之外的话题。我们从深圳的发展聊到深圳的房价，从深圳的学校聊到内地的学校，从学校招生方式聊到学生的午托晚托，从开车习惯聊到现在的交通方式，见到什么聊什么，想到什么聊什么，聊到什么都会有笑点。说实话，我不知道司机师傅此时是怎么看待我和余老师的谈话的，他从最开始默不作声到后来也参与到我们的讨论中，也许就能说明问题了吧。只恨路程太短、时间太少，总是很期待下一次对余老的接送。我想，这算是我能想到的紧张的工作室活动之余最好的放松方式了。

　　接送如旧，欢快不停，收获满满。一次，向老师接余老师到校，我在停车场迎接。接过余老师的包后，向老师便说："张军啊，余老师夸了你一路呢！"一股暖流涌上心头，余老师从未在我面前夸过我，甚至在作业中还批评我，"好好干，别辜负了余老师的期望。"向老师补充道。整个下午，我心里都暖暖的。一个人当面夸你，有可能是心存感谢，但是在别人面前夸你而不让你知道，那他肯定是心中怀德，至高至上的人才能如此。话到此处，我感觉眼睛还润润的。

两年的时间很长，它足以改变一个人的成长轨迹；两年的时间不短，但是和余老师在一起的时间太短暂。细思起来，和余老师相处的时间每学期有两天，两年就是八天。这八天改变了我的上课体系，这八天改变了我对待上课的态度，这八天改变了我很多对人生的思考方向，这八天为我做人树立了新的航向。每每我走上讲台时，我总是在想余老师讲课时的英姿，便不自觉地按照余老师上课的理论模式要求自己，总能用余老师的方式来赏识他们。今天，我虽然结业了，但我会心怀感恩，像余老师一样永远走在学习的路上，走在语文教学探索的路上。

余映潮老师和张军老师的合影

字斟句酌教语文　谦虚谨慎学求真

——郝玉香跟余映潮学教语文

学员档案

郝玉香，广东省深圳市龙华区潜龙学校语文教师。曾获区"先进教育工作者""师德标兵"等荣誉称号，曾被评为深圳市中考优秀阅卷员。主持并完成区级课题《初中阶段学生作文现状及教学模式研究》，参与省、市及区级课题4项。

跟余老师学上课

鸭蛋的滋味
——《端午的鸭蛋》教学实录

时间：2015年11月
地点：深圳市龙华区高峰学校

一、解味："寻常小物，谁解其中味？"

有人说汪曾祺身兼"二美"：美文家、美食家。以美文之笔法述美食之精华，自然别具一格，寻常小物，但细细地品尝，却常有味外味。

——《四方食事》

（上课前播放《舌尖上的中国》视频片段）

师：孩子们，上课！

生（齐声）：老师好！（生落座）

师：通过刚才的视频，可以提炼出一个词语来，大家有没有关注到里面多次提到的一个词语？

生（齐声）：时间。

师：时间，那么这个时间是从哪里提取的呢？美食中。对，从食物中提取出来的时间的味道。同学们，刚才说从美食中可以提取出来时间的味道，食物中还可以提取出什么样的味道？

生1：苦涩。

师：苦涩的味道。还有吗？

生2：家乡。

师：家乡的味道。还有呢？

生3：熟悉的味道。

二、第一味：乡俗，"千里不同风，百里不同俗"

师：熟悉的味道、苦涩的味道、家乡的味道，当然还会有人说幸福的味道、梦幻的味道，等等。其实我们的生活中处处有味道，那么今天我们就来学习一篇有味道的文章《端午的鸭蛋》。这个题目里面有两个关键词，是哪两个关键词？

生（齐声）：端午。

老师：端午。还有呢？

生（齐声）：鸭蛋。

老师：鸭蛋。提到端午，我们自然而然就会想到？

生4：粽子。

师：粽子。还有呢？

生5：屈原。

师：还有呢？

生6：赛龙舟。

师：吃粽子、赛龙舟，是我们端午节的习俗。既然写到端午的鸭蛋，那我想作者肯定也会写到一些风俗，对吧？请同学们快速阅读第一段，把作者家乡的风俗圈画出来。我们已经预习过课文，好，你来，按照顺序说，这样其他同学就能够分辨你有没有漏掉信息。

生7：大家看到第一段的第一行"系百索子。五色的丝线拧成小绳，系在手腕上"，这是第一个风俗；第二个风俗在第一段的第三行，"做香角子。丝丝缠成小粽子"；第三个风俗是贴五毒；第四个风俗是贴符；第五个风俗是放黄烟子；还有一个风俗是吃"十二红"。

师：要吃"十二红"。好，请坐，有没有补充的？来，这名同学。

生8：有一个喝雄黄酒，还有熏五毒，就这两个。

师：就补充这两个。还有补充的，是吧？

生9：还有一个是"一笔虎"。

师：在第一段里面，作者提到了家乡的风俗，我们在这里把它总结一下。我们来读一读作者家乡的风俗。（配乐，学生集体朗读）

屏幕显示：

我的家乡，在高邮，

端午习俗，多有趣，

有系百索子，有做香角子，

还有贴五毒、贴符、放黄烟子。

还有什么？

还有吃的和喝的，

喝雄黄酒，吃十二红，

过端午，什么最难忘？

鸭蛋，鸭蛋，还是鸭蛋。

师：还有什么？

生（齐声）：还有吃的喝的。

师：喝雄黄酒。

生（齐声）：吃十二红，过端午。

师：什么最难忘？

生（齐声）：鸭蛋，鸭蛋，还是鸭蛋。

师：鸭蛋，鸭蛋，还是鸭蛋。作者写了这么多风俗，为什么要写端午的鸭蛋呢？

生10：因为鸭蛋非常出名。

师：哦，请坐。非常好，因为鸭蛋在那里非常出名。还有鸭蛋……来，你说。

生11：鸭蛋是作者小时候经常吃的一样东西，里面有他的回忆、思念。

师（小结）：一枚普通的鸭蛋承载着太多太多家乡的味道，承载着浓浓的乡味！下面我们一起看看高邮的鸭蛋到底有何魅力，能让汪老先生如此敬重！

三、第二味：乡味，"远游他乡，难忘家味"

师：作者写鸭蛋是因为高邮的鸭蛋特别有名，请同学们快速阅读课文第二到三自然段，找出作者是怎么向我们说明高邮的鸭蛋特别有名的。（学生齐读勾画的句子）

1. 说鸭蛋，显闻名："谁不说俺家乡鸭蛋好"

师：已经有同学考虑清楚、圈画好了。来，请你说。

生12：在第2自然段的第四行，"我在苏南、浙江，每逢有人问起我的籍贯，回答之后，对方就会肃然起敬，哦！你们那里出咸鸭蛋！上海的卖腌腊的店铺里也卖咸鸭蛋，必用纸条特别标明：高邮咸蛋"；还有第二自然段的最后一句话，"但是《腌蛋》这一条我看后却觉得很亲切，而且'与有荣焉'，文不长，录如下"。必须要用纸条说明，一定要。

师：一定要对不对？还有补充吗？

生12：还有第三自然段，"苏北有一道名菜，叫作'朱砂豆腐'，就是用高邮鸭蛋黄炒的豆腐"。

师：名菜都需要它来配，需要它来炒对不对？好，请坐。还有没有同学补充？

生13：第二段的"曾经沧海难为水，他乡咸鸭蛋，我实在瞧不上"。作者运用一种幽默的手法表达了他对咸鸭蛋的热爱，以及对别的咸鸭蛋都是特别看不上眼。

师：看不上眼，瞧不上，还是我们家乡的咸鸭蛋好。

生13：最好。

师：对，最好，还有吗？其他同学有没有补充？来，这名同学。

生14：请大家看第三自然段，第一句话"高邮咸蛋的特点是质细而油多，蛋白柔嫩，不似别处的发干、发粉，入口如嚼石灰"。这里作者把自己家乡的咸鸭蛋和别处的咸鸭蛋作了一个比较，说明了作者家乡的咸鸭蛋非常好吃，而且很有特点。

师：有比较才见质量高低，对不对？还是家乡的咸鸭蛋好。好，这些句子，很多同学都找出来了。我们想想这些句子，作者在写的时候，他内心应该有一种什么样的情感想告诉读者。

生（齐声）：自豪。

师：自豪！还是我们的好，我走过了大江南北，还是我家乡的咸鸭蛋好，是不是？好，我们应该带着什么样的心情读这些句子啊？

生（齐声）：自豪、骄傲的心情。

师：对，自豪、骄傲的心情！好，我们就把这种自豪、骄傲的心情读出来。（学生齐声朗读）

屏幕显示：

（1）高邮咸鸭蛋于是出了名。我在苏南、浙江，每逢有人问起我的籍贯，回答之后，对方就会肃然起敬："哦！你们那里出咸鸭蛋！"

（2）上海的卖腌腊的店铺里也卖咸鸭蛋，必用纸条特别标明："高邮咸蛋"。

（3）不过高邮的咸鸭蛋，确实是好，我走的地方不少，所食鸭蛋多矣，但和我家乡的完全不能相比！

（4）我在北京吃的咸鸭蛋，蛋黄是浅黄色的，这叫什么咸鸭蛋呢！

2. 食鸭蛋，品语言："质细油多口水流"

师：我好像看到了汪老先生在书桌前写文章的时候脸上洋溢着的自豪。好，出名仅仅是因为他们家乡出鸭吗？然后咸鸭蛋多吗？还会因为什么？

生15：味道好。

师：味道好，好吃，对不对？那么请问作者在文章中提到了他们家乡鸭蛋有几种吃法？

生16：两种。

师：仅仅有两种吃法吗？好像大家说那是苏北的名菜对不对？那么这三种吃法是什么吃法？读出这些句子，你是什么感觉？你来说。

生17：第三自然段，"平常食用，一般都是敲破'空头'用筷子挖着吃。筷子头一扎下去，吱——红油就冒出来了"。

师：读这一句话，你说说，他是怎么吃的呢。

生17：平常食用，一般都是敲破"空头"用筷子挖着吃。筷子头一扎下去，吱——红油就冒出来了。

师：大家有什么感觉？请同学们把你们的感觉读出来。

生18："筷子头一扎下去，吱——红油就冒出来了。"

师：我都听到你们的口水声了，看来大家跟我一样，都是吃货。（全班大笑）其实我读到这句话的时候，也禁不住流口水了。很平淡的几个字，却能够让你流口水！作者怎么就能写到让我们流口水呢？大家可以抓住关键词，还有从作者用词的方法来分析。谁来说？好，这名同学。

生19：我从第三自然段"吱"来分析。

师：怎么看出来的？

生19：就是筷子头一扎下去，"吱——"

师：这个"吱"是什么词啊？

生19：拟声词。

师：拟声词，这个筷子头一扎下去声音就怎么样？

生19：声音就发出来了。

师：好，还有没有其他同学？

生20：有一些动词，例如，红油就冒出来了的"冒"。

师："冒"怎么好？

生20：它表明高邮鸭蛋的红油很多。

师：红油很多，如果把它改一下，改成"红油就'流'出来了"，好还是不好？

生20：我觉得用"流"不太好，用"流"很平常的，就像我们水哗啦啦地流一样，但是如果你用"冒"的话，可以体现它的多，而且和其他地方的不同。流，通常是水平的；冒，通常是从下往上的。"冒"字形象地写出了鸭蛋里藏着的较多静止状态的红油，经由筷子头的挤压，瞬间往上冒的变化过程；

流，呈现不出这种从下往上的冲劲，也不符合物理的力学原理。

师：分析得非常到位，都结合所学的物理知识了，非常棒！请坐。的确，这个"冒"字体现出它的油多。还有没有？你们还能够看出来其他的词吗？

生21：如果用筷子挖着吃，筷子头一扎下去的"扎"，说明了里面的肉很多，细嫩。

师：他刚才说了质细而油多。质细，说明它质地很细，所以用"扎"对不对？动作，还有吗？

生22：我觉得"扎"不是这样的，扎的动作一般是很快的、很迅速，表明了我们十分想吃，食物十分美味。

师：尤其是这个一怎么样就怎么样的句式？是不是？好，请坐。大家数一数这句话一共多少个字？15个字。这15个字包含的内容太多太多了，有动作、有声音、有质地，还有颜色。通过这15个字我们能够读出作者对家乡鸭蛋的热爱，其实文章中有很多很多这样的描写或叙述。接下来，请同学们找出相关的句子，品析作者的语言特点。你可以先找一个句子，因为我们是七年级的孩子，不要求多，要从他平淡的语言背后读出他的味道来。（学生在文章中寻找句子，做批注）

好，一起来分享批注，你先来！

生23：就是在第三段第一句那里，"高邮咸蛋的特点是质细而油多。蛋白柔嫩，不似别处的发干、发粉，入口如嚼石灰"。这里运用了对比，把高邮的咸蛋与别的咸蛋对比，突出高邮的鸭蛋美味，非常好吃。

师：高邮鸭蛋的美味。还有吗？这名同学。

生24：第三段最后一句话："我在北京吃的咸鸭蛋，蛋黄是浅黄色的，这叫什么咸鸭蛋呢！"表示他把北京咸鸭蛋的特点跟自己家乡的咸鸭蛋作了一个对比，写出自己家乡的咸鸭蛋的蛋黄是通红的，北京的咸鸭蛋蛋黄是浅黄的，表明自己对家乡咸鸭蛋的了解，也说明瞧不起其他地方的咸鸭蛋。

老师：你能把这种瞧不起的语气读出来吗？

生24：我在北京吃的咸鸭蛋，蛋黄是浅黄色的，这叫什么咸鸭蛋呢！

师：这叫什么咸鸭蛋呢？还不如我家乡的好吃，对吧？好，请坐。你来。

生25：第四自然段，"别说鸭蛋都是一样的，细看却不同。有的样子蠢，有的秀气。挑好了，装在络子里，挂在大襟的纽扣上，这有什么好看呢？然而它是孩子心爱的饰物"。我可以看出那里的孩子对咸鸭蛋有一种特别的感情，他们把鸭蛋当成玩伴，描写鸭蛋的样子说有的蠢、有的秀气，用生动、幽默的文笔写出了孩子的挚爱。

师：有的样子蠢，有的样子秀气，这个"蠢"能用到鸭蛋上吗？不能，他这是幽默，是不是？还有吗？最后一名同学，你来。

生26：第二自然段的倒数第二句话，"但是《腌蛋》这一条我看后却觉得很亲切，而且'与有荣焉'"。这句话其实重点的地方就是亲切，"与有荣焉"。"与有荣焉"是一句成语，看似没有什么特别的地方，但是这个成语的意思是与之感同荣耀，从这句话中，我可以看出汪老先生在写的时候特别高兴，也特别自豪的感情。

3. 玩鸭蛋，寻童趣："好吃，好玩，好用"

师：你不仅知识面广，还会想象，非常好。刚才说了，其实文章中汪老先生的语言很平淡，但是读着读着就让人不由自主地笑起来，是不是？也会让人看到一个慈祥的老头坐在书桌前写这篇《端午的鸭蛋》的样子，对吧？这就是汪老先生平淡而有味的语言的魅力。刚才说完了鸭蛋，鸭蛋不仅好吃还好玩。接下来我们来做一个动手的活动，看哪一个小组最先把这个鸭蛋装在络子里。

现在进行小组合作。我这里有几个鸭蛋，刚才我已经把道具给你们了，看一下哪个小组装得最快。注意啊，这真的是高邮的鸭蛋，大家在选的时候也要看文章中作者写到了什么样的方法来挑选什么样的鸭蛋。你们拿到了赶快小组合作呀！看一下怎么装进去，来体验当时汪老先生小时候过端午节的那种感觉。（老师来回巡视）快点装进去哦，如果从文字中还不知道怎么装的，这里有图片供你们参考。这一组最快，其他组加油哦。没有鸭蛋的小组的同学，可参与其他组。这个组已经装进去了，还有一个没装好的。好，装好的同学我想采访一下：你所拿到的鸭蛋，跟文章中作者想挑选的鸭蛋是不是一样的？

生27：感觉作者想挑选的鸭蛋都是特别秀气的，但是我觉得这个鸭蛋秀气归秀气，不过还是有点蠢蠢的。

师：好，你来说。

生28：我觉得我们组的鸭蛋不秀气也不蠢。

师：不秀气也不蠢。好，你来。

生29：我觉得我们组的鸭蛋又高又富又帅，最好。

师：好。请把它戴到脖子上，感受一下汪老先生小时候过端午节的感觉吧。我要采访一下：你戴上这个鸭蛋络子是什么感觉？

生30：我戴上鸭蛋络子感觉很好，因为这个鸭蛋络子使我平添了几分气质。

师：平添了几分气质。还有吗？来，戴上的同学说说感受。

生31：我感觉自己现在很自信。

师：的确如此，好吃好玩，还有同学拿到了鸭蛋络子没有拿到鸭蛋，那就留到明年吧。留到明年过端午节到超市挑选鸭蛋的时候，你就可以露一手了。

要选什么样的？

生（齐声）：淡青壳的。

师：淡青壳的，还有呢？

生（齐声）：秀气的。

师：秀气的好，多少年后的汪老先生写到了这个内容，有何用意？

生（齐声）：汪老先生是对童年生活的回忆。

师：作者写这篇文章仅仅是对童年生活的回忆吗？他还想表达一些什么内容？比如，我找了几个例子。（屏幕展示，教师读）端午的鸭蛋，是作者对他乡鸭蛋再也瞧不上眼的骄傲。文章中告诉我们，端午的鸭蛋，是令异乡人肃然起敬的食之佳品。

四、第三味：乡情，"安心是吾乡，最浓故乡情"

师：请同学们快速浏览文章。思考：借助端午的鸭蛋，作者想表达什么？（学生默读课文思考）好，你来。

生32：端午的鸭蛋是作者情感的寄托，他从小小的鸭蛋里尝出了生活的滋味，饱含着作者对家乡的热爱，对美好生活的向往。

师：还有吗？这篇文章还想表达什么？请畅所欲言，你来。

生33：从第五段"孩子吃鸭蛋，是很小心的"可以看出作者很珍惜这个鸭蛋，鸭蛋是他小时候生活的记忆。

师：对童年的回忆，他很珍惜。还有吗？还想表达什么？你来。

生34：第五段的倒数几行，如果用萤火虫照亮来说，也把现实与过去串联在一起，表达了作者对家乡的思念之情。

师：现在和过去串联在一起，还有吗？你来说。

生35：我觉得在第一自然段"十二红"，就是十二道红颜色的菜。我刚开始看到"十二红"这三个字觉得它们包含的是特别漂亮鲜艳的色彩，但手中的这个咸鸭蛋我觉得特别平淡普通，表达出作者看这十二道红颜色的菜的时候并不是说它的颜色有多少鲜艳，不是看外表，而是看它的内涵，从它们的味道体验出家乡的美。

师：解读得太有深度了，的确如此。来，我们一起来总结一下作者想通过咸鸭蛋表达什么吧。（分角色配乐朗读，生活的味道，从一个鸭蛋开始……）

（屏幕显示，教师示范读）

端午的鸭蛋，是作者对童年生活最深刻的记忆。

端午的鸭蛋，是作者行遍大江南北后永不忘记对家乡的怀念。

端午的鸭蛋，是作者对他乡鸭蛋再也瞧不上眼的骄傲。

（女生齐读）

端午的鸭蛋，是与别人谈及时，令异乡人肃然起敬的食之佳品。

端午的鸭蛋，是吃完后，依然有趣的作者的童年玩具。

端午的鸭蛋，是端午节的饭桌上必不可少的美味佳肴。

（男生齐读）

端午的鸭蛋，色彩鲜艳让人食欲大增。

端午的鸭蛋，是孩子们心爱的饰物。

端午的鸭蛋，使成年的作者不禁联想到囊萤映雪的故事。

（师生齐读）

端午的鸭蛋，咸中带香的味道让人无法忘记。

端午的鸭蛋，有那人间烟火的味道。

端午的鸭蛋，还有那浓浓的家乡味道。

师：像同学们所说，一枚普通的鸭蛋，承载着作者太多太多的情感，太多太多的思念。作者对家乡的怀念是非常非常深的，汪曾祺19岁离开了他的故乡，直到60多岁的时候才回到他的家乡，当地政府给他录制了一个纪录片叫《梦回故乡》。每每孩子在家的时候，他都拿出来给他的孩子看。有时候他的儿子开玩笑说："老爸你表现得不俗，可以被评为最佳男主角。"每当这个时候，汪老先生就禁不住泪流满面。当他去世的时候，汪朗和汪朝，也就是他的一对儿女商量说，到底在爸的墓碑上写一些什么呢。想来想去就写了——高邮汪曾祺。（配乐，出示《老头儿汪曾祺》部分文字）

五、余味："念念不忘，必有回响"

师：的确，生活中，汪老先生难忘的不是那个鸭蛋，而是家乡的风土人情。那么回想一下，在你们的成长过程中，有没有像汪曾祺笔下鸭蛋那样的物品呢？它寄托着你们的某种感情。给你们一分钟的思考时间。好，我们的语文科代表一直没有发言，我希望把这个机会给她。

生36：我想说的是我家乡的花生，因为我在别的地方吃的花生都是比较小，又不好吃，而我的家乡盛产花生。那里花生很大、很甜，吃起来有一股就在家乡的身临其境之感。

师：还有吗？你笑得这么甜。

生37：我们老家特别好吃的是甜板，每年过年都会有，小时候吃觉得特别好吃，因为我们家做的甜板是特别地道的，长大后再吃觉得并不是甜板本身的味道了，而是自己心中思念的感觉，让我好像回到了家乡。

师：已经跟汪老先生一样了。来，你来说。

生38：在我们老家每当过年的时候，就要做鸡蛋糕。腊月二十九的时候，我们每一家都要切糕子,那糕子十里飘香,每家每户,什么香味也比不上。到了大年初一的时候,每家每户都拿鸡蛋去炒,炒完之后还得分到每家每户,虽然现在在外面,我们晚餐也做那个糕,但是没有像以前一样,每家每户地去送,每家每户地问好,也没有邻里之间的那种情感了。

师:也没有邻里之间的那种亲切情感了,非常深刻的感触。还有吗?同学,你来。

生39:我们家乡出了一种糕,叫年糕。那个年糕特别甜,但是我在食堂买的时候,都没有家乡的味道,我在怀疑它是怎么做出来的。

师:对呀!怎么做的,没有那个味道,对不?还有吗?

生40:我觉得我最喜欢家里面做的油茶。油茶里面配合很多的花生什么的,还有香菜什么的,吃起来还可以闻到香菜的清香,而且很好吃。每逢吃起来我都感觉像是家人也在身边一样,而且我感觉油茶每次吃的时候味道都非常好,但是吃别人做的时候不是特别喜欢,就是喜欢自己父母做的。

师:好,这就是深圳人的特色。因为我们绝大多数都是从外地过来的,所以当吃到家乡食物的时候就会想到自己的家乡,是不是?汪老先生也是一样的,他在外辗转了40多年最后终于回到了故乡,漫长的岁月,辗转大江南北,他所经历的山山水水在他都不过是过客,唯有家乡的风物人情深植心底,故乡的风物人情始终在他的作品里挥之不去。因此他在自己的诗中说:"文中半是家乡水。"我想,这样一句诗用在汪老先生身上再恰切不过,"已识乾坤大,犹怜草木青"。

屏幕显示:

也就是说大风大浪都经历过了,回过头来仍能因一棵草的新绿而欣喜。正因为有如此的心境,所以他能从小小的鸭蛋里尝出生活的真味。我相信如果我们能有这样的心境,也能从一片树叶、一滴水中咂摸出生活的真趣,体验出成长的快乐。

师:好,我们这节课就上到这里,下课!
生(齐声):老师再见!
师:同学们再见!

跟余老师学研究

初中作文教学的困境及对策

有人说:"教学就是一场无休止的思考战争。"在这场"战争"中,我感触最深的是作文教学。作文教学一直是语文教学中的老大难问题。不仅学生怕作文，其实大部分语文老师也怕教作文。所以，语文教学中存在的一种现象就是，作文教学流于形式。上海师范大学的王荣生教授也曾说："有相当一批语文老师是没有作文教学的。"很多老师（也包括我）的作文教学是"看天收"。全国著名特级教师黄厚江曾做过调查，他说："即使那些有作文教学的老师，他们的作文教学只不过做两件事——出题目，打分数。"所以这样的作文教学对学生作文水平的提高毫无意义。然而，作文教学是语文教学的一个重要组成部分，作文教学效益的高低也是语文教学效益高低的一个显著标志。从近年来的状况看，作文教学的效益不佳，甚至呈越来越差的趋势。许多语文教育家为此发出强烈的呼吁："作文教学现状不容乐观，亟待改进。"为此，我把作文教学作为我的一项长期课题进行研究。带着对作文教学的一些困惑，我有幸参加了2017年的深圳市"名师课堂"展示活动，认真聆听了华东师范大学倪文锦教授作的题目为《写什么与怎么写——关于写作教学有效性的思考》的讲座。针对有效提高作文教学效率的难题，倪教授提出了自己极富建设性的见解和主张，为我们的作文教学指引了一条康庄大道。结合倪教授的讲座内容及我在一线教学的实践，将从当前作文教学的现状、作文教学的困境及教学对策等几个问题来阐述，这既是我参加深圳市"名师课堂"展示活动的收获，也是对我个人作文教学实践的经验总结。

一、作文教学的重要性

何谓"作文"？目前，有关"作文"的界定没有统一的说法。《中国大百科全书·心理卷》说："作文是学生把记忆中所存储的有关知识、经验和思想用书面形式表达出来，是从内部言语向外部言语的过渡，即从经过压缩的、简要的、自己能明白的语言，向开展的、具有规范语法结构的、能为他人所理解的外部语言形式的转化。"作文是要学生通过语言文字来表达他们对客观世界的认识和感受，它反映了学生的思想和人格。作文也是培养学生的观察力、联想力、想象力、思考力和记忆力的重要手段。所以，作文具有重要的作用。它不仅是人们用来进行社会交际和交流思想的重要手段，而且是社会衡量一个文化人价值的重要标准。既然作文如此重要，那么作文教学则显得更为重要。作文教学是语文教学的重要组成部分，是培养德、智、体、美、劳全面发展的社会合格人才的重要手段之一。

写作能力是学生语文能力的重要组成部分。听、说、读、写是一个人语文能力的四个方面，写作是人们交际中的一种重要工具。其次，从写作存在的哲学层面来讲，写作又是人重要的存在方式。一个人的体悟是需要在一定的关系中存在的。写作恰恰可以让人去反观自己的存在，可以"去蔽"。这样人就获得了主体性的存在，成了一个自由的人。

《义务教育语文课程标准（2011版）》中明确指出，7~9年级的学生"能具体明确、文从字顺地表达自己的见闻、体验和想法。能根据需要，运用常见的表达方式写作，发展书面语言运用能力"。这就可以得知，作文是人不可或缺的一种生活，写作对于学生综合语文素质的提高也极为重要，作文教学是中学语文教学的重要组成部分。

二、当前作文教学存在的问题及成因

讲座中，倪教授指出了当前作文教学中存在的一些问题。我将其总结如下：其一是写作教学内容缺失；其二是写作指导缺位，尤其缺乏对"怎么写"的指导；其三是写作教学观念落后；其四是一些作文试题的导向错误；其五是写作体式要求失当。倪教授还指出："我们的写作教学一方面缺乏固定的、必学的知识内容，没有人人必须达到的、统一的写作技能指标，而另一方面又要学生写作'个性化'的、有'创意'的散文，乃至进入各种'创作'，这就使得作文课堂教学难以操作。原本自然天成的'真情实感'的抒发与刻意追求'个性''创意'的'训练'之间便产生了不可调和的矛盾。所以，学生为了'个性''创意'不得不去制造'真情实感'。"以上是倪教授的观点。作为一线教师，我认为除了倪教师指出的问题外，初中作文教学还存在另外一些问题。比如，语文教材作文方面存在很多问题。在语文教学中，阅读与写作应该是平分天下的。然而，我们的语文教材多以阅读为主，并且还是传统的文选型教材。我们的老师也大多重视对课文的讲解，重点去理解赏析文中的词与句子，很少从文章写作学的角度来设计教学。我还观察到，大多数语文教材中的作文训练多附在每个单元的最后面，缺乏独立的训练体系。目前，大部分一线老师的作文教学仍是低效甚至无效的，因此，学生的写作能力提升也就无从谈起。造成这种情况的原因，我个人认为有以下几点。

（一）作文教学理论缺乏

在语文学习中流传多年的一句话是："语文学习有三怕，一怕写作文，二怕周树人，三怕文言文。"随着新课程改革的深入，大家对于阅读教学和文言文教学有了更多的探索，涌现出许多名师，也出现了许多教学流派，但作文教学研究还是乏善可陈。在教学一线，由于没有行之有效的新理论，在中学作文教学方面，有一个比较成体系的作文教学理论就是黄厚江的"共生"作文教学，但大部分老师还是不会用这种模式来进行作文教学。同时，我们又可以看到书店中一些所谓的作文兵法、作文宝典、中高考满分作文等大行其道，为应付考试而准备的模式和套路满天飞。面对这种状况，多数语文老师是束手无策的。因此，许多教师在教学中甚至放弃了作文教学和作文教学研究。

（二）教师工作负担过重

中学语文教师大多兼任班主任和两个班的语文教学工作，再加上语文学科性质的特殊性，语文作业种类繁多，批改费时耗力，还可能由于学生人数过多或教师缺乏，教师批阅作文的负担过重，致使批阅不足、不细，不可能对学生的作文进行精雕细刻并给予恰当的评语，而简单不实的评语是不利于学生作文水平的提高的。因此，在整个语文教学中，作文教学这部分其实是被忽略的。

我们对作文教学的忽略，势必会影响语文新课改的继续推进。如前所述，阅读和作文教学应该平分语文教学的天下。从目前的语文教学现状来看，阅读教学走在了研究的前沿，而作文教学研究则在原地踏步。因此不管是理论还是实践，都要求作文教学研究能有一个突破。

三、践行理论，创新实践

（一）遵循程序教学理论

斯金纳认为，要达到一个难度较大的行为目的，需要连续接近法，分很小的步子强化，每次强化的难度加大，这样可以由易到难逐步达到目的。

所谓程序教学，是指将各门学科的知识按其中的内在逻辑联系分解为一系列的知识项目，这些知识项目之间前后衔接，逐渐加深，然后让学生按照知识项目的顺序逐个学习每一项知识，伴随每个知识项目的学习，及时给予反馈和强化，使学生最终能够掌握所学的知识，达到预定的教学目的。在作文教学中，这种程序教学尤为重要，因为教材中的作文训练指导较少，而无序的作文教学又过多。我了解到有一些老师在做作文序列化的研究，比如，初一阶段重点培养学生的写作兴趣，指导观察、想象、联想的方法，养成思考的良好习惯；初二阶段训练学生多种表达方式的运用，能写复杂的记叙文等；初三进行限时作文训练。这只是举一个例子，从这个序列来看，一是比较概括而不是很细化；二是阶段性还比较模糊，比如，七年级培养写作兴趣，其实小学阶段就在培养学生的写作兴趣了。我认为建立完整的初中作文训练体系尤为重要。每个阶段的练习都要遵循学生的心理特点，不要超过学生的心理承受能力。这样学生易产生成就感，也就不会对作文有恐惧感了。

（二）践行陶行知的"生活教育"理论

《池州日报》上有这样一篇文章：《执着勤奋的歌者——记文学少女江舫》。文中有这样的对话。常有同学问她："你天天写，哪有那么多内容可写？"江舫回答："以前我也觉得没什么东西可写，偶尔也摘抄两句或是乱写一通。慢慢地，我发现，其实生活中、大自然中什么都可以写，鸟兽鱼虫、花草树木、风霜雨雪、春夏秋冬，只要善于捕捉，什么都可以在作文中留下靓丽的身影。正如罗丹所说，美是到处都有的，对于我们的眼睛，不是缺少美，而是缺少发现。"

生活教育，也就是给生活以教育，用生活来教育，为生活之需要而教育。因为学生缺乏对身边生活的观察和体验，所以教师要尝试建立一个以生活为主的作文训练系列。在教学中，教师要充分利用当时、当地且有特征的事物，能反映特点的季节、环境、布局等进行作文教学。赞可夫说："如果一名学生不只是肤浅地浮光掠影地看一个对象，而是善于准确地观察它，那么，这种能力就成为丰富他们的语言、提高语言准确性和生动性的重要因素。"所以教师要激发学生对生活的热爱，不断培养学生的观察能力，培养他们仔细观察身边发生的事情的能力。同时教师要调动学生观察思考和练笔的积极性，引导学生写熟悉的人、事、景、物，做到说真话，表达真情实感，不说假话、空话。所以，教师应该组织学生走向社会、走向生活，而丰富多彩的生活为学生提供了看得见、摸得着的写作素材，可以为他们充实写作内容。教师要尽量为学生创设条件，丰富他们的生活经历，如带学生做游戏，然后再进行作文，这样学生自然而然会轻松地完成写作任务。

叶圣陶先生指出："作文的自然顺序应该是我认识事物中有感情的波澜冲击着我，我有说话的愿望，便想倾吐，于是文章就诞生了。"这说明创作的冲动来源于对生活的热情。如果下笔前没有对事物的认识，没有心灵的体验，没有感情的波澜，就不可能写出好作文来。教师要抓住时机，带学生走进生活，在生活中创设情境，寻找素材写作，使学生感到新颖有趣，抓住学生心理情绪的沸点，适当点拨，使其有事可叙、有感可发、有情可抒。最终使学生在作文时不再"双手摸白纸，无病呻吟"，而是呼之欲出、水到渠成。

（三）借鉴精华，弃其糟粕

鉴于目前语文教材中的作文训练编排，其实我在想我们是不是可以为写作单独编辑教材。举美国加州母语教材为例，他们的母语教材分为阅读教材和写作教材。如 *Glencoe writer's choice: grammar and composition* 是美国加州的一个写作教材，主要内容是 Composition and Grammar（作文和语法）。它共有三个部分，三十一个单元。每个单元都包括很多的内容，并且每篇课文都有语法链接，这块内容主要包括语法点、例句及练习题。试举其中一个单元呈现他们的作文教材内容。

第二单元：写作过程	
序列	题目名称
前言	真实世界中的写作
第一课	写作过程的概述
第二课	写作前的构思：开始

第二单元：写作过程	
第三课	写作前的构思：明确目的和读者
第四课	写作前的构思：搜集信息
第五课	草稿：把观点写成文字并形成段落
第六课	草稿：写整个的段落
第七课	草稿：调整细节的顺序
第八课	草稿：连贯段落的写作
第九课	回顾：段落的修改
第十课	编辑/校对：最后的检查
第十一课	出版/共享：分享你的作品
第十二课	关于文学的写作：主题介绍
写作过程的活动	
文学范文	
单元复习	

上面的表格就是第二单元的整个内容。每一篇课文一般都由两大部分组成：一个是课文的正文；另一个是写作活动。从单元的整个内容来看，我选择第一课的内容把它翻译出来，以便于我们对写作过程有个整体的认识，并希望从中获得启示。第一课由两部分组成：第一部分是写作过程的概述的正文；第二部分是写作活动。第一部分详细介绍了写作过程的五个步骤，并附加一个短小的范文。第二部分的写作活动，类似于我们所学课文后面的练习题，包括写作的内容及要求、计算机的应用、语法链接、观看和讲述等。

教师应该多关注国外的一些作文教学情况，多借鉴他们的一些宝贵经验，有些可取的做法，我们可以拿来用，以便提高学生的写作能力。国外比较重视对学生写作能力的训练，学生在写作前、写作中、写作后都会得到教师的指导。学生会得到从文章的构思、草稿、修正、编辑到出版整个写作过程的训练。学生在写作的每一个环节都知道自己该做什么、该如何做。美国的老师上作文课不要求学生当堂完成写作任务，可以到图书馆查资料，可以实地调查访问，给学生充分思考和准备的余地。作文命题也很广，关注人生，关注学生未来的发展，与社会和现实生活联系紧密，并且追求真实和实用。可以看一下美国学生上作文课的案例，希望我们教师从中能有所收获。

美国的一位女教师布置给学生的一道作文题是："我们来找出自己以后所希望从事的职业，并针对未来的职业写一份报告，而且每个人都要去访问一个真正从事该行业的人。"这道作文题，使那些十三四岁的孩子感到惊讶，但他们还是遵照老师的要求去努力完成。

别小看这样一篇作文，它起码可以培养和锻炼学生的五种能力：

（1）抉择能力：经过慎重考虑，选择、确定自己未来的职业理想；

（2）思维能力：如何确定职业种类，如何从现在起为实现未来的理想而努力学习，培养学生独立思考的能力；

（3）写作能力：即写一份"针对未来的职业"的文字报告；

（4）处理人际关系的能力：学习如何去访问一位与自己未来职业相关的陌生人；

（5）口头表达能力：要在班上向老师和同学做条理清晰的口头报告。

这样的作文形式，便把学生的做、写、说、想能力有机地结合起来了。

又如作文题《我的父亲》，一周内交稿，要求孩子们去采访父母亲、亲戚、邻居和父母的同事，要求孩子们从多侧面更深刻地了解自己的父亲，一篇生动而深刻的调查报告或纪实文学就这样完成了。

这样看来，上面的写作是调查报告、研究报告等应用文，这样可以避免学生无话可说或说空话，又可以锻炼学生的多种能力，并且在以后的工作中还会用到。这样的作文教学，我认为才是有用的和有价值的教学。

有很多人会说："作文无定法。"但是我感觉在写作的初级阶段还是要讲究方法的。国外的学生在写一篇作文时需要五个步骤，或许我们的写作也可能经历着五个步骤，但是我感觉我们的不是很明确。美国的学生在老师布置作文要求后可以用较长的时间来完成写作任务，他们在占有大量资料的情况下进行作文的写作。他们很清楚写作过程中的五个步骤如何来执行，并且他们会认真地按照步骤来完成写作的内容。他们在写作时头脑中很清楚写作的目的并有着较强的读者意识。这是我们所缺乏的，尤其是读者意识，我们的学生在写作时只是想到我的文章是给老师看的，有时甚至会应付写作任务，连老师的感受都不会顾及。所以我们的写作与他们的写作，第一个差别就是我们的学生在写作时没有读者意识，并且写作的目的不明确。我们的学生在写作时往往一遍就成功，不会再去修改，更不会编辑或校对。每次的作文基本就是这样应付过来的，所以学生一般不会在写作中体会到创作的喜悦，况且大部分学生不会让其他学生来分享自己的作品，更不用说发表了。他们在学习写作的过程中也学习了语法，这样就可以避免在写作中出现一些不必要的语法错误。他们在写作过程中涉及计算机的运用及媒体课件的制作，并且他们在写作中还可以发挥小组合作的作用。

写作是运用语言文字进行书面表达和交流的重要形式，是认识世界、认识自我，进行创造性表达的过程，是人的生命的一种存在方式。所以，我们应该培养学生的写作能力,而要培养好学生的写作能力就要进行有效可行的方法指导,我们要加强学生想象力和创造力的培养。

作文教学的研究任务是艰巨的,对于作文教学,我有着诸多困惑,希冀我们共同探讨作文教学。"路曼曼其修远兮,吾将上下而求索。"

(此文已发表于《深圳教学研究》2016年第2期)

跟余老师学做人

与梦想的距离只差一个实实在在的行动

一个人在成长的路上总是会遇到一些引领自己进步的人。缘于向浩老师,我有幸加入"余映潮名师工作室"。余映潮者,语文界泰斗也。师从余老,是多少语文老师的梦想。而我,恰恰不早不晚地实现了这个梦想,成为幸运儿。

《论语》里这样讲:"高山仰止,景行行止。"见贤思齐,向名师学习,相信是我们青年教师的一致追求。从某种意义上说,我们都在用一辈子的学习来准备上好一堂课。正所谓,台上三分钟,台下十年功。

在与余老师一同学习期间,课余饭后,我们总是见缝插针地与他聊教材,与他聊课堂,与他聊备课,与他聊生活。我们仰慕他那种举重若轻、信手拈来般的从容自若,而这些都源于余老师对语文这份事业的痴迷追求。

余老的精细教学

自己要成长,就必须向"他人"学习,特别是研究名师,向名师学习。我深深地仰慕余老师在教学中始终贯彻的理念:求知、求智、求趣、求美。余老师对知识的追求已到了精益求精的极致境界。他对课文有着炉火纯青的解读,一篇课文有多种创新设计,看他的教材解读和教学设计,总是会感叹于他的大智慧。余老师的教学设计绝没有花里胡哨的外衣,有的是知识点的挖掘和落实,有的是学生能力的训练。比如,一个片段的阅读训练,他会让学生自读自讲、节奏朗诵、趣味分析读、选点欣赏读,等等,不失时机地训练朗诵和挖掘文本精髓的能力。余老师的"主问题"设计,看似没有"提问",但又有"问题"。主要着眼于以学生为主体的课堂活动,使得课堂时间几乎全交给了学生且学习的知识内容丰满。"问题"的表述很有艺术性,从形式上看是让学生寻读、评说,从安排的目的上则是训练了学生对课文内容的理解,暗示了课文的写作技巧。因此,余老师的精妙不在于课堂过程的天衣无缝,而在于让学生实实实在在地学到了很多东西,这也是我们一线教师一直以来追求的境界。余老师所追求的教学美,美在广博,更美在厚重;美在知识的积累,美在施教者的智慧,还美在创新。

余老不指望的处世哲学

在与余老师学习的两年时间里,不管是面对面的交流,还是文字上的交流,我都切实地体会到了余老师大智慧的为人处世。真正的大师都是谦逊的长者,余老师让人感受至深的不是其看似寻常实则高深的教学艺术,而是盛名之下他依然保持的那颗朴实的心。他对语文的热爱,对自己的塑造都做到了专注与专业。

他每到一个地方绝对不会重复自己的讲学内容,他把自己什么时候在什么地方做了什么报告,说过什么话,举了哪些案例,全部做好内容备忘,以免下次对相同的人员重复同样的内容,他要对听过他报告的每一个人负责,保证每次都有全新的收获。记得有一次,他给我们看过他电脑里密密麻麻的文档,每一个地方的讲学时间、讲学题目及上过什么课,都以专门的文件夹做好存档,这不仅让我感叹于他的旺盛精力及他的勤奋精神,更是惊叹于他对做学问的细心和认真。

在与余老师学习的两年时间里,我们不仅从他那里学习教学技艺,更是学习余老师的为人处世。他不断地规划和塑造自己。比如,余老师个人的一些"警语":"事业的构思就像散文的构思:拖物,蓄势,开掘","多研究自己,定期'盘点'自己","我是我自己的秘书,我是我自己的钟点工","我自己就是一支队伍","心情靠自己调适","从容淡静,心境平和。少计较外界,多要求自己"。他曾跟我们讲过在他的生活中,从年轻到年老所遇到的不顺之事,非一般人所能忍受。面对这一切,他的处世方法都是:轻轻地叹上一口气,然后将烦恼像蛛丝一样轻轻地拂去。所以他告诉我们:"任何事情都要抱着不指望的心态去做。"的确,他如此痴心于对教材的解读,对教学艺术精益求精的追求,他不指望外界给予他怎样的回报或是怎样的尊重,他也不指望社会给他怎样的名利。他只管做好内心想要做好的那份事业,他坚守自己的那份善良和乐观,他在语文界尽心尽力地帮助青年教师成长,不求任何回报,他善解人意不苛求,面对误解或不公也会一笑了之……有了这样的善良品行,有了这样的意境,生活于他而言,总是没有什么困难的。因此,他在大家面前总是一个快乐的人。正是由于这种心境,他才能够在艰苦的环境中做好自己的事情。几十年过去了,他总是这样快乐与健康。如今七十多岁的他,还是那样精神矍铄、精力无限，我们年轻人都自愧不如。

附：余老师的10年畅想

我的畅想（2007—2017）

精细研读100篇课文并积累大量的助读资料。

研读与中学语文教师业务进修有关的论著100部。

阅读中学语文专业杂志1000本并积累有关专题的索引目录。

发表教学论文100篇以上（含教学设计）。

出版个人专著两到三本。

演示的课例在目前的基础上达到80个（起码讲到70篇课文）。

作100场学术报告。

朗读录音100篇课文。

"语文潮"网上教学设计艺术微型讲座100个。

"语文潮"网上"映潮评课"达到100个。

（此资料来源于余映潮的"语文潮"网页http：//www.yuyingchao.com/）

这或许才是真正的做学问吧！多的是埋头钻研学问的踏实，少的是只说不做的浮躁；多的是忙里偷闲的勤奋，少的是得过且过的懒惰！

我为此感到深深汗颜！

大家之所以是大家，大概就是把我们看似不屑的事情做得实实在在吧！

虽然我们跟随余老师学习的时间已经结束，但这只是一个阶段的结束，也意味着更高层次学习的开启。师父领进门，我们需要踏踏实实地运用余老师教给我们的理论和知识去践行自己的教学。

于是，一盏明灯，一卷诗书，我信心百倍地用心钻研；一本著作，一份试卷，我试着耐心地仔细研究！相信在余老师的引领下，我会慢慢地寻找到语文教学的门道。

余老师一直在语文教学的路上行动着，我们要紧跟他的步伐行动起来！

余映潮老师和郝玉香老师的合影

追逐行走留足迹　感知智慧蓄力量

——孟利娟跟余映潮老师学教语文

> **学员档案**
>
> 孟利娟，广东省深圳市龙华区观澜中学语文教师。曾被评为龙华区"初中教学工作先进个人"。曾获"深圳市初中语文课堂教学大赛一等奖""深圳市首届微课大赛一等奖""广东省初中语文童话寓言课堂教学大赛二等奖"等。论文在《语文月刊》等刊物发表。

跟余老师学上课

还孩子们一些童趣
——寓言《蚊子与狮子》教学实录

时间：2014年10月24日
地点：深圳实验中学部七年级（5）班

一、读

师：同学们好，我想做一个小小的调查，喜欢听故事的同学请举手。

（众多同学举手）

师：哦，这么多同学都喜欢听故事，我跟你们一样。今天，我们就一起来读一则新的故事，故事的题目是《蚊子和狮子》。先请同学们打开课文，然后自由地、大声地读，要求做到读准字音，读得流畅。

屏幕显示：

（课文）

（学生自由读课文）

师：刚才我要同学们自由地读，同学们却习惯性地齐读了，不过，从读的效果来看，同学们精神很饱满，声音很洪亮。那么，同学们，这篇课文中，谁是最主要的人物？

生（齐声）：蚊子。

师：蚊子。今天，我们就来进行一个朗读比赛，比赛的内容就是蚊子的话。请同学们先自己试读一下。

屏幕显示：

（蚊子的话）

（学生各自试读）

师：现在请一名同学来读。好，你来！

生1：蚊子飞到狮子面前，对他说："我不怕你，你并不比我强。要说不是这样，你到底有什么力量呢？是用爪子抓，牙齿咬吗？女人同男人打架，也会这么干。我比你强得多。你要是愿意，我们来较量较量吧！"

师：这名同学声音很洪亮。（生鼓掌）我想请问你，你读蚊子的话时是带着什么神态来读的呢？

生1：不屑一顾的一种表情。

师：不屑一顾的表情。好，请坐！

（板书：不"（　）"一顾）

师：谁来帮老师补充这个字。你来，谢谢你！

我们下一名同学接着来读。

生2：（蚊子的话）

师："较量较量"这个词读得特别好！那我想问你，你又是带着什么样的神态来读的呢？

生2：我觉得蚊子是用一种很神气、很骄傲的神态来说的。

师：骄傲、神气的口吻来读。

（板书：骄傲、神气）

师：好，请坐！接下来，再请一名同学来读。

生3：（蚊子的话）

师：哇，你的"我比你强得多"的"强"字读得特别好。你是用哪种口吻读的呢？

生3：我觉得是一种很轻蔑的语气。

（板书：轻蔑）

师：哪名同学再来读读蚊子的话？

生4：（蚊子的话）

师："女人同男人打架，也会这么干"这个地方，我觉得你读得很好。那你是用什么口吻来读的呢？

生4：我认为蚊子这时候是一种看不起对方的感觉。

师：看不起，也就是和前面的"轻蔑"一个意思。很好，请坐！谁再来试试呢？

生5：（蚊子的话）

师：声音抑扬顿挫，你读出了蚊子的什么神态？

生5：我觉得蚊子就是瞧不起、瞧不起对方，就自以为是的那种。

（板书：瞧不起、自以为是）

二、辨

师：那么，究竟什么样的口吻、神态最能体现蚊子的性格呢？请同学们齐读。

屏幕显示：

蚊子吹着喇叭冲过去，专咬狮子鼻子周围没有毛的地方。狮子气得用爪子把自己的脸都抓破了。

（学生齐读"屏幕显示内容"）

师：请同桌之间互相讨论一下，究竟哪种神态最能体现蚊子的性格？

（学生互相讨论）

师：哪名同学来说说，哪一种神态最能体现蚊子的性格？

生1：我认为骄傲的神态比较适合。

师：骄傲的神态，还有不同意见吗？

生2：我觉得自以为是的神态比较适合。

师：自以为是的神态。同学们，请思考一下，骄傲的神态毋庸置疑——蚊子凭什么能战胜狮子？仅有骄傲够吗？

生3：蚊子有这样骄傲的神态是因为它打败了狮子，它能打败比自己强大很多的狮子，所以它觉得自己非常了不起。

师：骄傲的神态毋庸置疑，但我们有一句俗话是骄兵必败。所以光有骄傲能够战胜狮子吗？

生4：蚊子骄傲主要是因为它有一种方法，它专咬狮子鼻子周围没有毛的地方，狮子当然很生气了，它用牙齿咬根本是够不到的，用爪子抓的话蚊子可以很轻易地避开，所以它是有方法的，而且这种方法绝对可以打败狮子，所以它才会有那种骄傲的神态出来。如果它对这种方法没有一定的把握，它就不会有骄傲的神态了。

师：也就是说它这种骄傲是建立在方法上，这种方法也就是你刚才说的经过了它的……你来补充。

生5：我跟他的差不多，但是我觉得蚊子的骄傲是建立在它的狡猾之上的。它的狡猾就是只咬狮子鼻子周围没有毛的地方。如果它咬狮子有毛的地方，那也许就不会打败狮子了。

师：那它为什么能这么狡猾呢？它为什么专咬狮子鼻子周围没有毛的地方？这是蚊子经过了什么？

生5：就是说它咬有毛的地方，狮子就不会觉得痒，也就不会去抓，但是它咬没有毛的地方，狮子就会去抓，把脸都抓破了。

师：所以，同学们，蚊子骄傲的神气中还带有什么口吻？

生6：它是建立在自信之上的。它知道自己一定能打败狮子，因为它知道咬狮子周围没有毛的地方。

师：它咬狮子鼻子周围没有毛的地方，其实是经过理性分析的，所以蚊子的骄傲当中是带着镇定、带着理性的，它有十足的把握能够战胜狮子，所以它才能够这么骄傲。现在，请同学们带着这种口吻——骄傲当中带着镇定，骄傲当中带着十足的战胜狮子的把握——来读蚊子的话。这里呢，我们来点有趣的，我们采用方言来读。深圳是个移民城市，大家来自五湖四海，用方言展现我们的地方特色，看看用方言来读有什么不一样的感觉。哪名同学来展示一下？

生1：我用安徽话来读一下这段话：

屏幕显示：

我不怕你，你并不比我强。要说不是这样，你到底有什么力量呢？是用爪子抓，牙齿咬吗？女人同男人打架，也会这么干。我比你强得多。你要是愿意，我们来较量较量吧！

（全场掌声）

师：非常精彩的方言展示，从他的方言中，我看到了一只强大的蚊子。接下来，哪名同学再来试试？向大家展示一下你们方言的魅力，我记得我们班上有浙江的同学。

生2：老师，我是在浙江出生的，但是我不会讲浙江话。

师：不会讲浙江话，除了普通话，你还会讲哪里的话？（有学生提议英语）用英语就太为难人了，那你带着这种口吻用普通话来读一下。大家给她鼓掌。（学生鼓掌）

生2：（蚊子的话）

师：谢谢你，虽然有几个字读得不是很准确，但是勇气可嘉。现在请同学们一起带着这种口吻来齐读这段话。

（学生齐读"蚊子的话"）

三、想

师：从同学们读的过程中，我看到了一只骄傲中带着自信的蚊子。那么，蚊子战胜狮子以后，会发生什么事呢？请同学们齐读。

屏幕显示：

蚊子战胜了狮子，又吹着喇叭，唱着凯歌飞走，却被蜘蛛网粘住了。

（学生齐读"屏幕显示内容"）

师：同学们，我们来看看这句话。这句话中，你认为哪个字是最关键的呢？

生：却。

师：好，你来说说。

生1：因为这个"却"是蚊子战胜狮子后的另外一个转折点。

师：转折点，转折了什么？

生1：转折了它被蜘蛛网粘住，一个障碍。

师：障碍。我们哪名同学来补充？

生2：蚊子最开始战胜了狮子，这是件很好的事情。但是"却"字表示一种转折，它被蜘蛛网粘住了，怎么会是件好事呢？它要被吃掉了，所以呢，从好事变成坏事的一个转折。

生3：我觉得用这个"却"字是蚊子的一个大起和大落，蚊子战胜了比它大几千倍甚至几万倍的狮子，但是一个跟它体型差不多的蜘蛛，它的网却把蚊子粘住了。

师："大起又大落"这个词用得非常好，所以"却"字在这里面相当关键，它不单代表场地的转换，更是情节的转换、文意的突转，所以"却"字值得细细品味。

师：蚊子被蜘蛛网粘住了，我想请同学们思考一下，"却"字前面发生了什么故事？也就是蚊子被蜘蛛网粘住之前，蚊子遇到蜘蛛后，蚊子和蜘蛛之间发生了怎样的故事呢？请同学们认真想一想。聪明的同学们，请动起你们的笔，动起你们的脑来想一想这个故事吧。

屏幕显示：

蚊子战胜了狮子，又吹着喇叭，唱着凯歌飞走，路上遇到了蜘蛛……

（学生思考，动笔将所思所想写下来）

生1：蜘蛛会说，你这个小东西，看我不吃了你。蚊子很生气地说，我连强大的狮子都战胜了，你算什么，给我让路，然后蚊子一头撞向蜘蛛，不料却被蜘蛛网粘住了。

师：在你的描述中，我看到了一只莽撞的蚊子。

生2：我分析出三种情况：第一，它因为战胜了狮子，所以会以一种更加狂妄、更加骄傲的姿态去跟蜘蛛战斗；第二，它还是会去战斗，但是它不会那么大意地去跟蜘蛛战斗，因为它心想自己会被蜘蛛吃掉；第三，蜘蛛不敌逃跑了。

师：这名同学的思维特别活跃，发散性思维特别强，分析出了三种情况。

生3：可能会这样，蚊子战胜了狮子，而蜘蛛也想战胜蚊子，那它就比狮子和蚊子都强大了。蚊子也不服输，要向它挑战，认为它体型跟我差不多，我也不可能那么容易就输给它。但是它没想到蜘蛛有蜘蛛网，它一头撞了上去，蜘蛛给它设了一个陷阱。

师：在你的描绘中我看到了一只智慧的蜘蛛。

生4：因为蚊子战胜了狮子，它特别骄傲，觉得世界上没有任何人能敌过它了，所以它很轻敌，没有在意蜘蛛的蜘蛛网，觉得没有任何动物能打败它。看它唱着凯歌飞走了，却没有看到有蜘蛛网。

师：你的描述很形象、很生动，把蚊子更狂妄的一面展现了出来。

四、思

师：同学们的想象力都特别丰富，故事也很曲折，想象也非常合情合理，最后都编到了蚊子落入了蜘蛛网中。那么蚊子落入蜘蛛网后又会发生什么呢？请同学们齐读。

屏幕显示：

蚊子将要被吃掉时，叹息说，自己同最强大的动物都较量过，不料被这小小的蜘蛛消灭了。

（学生齐读"屏幕显示内容"）

师：蚊子与狮子的这个故事让你明白了一个什么道理呢？请同学们想一想。

（学生思考）

师：我们同学的思维很敏捷，马上就有举手的了。

生1：让我明白了一定不能骄傲自满，骄傲自满带来的伤害会非常大。

生2：一定不要因小失大，不要瞧不起这样的小事情，败在小事情上。

生3：不要因为你战胜了强大的，而去忽略一些小事情，然而小事情可能会让你沦落。

生4：我觉得在生活上，我们每做一件事情，不要抱着把这件事情做成功了的心态去完成另一件事情，如果抱着骄傲的心态去做一件事情的话，结果会惨不忍睹。就像我们常说的"谦虚使人进步，骄傲使人落后"。

师：刚才同学们都是从蚊子的角度来谈自己获得的道理，其实这个故事我们还可以从狮子、蜘蛛的角度来思考。请同学们继续从狮子、蜘蛛的角度思考一下。

（板书：蚊子、狮子、蜘蛛）

生5：我从蜘蛛的角度想，在生活中，我们不用怕那些曾经战胜过很强大对手的人，以及曾经克服过很多困难的强大的人物，如果我们可以抓住他们的弱点就可以达到致命一击。

生6：蜘蛛为什么能打败蚊子，是因为它有一种技能，它会织网。用了织网这种技能，它就能使蚊子逃不出去，就能轻易地制服蚊子。所以我们在生活当中要多学一种技能，多一种技能便多一种生存方式。

师：特别善于联想，我们要学习多种技能。

生7：蚊子能战胜狮子，而蚊子又被蜘蛛吃掉，这是大自然的规律。

师：读得很深了，这是大自然的一种规律，强中自有强中手。

生8：知己知彼，百战不殆。

生9：从狮子的角度看，我们不能轻敌。尽管蚊子比它小很多，但也不能轻易接受它的挑衅。如果它轻易相信了，蚊子又知道它的弱点，它就会被打败。

生10：看事情要从几个方面来看，不能钻牛角尖，只看一个方面。

生11：我想从蚊子的角度来看，大家刚才都说蚊子怎么怎么骄傲，怎么怎么狂妄，但是我从文中还看到了蚊子能战胜狮子的亮点。第一，一开始"我不怕你，你并不比我强。要说不是这样，你到底有什么力量呢"，这里带着一种挑衅的色彩，是故意要让狮子跟它去战斗，这是一种智慧的理念。第二，我还发现蚊子能战胜狮子是它非常善于观察。

师：这名同学特别善于解读文本。掌声送给他。（大家鼓掌）其实同学们刚才从多方面获得的道理就是寓意，多角度地解读寓意。那么现在请同学们联系自己的生活实际，谈谈你的体会。你是否有与蚊子、狮子、蜘蛛类似的经历？

（板书：寓意自己，"板书结构图"附后）

生12：从狮子身上我们可以看到，虽然面对弱小的蚊子它失败了，但可以从中吸取经验。我们在学习中也可以这样，通过失败吸取经验教训。

生13：从蚊子身上我明白了，细节决定成败。平常不管做什么都要注意细节，否则就不会成功。

生14：想起那一次比赛前的跑步经历，当我战胜了第一名的时候，就会有一种骄傲自满的心态，可是到了最后几天，发现别人渐渐地超过了我，战胜了我。这也告诉我们，成功做了一件事情后不要有一种骄傲的心态，如果你每天都想着这件骄傲的事情，你会发现你的能力在慢慢下降。

师：学如逆水行舟，不进则退。非常好的例子。

生15：这个故事还告诉我们，每个人都有自己的优缺点。在学习方面，我语文比较差，要向语文比我好的同学请教，虚心求教。孔子有云：三人行，必有我师焉。择其善者而从之，其不善者而改之。

师：从你的发言中，我觉得你的语文已经非常好了，你的语文在今后肯定会有更大的进步。祝福你！

生16：学完这一课，我发现自己就是蚊子和蜘蛛的结合体。为什么像蜘蛛？因为我在国际象棋比赛中就发现有很多很多问题，我自己会去向别人学习。我说像蜘蛛，因为我有国际象棋这个特长，我非常自豪。但是，为什么说我又像蚊子？蚊子有骄傲的特征，说老实话，我也有点骄傲。我在国际象棋比赛中，经历过很多很多这种事情。因为在这么多人的比赛中，我想要脱颖而出，我需要很大很大的能耐和智慧去超越这些人。我希望我能在学过这篇课文之后改变自己。

（全场掌声。学生、听课老师都由衷地为这名学生的精彩发言鼓掌）

师：非常精彩！你有这种智慧、理性的头脑，我想你今后的人生一定会更加辉煌。

五、结

师：同学们，记住我们今天学的这个故事——《蚊子和狮子》，这就是一则寓言。那么寓言有什么特点呢？

生1：利用一个故事告诉我们一个道理。

生2：讽刺一些东西。

师：讽刺性、劝诫性。我们一起来学习寓言的知识点。

屏幕显示：

寓言：用假托的故事寄寓意味深长的道理，达到劝诫、教育、警示或讽刺目的的文学作品。寓言一般比较短小，故事的主人公可以是人，也可以是拟人化的动植物或其他事物。

寓言的特点：一是劝喻性，二是讽谏性。

（学生齐读"屏幕显示内容"）

师：今天，我很欣喜地看到，大家通过学习都掌握了寓言的特点。接下来请同学们类文阅读，阅读世界四大寓言。

屏幕显示：

古希腊的《伊索寓言》

十七世纪法国的《拉·封丹寓言》

十八世纪德国的《莱辛寓言》

十九世纪俄国的《克雷洛夫寓言》

师：我们屏幕上显示的都是国外的寓言，那我们中国有没有寓言？

（学生低语：有的说没有，有的说不知道……）

师：课本的30课是《寓言四则》，后面两则其实就是我们中国的寓言，中国的寓言是诸子百家中的寓言。

师：请同学们课下去阅读这些寓言，让寓言伴我们成长，下课！

附：板书。

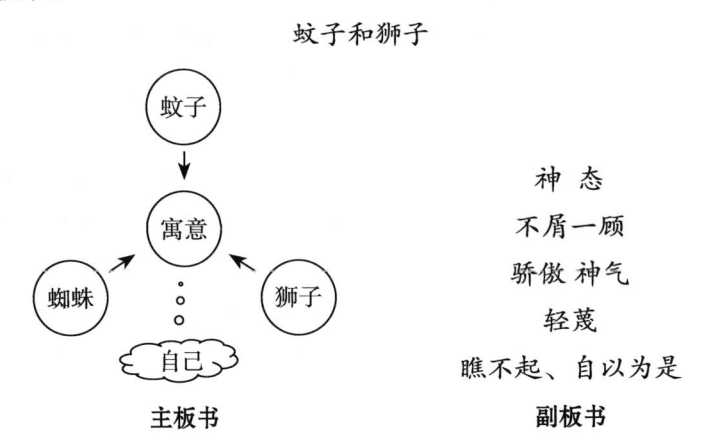

蚊子和狮子

```
         蚊子
          ↓
  蜘蛛 → 寓意 ← 狮子
          ⋮
         自己
```

主板书

神　态
不屑一顾
骄傲　神气
轻蔑
瞧不起、自以为是

副板书

跟余老师学研究

对课堂中如何有效利用教材的几点思考
——从余映潮老师评《谈读书》教学谈起

"课文不是被语文老师拿来给学生提问的，而是用来训练学生的资源""高效的课堂教学是利用课文让学生在每一堂课上都有实实在在的收获""形式大于内容的课堂教学，一定是低效的课堂教学""要懂得语文教学的核心理念是让学生在大量的实践活动中学习运用语文的规律""没有深刻精致的教材研读，就一定没有好课"……余映潮老师工作室的第一次培训活动虽已结束，但余老师的许多语文教学箴言却久久地萦绕在我的脑海中，刷新着我的教学观。

虽然参与培训之前已粗略地读过余映潮老师的《余映潮的中学语文教学主张》《余映潮语文教学设计技法80讲》《听余映潮老师讲课》《致语文教师——余映潮教育教学智慧40则》等书，但是，那种教学观念、教学理论的冲击却没有在本次培训中面对面接受余老师的教导来得真切、来得震撼！尤其是听余老师点评完我在本次培训活动中的展示课《谈读书》一文后，更有一种醍醐灌顶之感，对在课堂中如何有效利用教材也有了更多的思考。

一、多角度研读课文,确保教材的有效利用

本次的培训主题是"中学语文教师'教材研读'的高层技法与'教材处理'的基本技法"。教材研读,是一切阅读教学设计的开端和基础;教材研读的深度和广度,影响着教学设计的质量。在余老师面前上课,心中既期待又忐忑,在备课上自然不敢掉以轻心。《谈读书》一文,虽然只有612字17句(指课本所选王佐良先生的译文),但在写教学设计前,我还是反反复复读文本,查阅了各种教参,阅读了"中国知网"上关于《谈读书》的20多篇文章,最后勉强写成了4000余字的教学设计,其中含1672字的课文品读。

工作室要求我们上课要有"研究"的痕迹。面对弗兰西斯·培根的这篇论说型随笔,全文仅为一段,从议论文的要素来讲,没有明晰的论点、论据、论证;从课文的内容来讲,论说的角度非常多,几乎一句话就是一个观点;而且译文虽典雅、凝练,但在同学们看来是"有点不习惯的'半文言'"。考虑到如上这些因素,我认为教读本文,关键是要帮助学生读懂课文,在读懂的基础上理清思路、品析美点、积累警句。因此,我将本课的教学目标设定为:

(一)赏析并积累文中的美词、美句。

(二)认识读书的益处,养成良好的读书习惯。

为了达成如上目标,我设计了四个环节:

1. 猜一猜

400多年前的英国大哲学家、作家培根,在他的《谈读书》随笔中,会谈些什么呢?

2. 读一读

(1)自由地、大声地朗读全文;

(2)朗读比赛:"读印象最深刻的句子"。

追问:这些打动你的句子,究竟美在哪里?

3. 品一品

同学们用"我发现_____写得美,美在_____"这个句式来品一品"印象最深刻的句子"。

4. 写一写

把《谈读书》中的美妙警句摘抄下来,并选出你最喜欢的一条写一段话。

对于按以上设计思路开展的展示课,余老师给予了三点肯定:

(1)给予学生一定长度的学习时间。

(2)关注到集体活动,关注到语言品析,重点突出。

(3)有一个品析的中心话题"印象最深刻的句子",抓手准确。

余老师的这三点肯定,我认为是对我辛苦研读课文的肯定,有了深刻的

课文研读，才有可能更贴切地找到解读文本的"抓手"，从而达到训练学生的目的。余老师在他的很多著作中都提到：课文研读，是语文教师最基础、最常用、最必须的研究方法。

当然，余老师同时也指出了四个问题，其中一个关于教学设计的问题是：无朗读训练，无背诵训练，教学过程切分不明晰，同时指出最后"写一写"换成"背一背"或许更好。这就说明，我虽尽力研读了教材，查阅了"中国知网"、各种教材中对《谈读书》的解读与设计，但能力与水平终究有限，还要多多学习与提高。

在《余映潮的中学语文教学主张》一书中，余老师指出：课文研读要深究一个"内"字，即着力于课文内容去进行研读；课文研读要勾连一个"外"字，即课文可以牵连出很多课本之外的知识；课文研读要坚守一个"细"字，细细地品味，细细地欣赏；课文研读要讲究一个"美"字，要对课文进行美点寻踪，进行妙要列举。教师个人若能静心研读课文，那么在教学上定能深入浅出、游刃有余。如余老师研读《谈读书》，就有了更多他个人的发现：在文本中解剖出"怡情、傅彩、独处幽居、高谈阔论"等27个精美词汇，17个美句、难句，五种分层角度，丰富的语言材料。研读《我的叔叔于勒》，从结构赏析、情节分析、人物形象概括、"我"的作用赏析、于勒的"称呼"欣赏、菲利普的神态描写欣赏、克拉丽丝语言描写欣赏、船长"作用"欣赏、虚实手法赏析、照应手法赏析、抑扬手法赏析、对比手法赏析、悬念手法赏析、线索分析、微点分析（景物描写的表达作用）、专题探析（课文中的"两"）、特别欣赏（"船"的作用分析）、片段描写赏析等18个角度指导学生阅读；研读只有170余字的《赫尔墨斯与雕像者》，挖掘出了15个方面的教育教学价值。因此，可以说课堂中有效利用教材的前提，很大程度上取决于教师的教材研读。

二、关注学生训练，落实教材的有效利用

学生是学习的主体，不管怎样的教学设计或教学创意，都不要离开"学生活动充分、学生课堂积累丰富"这个根本，都必须服务于实实在在的课堂训练。关注学生训练的教学创意是课堂中有效利用教材的保证。

《谈读书》一文，语言简洁、短小精悍、说理透彻，充满了饱含人生经验与智慧的名言警句。比如，文章开头第一句"读书足以怡情，足以傅彩，足以长才"，言简意赅地指出了古今之人的读书目的；"读书使人充实，讨论使人机智，作文使人准确"，以格言警句的方式分析读书、讨论和作文的不同作用；"读史使人明智，读诗使人灵秀，数学使人周密，科学使人深刻，论理学使人庄重，逻辑修辞之学使人善辩：凡有所学，皆成性格"，阐述各种学科的书籍阅读后都有塑造性格的作用……因此，教读本文、品析美点、积累警句是重点。在《谈读书》的展示课中，我将重点放在"读一读、品一品"中，在课堂中给予学生充分的学习活动时间，希望同学们在"读"与"品"的活动训练中积累警句。不过，在具体操作中仍存在不足，余老师在评课中就指出，最后环节"写一写"不如换成"背一背"，这样，教程切分会更明确，目标达成更高。

为了让我们更清晰地明确如何利用教材训练学生，让每一名学生学习活动充分、课堂积累丰富，评课后，余老师给出了新的创意——关于句子的趣味学习。

1. 趣味寻读

写一句课文导语（吸引"读者"的眼睛）

老师示范："凡有所学，皆成性格"，即"知识能塑造人的性格"……

2. 趣味竞读

自由竞背精美的句子（每人5个句子）

3. 趣味比读

读书使人充实，讨论使人机智，作文使人准确。因此，不常作文者需记忆超强，不常讨论者需天资聪颖，不常读书者需欺世有术，始能无知而显有知。

读史使人聪颖，读诗使人灵秀，数学使人谨慎，科学使人创新，论理学使人稳重，逻辑修辞学使人善辩：凡有所学，皆成性格。

余老师的这份教学创意，既实现了课堂中的人人参与，又很好地利用了教材对学生进行训练。"趣味寻读"，要求每一名学生都必须对课文进行反复的揣摩与咀嚼，整体把握文意；"趣味竞读"，让所有孩子自由竞背精美的5个句子，课堂中书声琅琅，丰富了积累；"趣味比读"，让孩子们在"比读"中体会朗读的魅力，在"比读"中带出分析，揣摩体会不同文字形式所带来的同中之异。

那么，如何才能像余老师这样，利用教材设计出美妙的教学创意呢？余老师在他的《余映潮的中学语文教学主张》和《致语文教师——余映潮教育教学智慧40则》中都在专门章节中论说了：教学创意要讲究"新""简""实""活""雅""趣"。举例来说，教学创意讲究"新"，"新"字主要体现在"角度"二字之上。因为"角度"好，"角度"与众不同，便有了个性，于是就叫作"创意"。如说明文《中国石拱桥》第一课时教学创意：

话题：说说《中国石拱桥》的表达特点——全文构思严密，极有层次的布局。

教师点示同学们思考问题的角度：
（1）分析1、2两段与其后6个段落的关系；
（2）分析9、10两段与其前面6个段落的关系；
（3）分析"赵州桥"与"卢沟桥"的位置关系；
（4）分析写"赵州桥"的两个段落之间的关系；
（5）分析写"卢沟桥"的三个段落之间的关系。

同学们自读、探究、交流之后，教师的课中小结：分析一篇说明文的结构，其思维方式就是看三个字——看关系。看全文结构的总分关系，看主题部分的先后关系，看文章段落的位置关系。

此教学设计用了别人都没用过的话题，它新在虽无提问，但学生必须对课文进行反复的揣摩与咀嚼，将思维的触角深入到课文的每一段；它新在高效率的阅读，在围绕一个话题而进行的阅读品析中，同学们不仅仅读懂了课文，更重要的是得到了长时间且大运动量的思维训练；它新在学生活动充分，课堂积累丰富。

总之，关注学生训练的教学创意是课堂中落实有效利用教材的保证。

三、关注教学细节，提升教材的有效利用

教学细节，指的是教学中的细小环节及其中的教学活动。课堂中的感知、朗读、提问、讨论、板书等具体环节也是细节。余老师在点评《谈读书》一课时，指出了四个方面的问题：

（1）难词注释；
（2）说话细节；
（3）无朗读训练，无背诵训练，教学过程切分不明确；
（4）正视小组合作模式的危害。

《谈读书》一文，警句迭出，有不少精妙美词，但其中有不少同学们难以理解的难词难句，如味同嚼蜡、吹毛求疵、寻章摘句等，这些词语要同学们理解并运用，那课堂中就得拎出来讲解注释，同学们方能很好掌握。在课堂中，我虽将难词的拼音作了强调，但是忽略了对这些难词的解释说明，直接影响了同学们的掌握运用，也就没有很好地利用教材来提升同学们的词语积累能力。

在《谈读书》的教学中，呈现出来的"说话细节"方面的问题，尤让我深刻警醒。在开始的导入教学环节，我原本的设计意图是：由所上课学校——观澜二中的"书香校园"、读书节、跳蚤书市、图书漂流、晒书柜等活动，引出"读书"这个话题，让同学们自己谈谈对"读书"的认识，然后再请同学们"猜一猜"培根的《谈读书》会谈些什么，结果在实际课堂中，同学们自己在谈"读书"的认识时，就已经将培根《谈读书》中的一些内容说了出来，这与

我原本的设想不一样，当时我缺乏机智应对，竟然在课堂中低声说了几遍"我原本是想让同学们猜一猜的，结果同学们主动说了出来"，在低语中暴露了自己的内心想法。当然，这也说明我掌控课堂和机智应对的能力还很欠缺。

接下来原本的教学设计是"读一读"，因文中有大量的排比警句，是一篇非常适合同学们朗读的文章，想借此对同学们进行朗读训练。先请同学们自由地、大声地朗读全文；然后朗读自己"印象最深刻的句子"，再以"印象最深刻的句子"进行朗读比赛，以活跃朗读氛围。但在实际教学中却不自觉地说出了"请班上最会朗读的同学来朗读"，我至今仍在思考我在课堂中是如何冒出这句话的。我原本的预想、原本的教学设计里并没有这样的表达，或许是因为当时没有同学主动来朗读，而这又是一堂公开课，我认为千万不能因此冷场的想法，让我在情急之中说出了"那就请班上最会朗读的同学来读"的话语，当然这也或许是在常态课中经常出现的镜头。殊不知，这样的表达是对学生的不尊重，是将学生进行了分类，给他们贴上了"会朗读""不会朗读"的标签，使相当多的同学失去了朗读的机会，也就谈不上利用这篇课文当中的朗读素材对学生进行朗读训练了。

在"品一品"环节，请同学们用"我发现……写得美，美在……"这个句式来品一品"印象最深刻的句子"。我"示例"之后让同学们自己动笔写感受，同一时间内，大家都在静思静写，集体活动，人人动笔，每一名学生都在捕捉课文的美妙，都在进行练笔训练。可是到了展示同学们"练笔成果"的时候，我却受之前"公开课"的影响，采用了"小组合作展示"的方式。余老师评课时严厉指出：形式单调，不厌其烦，典型的散点式活动，学生收获甚微，浪费了宝贵的教学时间，强调要正视小组合作模式的危害，老师们要从把眼光集中在少数人身上转移出来关注集体活动。这就是说，我们的教学面对的是全体同学，我们在课堂上时刻要有"集体训练意识"，要利用教材训练每一名学生，让每一名学生在课堂中都有实实在在的收获。

当然，课堂教学细节要注意的不单是《谈读书》一课中出现的这些问题，还有诸如有些课堂中出现的碎问碎答，口语化教学，教师的话语量太多（"多话"），让学生频繁鼓掌，教师在学生思考时说话，在课文的表面做文章而深入不到文本，教学板块散乱……这些教学细节中存在的问题都在无形中削弱了课堂教学的效率，远离了我们利用教材训练学生的初衷。因此，在课堂上我们要多关注这些教学细节，提升教材的有效利用，让每一名学生都能有实实在在的收获。

> 跟余老师学做人

行走的力量

"2015年的我，年近七旬，仍然独自行走、深入在教学一线，到各地的余映潮工作室，默默地平静地工作。"

"趁着年轻多做事。2016年，我将进入70岁，我将继续我的步步为营的行走。"

"时间进入2017年，依然希望自己像在沙滩上拾贝的少年：心中永远有着无穷无尽稀奇的事。"

这是年逾70的余映潮老师的工作状态，抑或说是生命状态。在余老师的世界里，似乎永远没有"休息"二字，他一直以行走者的姿态，遨游在语文天地间。迄今为止，余老师公开发表的文章早已超过1600篇，出版语文专著14部，每年公开课近170节，讲座120余次……如此"高产量"，余老师还说："'世界上那么多优秀的人都还在勤奋地努力着！'我不敢懈怠。"永不懈怠的余老师正是以这种超能量行走在全国各地的"余映潮工作室"，面对面、手把手地指导着一批又一批中青年教师，让他们迅速成长为各地的骨干教师和语文教学的中坚力量。

幸运的是，2014年11月17日，我们区教研员向浩老师也把余老师请到了我们的面前，那是我第一次见到余老师，第一次现场听余老师讲课。其实，在此之前，向老师就曾多次在区教研会上提到过余老师，向我们介绍过余老师是"中国青年语文教师课堂艺术研究的领军人物"，同时他也出版了很多语文教学专著，比如，《余映潮的中学语文教学主张》《听余映潮老师讲课》《致语文教师》等。当时，只站了两三年讲台的我，一听到向老师的介绍，就把在网上所能买到的余老师的语文教学著作都买回来，如饥似渴地读了起来。巧的是，不久，区里举行了"深圳市初中语文课堂教学大赛龙华新区选拔赛"，选拔赛的初赛前六名进入决赛，决赛是课堂教学比赛。教研员向老师说为了公平起见，决赛的篇目不选语文教材中的，而选了周国平《人生寓言》中的一篇《小公务员的死》，这篇文章在网上几乎没有什么备课资料。初赛我是第四名，教学经验缺乏，教学手法稚拙，怎么办？我第一时间想到了从未见过面的余老师，想到了在书中看到的余老师的语文教学主张和教学设计思路，于是，那段时间，我又把余老师的那几本书翻来覆去地看，从中寻找教学设计的新思路，从中揣摩课堂的教学语言……就这样，我竟然在决赛中获得了第一名、区特等奖，并代表龙华新区参加深圳市初中语文课堂教学大赛……惊喜的我对余老师充满了敬仰、赞叹、感激。现在，向浩老师把余老师带到我们面前，这么近距离地接触语文教学界的大师，心中充满感恩，这是向浩老师带来的幸运遇见。

至今我仍清晰地记得，那天，在大浪实验学校的报告厅，儒雅的余老师，穿着白色上衣、深色裤子，戴着眼镜，脸上始终挂着淡淡的笑意，站在学生中间，不疾不徐地讲着杨绛的《老王》，举手投足间都透着诗意。我沉醉其中，努力地想要把余老师说的每一句话都刻进脑海。那堂课，最高妙的是余老师通过"三轮""病了""愧怍"三个关键词，由浅入深地引导同学们对文本进行品读评价，引导同学们站在人性的角度，发现小人物的卑微与伟大；引导同学们站在作者"我"的角度，以文本解读文本，以善良解读善良，体察人情冷暖，挖掘作品中深刻的意蕴和内涵。那堂课，不仅让同学们掌握了一种"扣词品析"的课文研读方法，也为我打开了一扇窗，一时间灵性的语文的东西溢满了我的心房。

"教师的生命在课堂"，而名师名课是最好的学习范例。回到学校，我便把余老师的这堂课整理出来，照着余老师的思路，在我的两个教学班也尝试着这样讲《老王》，虽然不能把余老师的精髓全都传达出来，但也激起了同学们的思维火花。课堂上，同学们思维非常活跃，异乎寻常地投入，对"三轮"二字背后非同小可的表现力有深刻解读，对"病了"二字在全文中的重大作用有深刻分析，对"愧怍"二字的丰富意蕴有深刻挖掘……从同学们那洋溢着智慧分析的课堂发言中，我看到了高妙的教学设计的魅力，感受到了名师名课引领的重要。心中不禁感慨：要是能常常听到余老师的课就好了！

教研员向老师像是听到了我们一线老师的心声一般，2015年5月便在一次教研会上说，准备成立一个工作室，邀请余映潮老师来做大家的导师。执行力超强的向老师不到一个月便把这个分两梯队20人的工作室队伍组建起来了，我非常有幸地成为了其中一员，心中无比欢喜，终于也能接受余老师"面对面、手把手"的指导了。

接下来两年的工作室学习，余老师不单引导我们在专业上飞速成长，教学上全新蜕变；同时，他的儒雅、博学、睿智、执着和一颗永远为语文教育跳动的心，让我们深深折服、倾倒、感动。正如向老师常说的："最为关键的是，余老师的培训，对工作室青年教师职业理想的确立和坚守，起到了非常重要的作用。"

虽然每学期工作室只开展一次为期两天的专题培训活动，但这两整天，余老师给予大家的是全程的细致指导与智慧点拨。两天六节学员展示课，每一节课余老师都会从教程观察、教学思考、课文资源、新的创意四个方面进行评课指导。余老师的这"四步观课"法涉及课堂教学的方方面面，给予了工作室学员全方位、多角度的学习，让学员在鲜活的具体案例中快速成长。

在教程观察中，余老师及时发现学员需要共同关注的教学细节。如余老师在评学员展示课《最后一课》中指出：教学铺垫就用了14分钟，其间有无数的"碎问"：多音字问了6次"读什么"，"建议掌握如下妙词"出现5处，"好了"口头语出现多次；品人物塑造之巧妙中，教师示例赏析用了近8分钟，但学法指导不够明确，没有可学用性；后面环节因为时间关系，基本都是老师讲，没有时间给同学们思考；老师小结的妙处，没有时间给学生做笔记……又如，评展示课《谈读书》时指出，"请班上最会朗读的同学来朗读"，这样的教学语言是对学生的不尊重，也打击了学生学习的积极性，是将学生进行分类，给他们贴上了"会朗读"和"不会朗读"的标签，是最拙劣的手法，课文《心声》说的就是这个问题，今后我们老师的教学中要避免说这种话，要注重公平。余老师在学员的每一节展示课中指出的诸如此类的教学细节问题，都让我反观自己的课堂，并尽力避免在自己今后的课堂中犯类似的错误。

在教学思考中，余老师对每一节展示课都给了很多值得深思的话题。如第二期培训中的展示课《最后一课》的教学思考：

（1）"碎问"仍然是痼疾，课文不是被教师用来碎问的。教学之中，教师的碎话也是需要克制的，"还有没有"就不能说许多次，学生安静思考的时候就不能唠叨。

（2）注意话题设置的可行性和牵引力。（微小说，教师做都不可能）

（3）教师自己缺乏小说欣赏的能力，教师自己缺乏小说的知识，小说的教学是非小说的。这个课，没有小说教学味道。

（4）精彩的"段"或精彩的"片段"的利用，是语文教师基本上不关注的重要教学技能。于是我们的教学就零碎，就浮在课文的面上。于是就有了"找"，就有了"碎品"。

（5）为什么没有课文朗读？也许是我们根本没有考虑到其训练的必要性。

又如展示课《土地的誓言》的教学思考：

（1）有些课文的教学，需要浓重地渲染其写作的背景。如与抗日、"文革"有关的内容；如古诗词的教学。

（2）字词教学需要更加细腻、扎实、具体。

（3）对课文的利用，要充分关注其语言学用训练的价值，并利用这种宝贵的资源对学生进行综合性的语言学用训练。《土地的誓言》的教学，必须有写作，必须有背诵。

（4）有一种重要的教学理念需要我们考虑：减少日复一日的没有层次区别

的"品析"，增加语言学用训练的时间比例和内容比例，这也许是一条"康庄大道"。

（5）课堂中尽量少说"还有吗""孩子们"。

每评一课的教学思考，都直接指向我们日常教学中的一些痼疾。如"一言堂""满堂灌"，如"碎问串讲""就课文教课文"，忽视语言学用训练、技能训练，忽视知识渗透、集体活动；比如，课文教学缺乏文体意识，不管何种文体都是"零碎地找，简单地品"，让学生日复一日地生活在没有层次区别的"品析"活动中……

为了让学员们避免课堂中出现如上痼疾，余老师对每一节展示课都进行了课文资源开发，给出了新的教学创意，同时，每一期培训余老师自己都亲自上两节示范课，并作专题讲座。余老师就是这样身体力行地带领着我们工作室的成员在语文教学天地中钻研，指引着我们青年教师找准教学技能的"入门"关口。

第一关：练高强的研读教材的本领。

第二关：善于利用教学资源设计学生的课堂训练活动。

第三关：精于语言学用、技能训练和知识渗透的教学。

第四关：胜任文学作品的教学与训练。

第五关：运用"板块式""主问题"手法；克制教学中的碎问与碎读，回避平俗手法。

告诫我们课堂教学要追求"八大本质变化"：

变"教学课文"为"利用课文"

变"轻慢语言"为"着力学用"

变"范读感受"为"精读训练"

变"碎问碎答"为"实践活动"

变"思路不清"为"板块思路"

变"读过问过"为"积累丰富"

变"只读不写"为"读写结合"

变"平俗手法"为"高雅教学"

要求我们课文阅读教学最基本的站位是要做到"六个关注"：

关注语言学用；

关注技能训练；

关注知识渗透；

关注集体活动；

关注气质养成；

关注时间效益。

"操千曲而后晓声，观千剑而后识器。"两年四期三十二个课例、四个专题讲座的培训学习，每期训前各3000字以上的教学设计和教学论文，训后3000字以上的培训反思等，让我在语文教学的路上行走得越来越自信，让我的语文课堂不再是单纯机械的"搬运工"，也在慢慢地潜下心来，像余老师那样，力求"真实、扎实、踏实、朴实"，让学生在丰厚的积累中成长，在充分的训练中长技。

当然，余老师给我们的影响不单是他精湛的语文教学艺术，更在于他的睿智、他的坚韧、他的学识、他的人格魅力。我们钦佩年近七十的余老师听、评一整天的课却仍神采奕奕，淡淡的微笑总挂在脸庞；我们钦佩余老师听完课后总能立马呈现出几千字的评课讲稿；我们更钦佩余老师评课时无穷无尽的新的教学创意……

有人说，余老师是"生命的苦行僧，灵魂的享受者"。是的，引用一位语文教研员的话来说：余老师是一位拥有无数骇人数据的人，他每天都在不断用数据证明自己高贵的存在；余老师是一位用细节美化人生的人，一道题、一张试卷、一次教研活动，都能滴水不漏；余老师是一位将专业做到了极致的人，纵横大江南北，笑傲小学、初中、高中语文课堂；余老师更是一位不知老之将至的人，他每天都用付出告诉世界，我很年轻！我说，余老师也是一位行走者，他以自己的超能量，行走在语文教学的天地里，行走在全国各地的"余映潮工作室"，行走在每一位有追求的语文老师心里。

生命的分量有多重，留下的脚印就有多深。余老师，能成为您的弟子，是我的无上光荣，感谢语文教学路上有您的引领，感谢这份美好的遇见，感谢有您！最后，请让我以您《致语文教师》一书封底的一段话来自勉：

"那种笔墨写的文字固然能够长久地保存，然而更重要的是那种刻骨铭心的咬牙坚持的历练，是那种板凳要坐十年冷的精神与行为，是那种在教学研究中朝迎彩霞、夜送星星、日有所获的幸福与愉悦。"

余映潮老师和孟利娟老师的合影

两年四次勤学练　一书一生记师恩

——宋磊跟余映潮老师学教语文

学员档案

宋磊，广东省深圳市龙华区龙华中学语文教师。曾获得深圳市初中语文优质录像课评比二等奖，深圳市龙华新区"2014—2015学年度优秀班主任"，深圳市龙华新区"2015年初中教学工作优秀个人"，深圳市龙华新区初中语文"名著导读"课堂教学大赛一等奖。

跟余老师学上课

小说中的圆形人物
——《童年》教学实录

时间：2016年9月
地点：深圳市福苑学校（八年级）

导入

师：刚才我们听到的那首《童年》，是台湾著名音乐人罗大佑作词、作曲，并亲自演唱的歌曲，歌中唱的是他的童年、他的心事。

今天我们要跟着高尔基的《童年》，去看看他的童年是怎样的一番模样。《童年》，我们已经读过了，是不是？

生：对。（后文中的"生"指全班集体回答）

师：那让我们来想象一下，《童年》这本书，如果用一个比喻句，可以把它形容成什么呢？

生1：一扇窗。

师：昨天我们才见第一面，你就跟我心有灵犀，因为老师的下一张PPT就是——它是一扇窗。它是一扇怎么样的窗呢？今天老师带着你把窗户推开，看一看那扇窗里的世界。

活动一：人物漫谈

师：你能说说这本书中让你印象最深刻的一个人物吗？

生2：我印象最深刻的是外祖父，因为他是一个很吝啬、贪婪、专横、残暴的人。

师：说得真好。你能不能举一个具体的情节，来印证外祖父其中的一个性格？

生2：他私底下去贩高利贷。

师：这能说明他什么样的性格？

生3：贪婪、自私。他还暗示别人可以去偷东西。

师：对，就是暗示小茨冈去偷东西，并且表明这是一件好事。很好，坐下。还有没有其他的人物呢？来，那名男生，我看你眉毛动了一下。

生4：阿廖沙。

师：阿廖沙，很好。为什么他会让你印象深刻呢？

生4：因为他经常被外祖父打。

师：是他的被打能引起你的共鸣，说明你很善良，同情阿廖沙的遭遇。很好，请坐。

这本书中有很多的人物，我们各自的喜好也不一样，仁者见仁，智者见智。你们看，这么多的人物，其中有善良的外祖母、任劳任怨的格里戈里，还有"我"的好朋友小茨冈。当然也有一些反面人物，如两个舅舅。那我们今天要讨论的人物，你们应该知道了吧？

生：阿廖沙。

师：阿廖沙，非常不对。昨天我把那篇资料发给你们了啊！

生：外祖父。

师：对，外祖父。

活动二：聚焦外祖父

师：你印象中的外祖父是个什么样子的人？

生5：我觉得外祖父是一个比较残暴、凶残的一个人。但是您昨天给我们发的资料中，却有一些文段反映出了外祖父其实也有善良的一面，也有关心外祖母的片段。我看过了，就觉得外祖父也是善良的。

师：你说你印象中的外祖父是残暴的，但是昨天老师发给你们的资料，让你对外祖父有了一点点改观。

生5：对。

师：你印象中的外祖父，除了残暴，还有其他的性格吗？

生5：吝啬、贪婪。

师：刚才这名女生也说了。

生5：差不多的。

师：很好，坐下。看来昨天我们都认真地读了文段，非常好。

今天我们这节课的任务，其实只有一个，只要解决一个问题，那就是外祖父的形象。

我们先看第一个文段，先齐读一遍。

（学生齐读）

她在我身边坐了下来，一声不吭，微微地摇晃着身子。现在又恢复到了寂静的夜晚了，四周一片漆黑，这真叫好；但再也看不到大火了，真可惜。

外祖父进来了，他停在门口，问道：

"是老婆子吗？"

"嗯？"

"烧伤了没有？"

"没什么。"

他划着一根火柴，蓝色的火光照亮了他那被烟熏得漆黑燎光的黄鼠狼般的脸孔，他看到了放在桌子上的那枝蜡烛，便不慌不忙地挨着外祖母坐了下来。

"你该去洗一洗，"她说，其实她自己也是满脸黑漆燎光的，散发着刺鼻的烟味。

外祖父叹了一口气，说：

"上帝总是对你大慈大悲，给了你很大的智慧……"

他抚摸着她的肩头，呲着牙笑了笑，补充说：

"虽然时间很短，只有一个钟头，上帝总算给了你智慧！"

师：读得非常整齐，而且声音洪亮，老师很喜欢。哪名同学来回答一下，你在这个文段中，从哪些细节发现了外祖父不一样的性格？

生6：我从外祖父叹了一口气的"叹"字感觉到，外祖父对外祖母还是十分友善、友好的，这也可以看出外祖父心中的那份善良。

师：那你能够用友好、善良的语气把这句话读一下吗？

生6："外祖父叹了一口气，说：'上帝总是对你大慈大悲，给了你很大的智慧……'"

师：你说从"叹"字，看出了外祖父的什么？

生6：善良。

师：善良。刚才他有没有读出善良？

生：没有。

师：还是不错。但是叹了一口气，我们平时一般什么时候才叹气？失落的时候才叹气，对不对？

生6：无奈。

师：无奈的时候才叹气，对。所以外祖父叹了一口气，你要注意，前面发生了什么事？

生：火灾。

师：火灾使家里遭受了重大的损失，那这时候外祖父可能因为财产的损失而感到了无奈。请你再来读一下，要读出那种无奈，并且带有一点点悲伤。没关系，试一试。

生6："外祖父叹了一口气，说：'上帝总是对你大慈大悲，给了你很大的智慧……'"

师：不错，情感比第一次要饱满。请坐。除了"叹"字，我们还有其他的发现吗？

生7：我感觉他好像是讽刺外祖母之前不够聪明，"总算"一词，加上"只有""虽然"，意思就是说，他觉得她以前不聪明，只有在这种很紧急的状态下，她才显示出她的聪明，他好像是在埋怨她之前为什么没有把她的聪明才智展现出来，偏偏是在这么紧张的情况下才施展，而且还只有一个钟头。

师：很好。我们知道外祖母在大火当中有一个怎样英勇的表现？

生：救火。

师：救火，她抢救了什么东西？

生：易爆的。

师：容易爆炸的——硫酸。她冒着生命危险，把那些硫酸从火堆里抱出来。那你能不能模仿外祖父埋怨外祖母的语气，来读读这句。"上帝对你太仁慈了，给了你很多智慧，虽然它只有一个小时。"这应该是一种什么样的语气？

生：赞扬。

师：赞扬？

生：开她玩笑。

师：这是一种幽默，开玩笑，或者叫调侃，略带一点点嘲讽。对吗？

生：对。

师：那你来读一下。

生8："他抚摸着她的肩头，呲着牙笑了笑，补充说：'虽然时间很短，只有一个钟头，上帝总算给了你智慧！'"

师：你们注意到没有，她的朗读是有重音的，她强调了哪几个字？

生：虽然、只有、总算。

师：我觉得，以我的阅读体会，可能我会强调"一个钟头"。我们集体来读一遍好不好？

在这里，我们要注意读出外祖父的无奈，读出第二句外祖父的调侃和幽默。

生（齐读）：

外祖父叹了一口气，说："上帝总是对你大慈大悲，给了你很大的智慧……"

他抚摸着她的肩头，呲着牙笑了笑，补充说："虽然时间很短，只有一个钟头，上帝总算给了你智慧！"

师：重音好像还没有读出来，最后一句中的"虽然"要强调一下，还有你认为要重读的是"只有"还是"一个"？

生："一个"。

师：你自己去感觉，这名同学认为是"只有"，老师读这里认为应该是"一个"，这都是个人的感觉，每个人对文字的感受是不一样的。然后这里是"总算"，我们是一致的。最后一句，一起来读一遍。

生8："虽然时间很短，只有一个钟头，上帝总算给了你智慧！"

师：很好。继续说，你还能发现什么？

生9：我找的是，外祖父进来停在门口，他跟外祖母之间的那四句对话。我觉得从这里可以看出，他对外祖母是十分关爱的。因为外祖母是冒着生命危险拯救了这场火灾，所以我觉得这一段，作者把外祖父和外祖母之间的关系写得十分透彻。

师：关系写得十分透彻，能看出来外祖父的关爱。

生9：对。

师：那你来读外祖父的，我来读外祖母的，旁白我来读。"外祖父进来了，他停在门口，问道。"

生9："是老婆子吗？"

师："嗯？"

生9："烧伤了没有？"

师："没什么。"

同学们觉得他读得怎么样？我觉得他还有上升的空间。我们回顾一下，发生火灾的地方是染房，他们躲在了厨房。这时候，家里四处一片漆黑，没有灯。当外祖父走到门口的时候，他应该是一种什么样的心情？是一种询问，里面有人吗？还有没有其他的心理？担心、担忧。他这句"是老婆子吗"应该用什么样的语气来读？

生10：担心。

师：担心，还有吗？设想，当你在黑暗中跟你的家人走失了，刚好到了一个他可能待着的地方，你一打开门，会以怎样的语气问？

生11：充满期待地问。

师：充满着期望，并且带着急切，你的语气可能会稍微急一点。"烧伤了没有？"刚才那名同学读得非常好，那肯定是一种关心。

我们全班一起来一遍，读出那种询问的急切，还有关心之情。依然是我来读旁白和外祖母的部分，我们大家来读外祖父的内容。

师：外祖父进来了，他停在门口，问道：

生（齐读）："是老婆子吗？"

师："嗯？"

生（齐读）："烧伤了没有？"

师："没什么。"烧伤了没有？这么温柔，我们的外祖父会这么温柔地问外祖母吗？

生：不会。

师：他会怎么问？

生：烧伤了吗？

师：他应该是很急切地问，烧伤了没？是不是？看样子你跟外祖母的关系还不像外祖夫那么亲密。刚才同学们的确发现了很多很微妙的细节，但是老师还发现了另外一些。

外祖母和外祖父的关系是非常亲密的。当大灾过后，这一对老夫老妻，你看外祖父是怎么坐到外祖母身边的？

生：不慌不忙，很冷静。

师：还有吗？他不是与她距离50厘米，他是挨着她，不慌不忙地坐下。这代表什么？有你在，我就是你的依靠啊！是不是这样？他会给外祖母带来安心。当然，我们也看到这两位老人都被大火熏得黑漆燎光的。但是都来不及洗脸，外祖父要去寻找外祖母，外祖母也顾不得自己的外貌，但是她却说你应该去洗一洗。这是一种灾难过后，我们说这叫什么？患难见真情。好，我们接着说。

生12：我觉得刚才那名同学说得好像有问题，我觉得像外祖父这么重财的人，外祖母帮他保住了他的财产，他肯定会去关心她。反过来看，如果外祖母没有把他的财产保住，我觉得他应该会很生气，就不会表现出很关心她了。

师：你的意思是，因为外祖母保护了他的财产，所以他才来关心她？

生12：对。

师：你们觉得呢？

生12：因为他是那种残暴、贪婪的人，他怎么会突然之间，因为一场火灾而去关心别人，这完全有问题，肯定是因为财产。

师：很好。她给我们提出了一个疑问，她说像外祖父这么自私、残暴的人，不可能这么有人情味，是吧？你的问题老师现在可能也回答不了，我们接着往下看，下面的文段会给予你答案的。

我们先自由地把第二个文段读一下，自己读，看你能不能读出外祖父另外的性格。他是自私残暴？还是像我们刚才讨论的，还有另外的一面？

（学生自由朗读第二个文段）

一整个夏天，除了恶劣的坏天气，我都住在花园里，在温暖的夏夜里，我就睡在外祖母拿来的毡子上，她也常常在花园里过夜，她躺下来以后，常常给我讲一些故事，有时候，她偶然中断自己的故事，插讲几句话来：

"你看——有一颗星坠落了！这不知道是谁的纯净灵魂，在思念大地母亲！这表示现在在某个地方，又有一个好人诞生了！"

或者指给我看：

"你瞧，又升起一颗星星，它多明亮啊！哦，美妙的天空！你是上帝灿烂的法衣……"

外祖父唠唠叨叨地说：

"你们会着凉的，一对傻蛋，你们会得病的，要不也得中风，小偷来了，先掐死你们……"

从第二个文段中你读到了外祖父怎样的性格呢？

生13：从"外祖父唠唠叨叨地说"那里，可以看出他对外祖母的关心，如果他不关心外祖母，他不会跟外祖母说那么多关心的话。

师：她说到了"唠唠叨叨"这个词语，很好。一般什么人会唠叨你？

生13：亲人。

师：亲人，是啊，路上的陌生人才不唠叨你。还有不同意见吗？这名同学从这一段看出了外祖父还是很关心亲人的。我们集体来把外祖父唠叨的这句话读一下，看看能读出什么味道。

生（齐读）：外祖父唠唠叨叨地说："你们会着凉的，一对傻蛋，你们会得病的，要不也得中风，小偷来了，先掐死你们……"

师：你读到了关爱吗？他在诅咒他的亲人呢！你们一致认同这句话表明了外祖父关心他的家人吗？刚才那名有疑惑的女生，你来谈谈。

生14：我还是觉得外祖父不关心家人。

师：具体从哪里看出来？

生14：一般关心的人都不会这么说，说什么掐死、中风、得病，你关心别人会这么说吗？

师：所以你依然认为，他是残暴的。

生14：我觉得他很不会说话。

师：对，他很不会说话。请那名举手的同学来谈谈。

生15：我觉得前一名同学说得不太对。你看，外祖父这句话也是十分关心他人的，他说，"你会着凉的"。

生14：那你会说"掐死"之类的吗？

生15：会。尽管外祖父说话比较刺耳难听，但这句话里面还是有着关心外祖母和阿廖沙的一种情感。

师：他说这句话的前提是什么？"你会着凉的"，是不是这样？

生15：没错。

师：很好。那作者到底要塑造一个怎样的外祖父形象呢？

生：关心家人。

师：其实我赞同外祖父关心家人这个观点，来看看我的证据，昨天你们肯定没发现。注意这两个词语："整个""花园"。"整个夏天，除了恶劣的坏天气，我都住在花园里。"一个夏天，都住在花园里。"我的外祖母也常常来陪我"，你会住花园吗？

生16：不会。

师：为什么？

生16：因为冷，有蚊子。

师：因为冷，有蚊子，露水重。所以你看，"唠唠叨叨"是经常说，像唐僧念经一样，你绝对不爱听。而且我发现外祖父，他的唠叨是有层次、有艺术感的唠叨。他首先说"你们会着凉的，一对傻蛋"——嘲讽；"你们会得病的，要不也中风"，"得病、中风"——递进；最后面一个递进，"要是小偷来了，先掐死你们……"。其实你们的爸妈也经常用后面的省略号，后面的省略号省略了哪些内容呢？我们可以再递进一层，想象一下。

生17：算了吧，我不管你了。或者，就这样，我管不了你了，随便吧。会不会这样？

生18：你开心就好。

师：对，所以我们这个文段，应该还是体现出了外祖父对家人的一种关心。让我们一起来，感受外祖父粗鲁语言背后的关心，希望你们能够读出来。

生（齐读）：外祖父唠唠叨叨地说："你们会着凉的，一对傻蛋，你们会得病的，要不也得中风，小偷来了，先掐死你们……"

师：很好。这个文段有没有给这名同学一个比较满意的答案？

生12：没有。

师：还是没有？那我们就再继续，刚好老师准备了第三个文段。第三个文段涉及了两个人物，一个是"我"（阿廖沙），还有一个就是外祖父。我们请三名同学合作完成，一个读阿廖沙，一个来读外祖父，另一个读旁白。读的时候，看你感觉外祖父到底是凶残、残暴，还是有点人情味。

（学生三人合作，朗读文段三）

"想的好主意！"有一天，外祖父仔细地看了看我的工作，说道，"不过杂草还会扎你的，因为你留下了草根儿！我用铁锹把地再翻一遍，把草根刨掉，——快，你去把铁锹拿来！"

我把铁锹拿来，他往手上吐了口唾沫，吭了几声，用脚把铁锹深深地踩进肥沃的土地里。"把草根捡出来扔掉！然后我在这儿给你栽上向日葵和筋葵——等它们长起来，那才好看呢！那才……"

突然间，他挂着铁锹弯下身子，不吭声地愣住了；我仔细地看看他，从他那小而聪明的像狗一般的眼睛里，扑簌簌地流出了几滴眼泪，掉进了泥土里。

"你怎么啦？"

他抖擞了一下身子，用手擦了擦脸，模模糊糊地看了看我。

"我出汗了！你瞧，这里的蚯蚓多好啊！"

然后他又挖起土来，突然说："这些地方，你算是白建造了！白建造了！小老弟。这个房舍，我不久就要卖掉。大约秋天之前就得卖掉，等钱用。需要给你母亲买点嫁妆，就是这样。但愿她能过上个好日子，上帝保佑她……"

师：读完了，请你谈谈这部分写出了外祖父的什么性格。

生20："这些地方，你算是白建造了！白建造了！小老弟。这个房舍，我不久就要卖掉。大约秋天之前就得卖掉，等钱用。需要给你母亲买点嫁妆，就是这样。但愿她能过上个好日子，上帝保佑她……"

从这一段我能感受到，外祖父对女儿的关爱。从"但愿""好日子""保佑她"看得出来。

师：不错。他可以变卖自己的家产，只为女儿出嫁的时候能够风光一点。还有其他的看法吗？很好，你来。

生21："你算是白建造了！白建造了！"那两个感叹号，表现了他舍不得那两块地。

师：你说那两个"白建造了！白建造了！"，说明了他舍不得这块地？

生21：我觉得一位父亲本来为女儿办嫁妆，这没错。给女儿嫁妆，就是应该给的，所以我觉得他不是对他女儿关心，只是帮他女儿办个嫁妆而已，就这么简单。

师：你认为，女儿出嫁父亲理当送她嫁妆，是吗？

生21：就算卖地，也应该送她嫁妆，根本就没什么好说的。然后他说"白建造了！白建造了！"明明就是舍不得他的那块地。

师：就是舍不得他那块地，是吧？但他是一个很自私的人，贪婪而且吝啬。我可以打发你5万块钱，也可以打发你200万，对吗？

生21：对啊，他那么多地方，他只卖这个地方而已。而且他家有那个大房子，他不用卖这个。

师：这是一个花园。

生21：对，他可以先把房子全部卖掉，但他没有。

师：我们可能还没有认真读完全书。这一段，它是选自十二章，在《童年》这本书当中，它已经接近尾声了，在这时候外祖父面临一个什么样的情况呢？

生22：他已经很穷了。

师：对，他已经很穷了，他完全有理由说，我不给你嫁妆，因为我很穷了，这房子是我们安身之所。但是，他还能够为了筹备女儿的嫁妆卖掉房子。当然，她有一点说得很对，他舍不得这房子。

老师除了从"白建造了！白建造了！"这个地方发现了外祖父的不舍外，我还从另一个地方有发现。

生23：流泪。

师：流泪，不对。我注意到了，"这里"两个字，连着上面的语境，我们把这句话来读一下。

生23：他抖擞了一下身子，用手擦了擦脸，模模糊糊地看了看我。"我出汗了！你瞧，这里的蚯蚓多好啊！"

师：你读出他的不舍了吗？

生23：没有。

师：没有？那就再来一遍。（生23再读）

生23：读出来了。

老师：读出来了？可能你们没有这种感受，比如，你跟你爸爸去钓鱼、挖蚯蚓，一铲下去，好多蚯蚓，这里好多蚯蚓，你会有惊喜。但是，我们注意，外祖父为什么说这句话呢？他开始是流泪了，被"我"发现了，为了掩饰自己的尴尬，他说"我出汗了""你瞧，这里的蚯蚓多好啊"。他说"我出汗了"就可以了，后面为什么还要来上这一句写蚯蚓的语言？

生24：因为一个人在自己的家乡，如果无法割舍，他就会认为家乡的一切都很好。自己家乡所有的一切都是很好的，所以他就会说这一句话。

师：很好，我觉得你的体会比较到位，你能不能把这段话读一下，"我出汗了"，突出他的那种不舍。

生24："我出汗了！你瞧，这里的蚯蚓多好啊！"

师：有没有听出不舍来？

生：没有。

生25：好像她读得很欢喜。

师：她很欢喜，那看来你要悲伤一点，再来，注意这里的重音。

生24："我出汗了！你瞧，这里的蚯蚓多好啊！"

师：好，已经有进步了，让老师来读一下，看一下能不能读出那种悲伤、不舍。（师范读）

他抖擞了一下身子，用手擦了擦脸，模模糊糊地看了看我。

"我出汗了！你瞧，这里的蚯蚓多好啊！"

是否读出了一点点不舍的味道？

生：有。

师：当然我的水平有限，还不能跟戏剧表演者相比。好，我们再看"等钱用"一词，其实可以看出这位父亲也是一个能够为了女儿，甘愿自己做出牺牲的父亲。

当然还有另一个地方，"我用铁锹"这一处，你能读出外祖父的什么性格？你看他劳动的时候，手上吐了几口唾沫，然后把铁锹深深地踩进泥土里，这是一个什么样的形象？农夫的形象？而且是一个非常专业的农夫。说明他平时肯定是经常干活的勤劳者。

生26：他那时那么穷，他不干活就没钱了。

师：他很穷，他不干活就没钱了，但是这活也不能赚钱呢！我们来看，一切谜底即将揭晓。

屏幕显示：

（圆形人物和扁平人物的小知识）

英国的小说家福斯特这样说，小说中的人物其实分两种，不是好人和坏人，而是扁平人物和圆形人物。圆形人物，开始是一个样，后面是另一个样。那外祖父就符合这个特点。

外祖父，在小说中就是典型的圆形人物。之前我们认为他是个专横、贪婪的人，但是在这些文字的细处，我们发现其实他也有柔情的一面。他为什么会由一个勤劳能干的人，最后变成这样子呢？可能还跟当时的社会有关。

屏幕显示：

（社会背景材料）

当时，已经是俄国大革命前夕，社会非常混乱。如果你是个守秩序的人，可能在那个社会就无法生存。我们说人是社会的产物，所以外祖父就变成了这样子。但是，高尔基并不赞同外祖父变成这个样子，他在小说里其实想歌颂的是，哪怕在这样的社会中，依然有能够保守人性光辉的，像外祖母、"我"、小茨冈、格里戈里这样的人。

所以，回到最初，我们通过《童年》这扇窗可以看到什么？

生：俄国社会。

师：透过这本书，我们跨越国境，看到了当时俄国底层人民的生活状态。老师更想说的是，这本小说也像是一口井，井中蕴藏着人性的隐秘、人性的复杂。我也希望你们带着这一节课的收获，在将来的阅读当中，运用圆形人物这个知识去分析其他小说中的人物，可能你会更多地领略到小说人物的人格魅力；也能明白经典小说之所以经久不衰的原因。

以后看书不要只看情节，我们还要学会欣赏人物。今天的交流很愉快，下课。

生：老师再见。

跟余老师学研究

教出小说的味道

——以《芦花荡》教学为例

一、目前的小说教学现状

开学发放新书时，学生翻开语文课本，最喜欢读的是小说。但学完一篇小说后，学生对小说的理解并未比之前自学的时候提升多少。我们这种低效或者是无效的小说教学，问题到底出在哪里？关于这个问题，学术界早有觉察。刘衍文教授就说过：长期以来，我们的小说教学，"除了被拧干了的'人物、情节、环境'这三个概念，事实上已没有多少知识可教了。"孙绍振教授也认为：语文教育界关于文学的"观念"（知识）"至少落后二十年到五十年"。当下的初中小说教学，很大程度上依然囿于解读小说的内容，分析小说的人物形象，总结小说的主题。游离在小说的内容表面，没有真正带领学生进入小说的世界，更谈不上去体会经典小说的精彩之处了。

这是一个经常被引用的案例，有位老师上《智取生辰纲》，花了一节课的时间讨论一个问题——杨志为什么丢失了生辰纲。一节课下来，老师、同学们一起总结了八个原因：部下无人、权力受制、对手太强大、天意弄人、老天不作美、作者安排、内部矛盾等。这种课例，可以说是"非"语文的，它实际上是把小说做了一种社会学的解读，它是对社会现象的评释，是在讨论一个人押送一批货物为什么没有成功。而语文课应该探讨这篇小说中的语文要素，如情节的设置、人物塑造的手法，等等。

正如吕叔湘先生曾说的：语文教学存在的弊端"第一是在阅读教学上不恰当地强调所读的内容，而把语文本身的规律放在次要的地位"，第二点错误的认识是把语文课看成知识课，看成跟历史、地理或者物理、化学一样的课。

不了解语文本身的规律，缺乏文学理论的知识，特别是缺乏小说写作技巧方面的知识积累，这也许就是我们对小说解读肤浅化的原因吧！

二、小说教学的意义

小说在文学理论上的定义是：是用散文写成的，具有某种长度的虚构的故事。可以说小说是最接近人生的一种文本，只要是一部好的小说，只要认真读了，实际上就是在经历一种特殊的人生。读小说，某种程度上可以说它延长了我们人类有限的生命，用虚拟的方式丰富了我们单一的生活。这就是小说的价值。

从读者的角度看，读小说可以延展生活的空间，暂时去体验另一个空间、另一群人物的生活，读者了解小说内容，体会人物情感即可。但从教学的角度看，我们就不能仅停留在小说的内容层面，还应该从小说写作的高度来解剖小说，从而教会学生如何欣赏经典的小说。

初中阶段的课本中收录了约15篇小说，内容丰富，涉及古今中外。作为语文老师，小说教学的意义就在于，让学生从一个不高明的读者、比较低级的读者向成熟的、高级的读者发展，从一个只懂得关心情节的读者，向懂得欣赏小说手法的读者转变。因此，我们的小说教学不应当只停留在小说内容的探讨上，还应着眼于小说的文体特点和言说智慧，深入领略小说布局谋篇的奥妙，甚至教会学生习得小说写作的技巧。

三、如何教出小说味

1. 教人物塑造的技巧

当我们在教《芦花荡》这篇课文的时候，老头子形象的分析是一个重点，一般我们会抓住"过于自信和自尊"这句话来作为老头子的主要性格。八年级上册的《教师教学用书》上对老头子的形象总结为：爱憎分明、过于自信和自尊、智勇双全。这种结论从正面和缺点两个方面中肯地评价了老头子。但是，老师的教学不能止于让学生知道老头子的形象，教学还要再向前走一步，思考孙犁为何要塑造这样一个带有缺点的英雄。这个问题是学生自己读小说时读不出来的问题，也是学生学习这篇小说可以获得的一个基本知识。

在此，老师可以教授小说中人物塑造的技巧。老头子是一位年老但精明能干、水上功夫一流的传奇人物，为了让这个形象更真实、可亲，他也会过于自信和自尊，也会对两个女孩流露出疼爱，以及被"轻视"时的懊恼。试想，如果老头子没有这样多面的性格，那这个形象就会因为太过完美而让人产生几分疏离感。因为完美的事物在唤起我们敬畏感的同时，也剥夺了它真实的温度。完美的人格，会因为离我们太过遥远而失去了亲切感。而作者也正是通过赋予老头子多重的性格，才让这一艺术形象更加亲切、自然，深入人心。

或者再把人物形象的知识提高一点，让学生了解小说中圆形人物和扁平人物的概念。扁平人物是作品中性格比较单一的人物形象，但是圆形人物很难用一个特征来概括他的性格，他们具有性格的多变性。扁平人物如李逵（鲁莽）、奥楚蔑洛夫（善变），圆形人物如于勒、孔乙己。这样，学生再去读小说时，对人物的鉴赏能力就会提升一个层次。

2. 教情节设置的巧妙

情节是小说的另一个要素，虽然现代小说出现了心理类小说和荒诞小说等新流派，但初中语文课本中的小说基本上还是以传统的情节类小说为主。

学生看小说，就是看情节，他们可能会为《麦琪的礼物》中意料之外、情理之中的精彩结尾而惊呼过瘾，但很少从作者如何构思、布局的角度去研究这种精彩是如何"酿造"出来的。

《芦花荡》的情节并不复杂，主要由两个情节构成：老头子护送两个姑娘进苇塘，却大意让大菱受伤；老头子精心布局，痛杀鬼子。但是，认真分析小说的情节，却发现"大菱受伤"的情节，是整个小说的关键所在，如果没有"大菱受伤"，就不能完成老头子过于自信的性格塑造；如果没有"大菱受伤"，就不能体现敌人封锁线的严密；如果没有"大菱受伤"，就没有后文的"诱杀鬼子"，小说的情节就会趋于平淡，没有悬念；如果没有"大菱受伤"，就不能体现老头子布设陷阱的智慧和诱杀敌人时的胆识……如果在教学设计中，我们设置一个主问题——如果没有大菱的负伤，小说的情节或人物形象会有怎样的变化？这个问题一定能牵动学生的思考，让学生对全篇进行比较细致的思考，从而更好地解读小说。

所以从小说构思的角度考虑，"大菱受伤"是一个巧妙的设置；从小说教学的角度，"大菱受伤"也是一个小说情节设置很精巧的抓手。

3. 教叙事视角的安排

常见的叙事视角是第一人称、第二人称、第三人称。第三人称的视角又分为三种类型：全知型视角、有限全知型视角和客观型视角。在同一个作品里经常出现全知型—非全知型、客观型—非客观型之间的切换，切换视角时产生的别样效果，就成了一种叙事的技巧。

（1）全知型视角

就是第三人称叙事，叙事者在作品外面，但作品里面所有的人、所有的事情，包括所有人内心的秘密叙事者都知道。

（2）有限全知型视角

有限就是不再对作品里面所有人心中的秘密都了解，只能看到这个人外部的一些言行，把它表现出来，人物内心怎么想的并不知道。

（3）客观型视角

客观型的第三人称，就像前面放的摄像机，叙事者就像摄像机，但"我"内心怎么想的，"我"心中发生的变化他是看不到的。

说到叙事视角，在初中的小说篇目中《最后一课》和《孔乙己》是最具代表性的。但是仔细阅读《芦花荡》，发现文中也利用了视角转换的技巧，让小说的情节产生了悬念。这篇课文主要采用了全知型的视角，但是在33段中，当老头子得知大菱挂花后，只写了"那小船很厉害地仄歪了一下""他觉得自己的手脚顿时失去了力量"，另外，第46段写道："老头子站起来，拾起篙，撑了一下。那小船转弯抹角钻入了苇塘的深处。"这些地方只写了老头子的外部动作，他的内心想法却没有交代，这就给读者留下了回味的余地。

为了让学生体会视角转换带来的效果，可以安排学生以老头子的视角来改写第33段或46段，以第一人称的口吻去描绘当时老头子的内心世界。把学生的习作与原文用全知型视角的效果进行对比，引导学生去赏析、评价不同视角的不同效果。从而明白小说就是在全知视角和非全知视角之间进行了切换，把小说人物的心理变化安排得错落有致，让我们的小说阅读更添乐趣。

当然，叙事视角的知识对于初一的学生而言可能有难度，可以安排在初二或初三，当学生有了一定的小说知识的积累之后再接触。

4. 教本篇小说的特色

根据文体来确定教学目标，但是我们也不能忽视每一篇文章独有的气质。拿小说举例，孙犁的小说与鲁迅的小说风格就完全不同。因此，每篇小说自己的风格，也是小说教学中应该留意的教学点。

《芦花荡》区别于其他小说的最大特点就是，语言富有诗情画意，充满水乡的气息。"天空的星星也像浸在水里，而且要滴落下来的样子""弯弯下垂的月亮，浮在水一样的天上"，让我们感受到了冀中水乡夜晚的静谧、美好，写出了水乡月明、水清、塘静的特点。"这里的水却是镜子一样平，蓝天一般清，拉长的水草在水底轻轻地浮动。""平""清"二字，写出了淀水的清澈，在平静的淀水下面是轻轻摆动的水草，此句动静结合地写出了平静湖水下暗藏的不平静，是一处巧妙的伏笔。"苇子还是那么狠狠地往上钻，目标好像就是天上。""狠狠"表现了抗日军民对日寇的仇恨；"钻"表现了抗日军民的坚定信念和不屈精神；努力长高的苇子生动地展现了在残酷的战争年代里，白洋淀人民威武不屈、顽强生存的姿态，象征着白洋淀人民的意志和力量。这些景物描写的句子都可以让学生细细品读。

孙犁曾说："我写了一些作品。看到邪恶的极致，我不愿意写。这些东西，我体验很深，可以说是镂心刻骨的。可是我不愿去写这些东西，我也不愿回忆它。"这就是孙犁的作品，它总能以诗意的语言、独特的艺术表现手法给读者全新的抗日感受，用美丽的心灵描写了美丽独特的芦花荡，给读者一个美的心灵体验，给读者留下对战争的特殊记忆。

以上就是我在暑假读完了《小说教学教什么》一书后，结合《芦花荡》的一些浅薄思考，因为自己对文学理论、小说写作技巧方面的知识也是知之甚少，不知以上解读是否正确，请余老师批评指正。

跟余老师学做人

余老印象

余映潮老师，全国著名的语文特级教师。他的大名，响彻大江南北，此生，从未想过能与余老师有何交集。但，幸运总在不经意中降临。2015—2017两年间，余老师四次亲临深圳市龙华新区指导余映潮工作室学员的业务培训。为留存与余老师相处的美好时光，仅以此文，献给近距离接触四次，却可能影响我一生的敬爱的余映潮老师。

第一次见到余老师是在2004年，当时在深圳罗湖外国语学校的小礼堂内，余老师的《说"屏"》一课至今还历历在目。

"'这一段在文中有何作用，能否删去？'请说说你的理由。"那节课用一个主问题，以四两拨千斤的态势把一篇说明文的脉络、布局安排梳理得一清二楚，让当时初涉教坛的我目瞪口呆、佩服不已。当时我所想的是：课堂环节怎能处理得如此清晰而厚重，一个问题怎么能如此绝妙地囊括所有的教学内容？

期间，也听过余老师十多次的授课和讲座，总有满满的惊喜和收获。但舞台上那道清瘦的身影，似乎是可望而不可及的。

直到2015年，在新区教研员向浩老师的组织下，我们有缘得以亲近大师。

认真 严谨

未见其人，先感其风。

在培训前，余映潮工作室的每位学员要完成与培训主题相关的论文和教学设计各一篇。久未写文章的手，终于在2015年的暑假熬出了两篇自己较满意的作业。上交作业不到一周就接到了余老师的批改建议。我迫不及待地打开自己的作业，查看评语。"文章架子搭得大，所以空话多。"简洁而极具摧毁力的12个字，如当头棒喝，让我一颗自信满满的心立即冰封，眼眶立即涌上一层委屈的白雾。强忍着失落，阅读了其他学员的文章及评语，也终于明白了自己作业的不足。确如余老师评价的那样，选点大而内容空洞，没有落实在课堂的操作层面。

回看12字评语，仿佛见到了一位神情肃然的老者，笔直地坐于书桌前，用自己毕生的学识和智慧，在批改着一份份稚嫩的论文，面对一份份误入歧途的思考，以最直接、最严格的评语来敲击这些迷惘者的心。

在余老师的严格要求下，我学会了如何巧妙而实在地选择论题，如何避免论文语言过于感性，这样的训练让我的写作能力不断提高。在余老师勤勉的影响下，自己在寒暑假也未敢有所懈怠，认真、努力地完成余老师布置的一篇篇作业。两年来，余老师教给我的，恐怕不仅仅是如何写好一篇篇论文，更深远的，是从他的言行中，让我懂得了一个做学问、做教育的人所需要具备的认真、严谨的品性。

正直 严格

那一句话，至今我还深深地记得。

工作室第三次活动，对学员的要求有所增加，除了在假期完成两篇作业和现场授课外，还增加了学员现场评课的环节，以此来锻炼学员们看课、评课的能力。

当时有位初涉教坛的年轻老师说："这篇课文我没有教过，我只能说说自己听课的心得……"等到余老师开口点评时，留给我们的是震惊。余老师说："文本都没有解读透彻就来评课，这是很不好的现象。"回头想想，工作室的每一次活动，我们上的每一堂探讨课，课后余老师都会立即评课。学员上课时，余老师总是安静地坐在教室的某个角落，认真地在他的笔记本电脑上记录着上课信息，脸上的神情专注、严肃。评课时，余老师总能在点评该课后，立即给出自己的创意设计,构思之巧妙,材料之丰厚,这恐怕都是余老师提前研读课文而精心准备了资料的结果吧!难怪余老师还说:"如果要评课,就不用说谦虚的话。少用'我觉得'之类的语言。"他用自己的行动教育了我们,要评课就要提前精研本文,如此评课时才能底气十足。他另辟蹊径地谈自己的研究,说自己的看法,从而获得同行的认可。

看到余老师每次规范而翔实的课堂记录,每次评课时"有备而来"的自信从容,让我深深地佩服,一位70岁的老人,要有何种毅力、何种热情,才可以在语文的世界里如此乐此不疲、孜孜不倦地前行啊!想到此,作为后生晚学,我羞愧不已!

亲和 慈祥

余老师在评课论道时,是我们膜拜的大师;但在课堂下,他却是可亲慈祥的长辈爷爷。

作为大师级的人物,在语文界内的粉丝无数,能与大师合影,是很多年轻人的梦想。因与余老师有过四次会面,也积攒了不少合影,每每翻看,心里美滋滋的。

第一张是工作室大合影,余老师穿着深咖色细格长袖衬衣,双手搭放在膝盖上,神情淡然中有一丝欢喜。周围站立着工作室所有成员,大家笑靥如花、青春洋溢。想必得知能得到余老师的指点,大家心里都乐开了花吧!

第二张是我和两位同事,2016年在同胜学校听完余老师的报告后,与余老师的合影。余老师依然是嘴角上扬,平静淡然的微笑,像邻家亲切的老爷子,但那道明亮深邃的眼神,证实了他真正的力量。

第三张是我和余老师的单独合影。记得当时,大家争相与余老师合影,我也壮着胆子,瞅准一个空当,快步跑到余老师身边,余老师微微点头,对着镜头展现他那自信的微笑,大师立于身旁,小辈惴惴不安。余老师微笑着对拍照者说:"再来一张,再拍一张。"顿时让我觉得与余老师的距离不再那么遥远。

一张张照片,将余老师与我们的情谊定格;一张张照片的背后,是余老师向我们传递知识和智慧火种的过程。凝望一张一张的照片,两年来学习培训的点点滴滴顿时浮现。四次培训,一次两天时间,四次培训累计不到10天。但为了有立足于讲台的自信,为了获得余老师的认可,为了这舞台上的绽放,我们都做足了功课,等待余老师的检查。余老师的每次验收,都让我们这些拙徒的能力更上一层楼。

工作室的学习虽已结束,但余老师两年来撒播在我们教学心田里的种子必将慢慢成长，余老师正直敢言、严格要求、勤勉治学的风范必将陪伴我们向更远处跋涉。虽已毕业，但新的教学之路才刚开始。感谢余老师与我们两年来共度的每个3月和9月。也许，从今以后，每年3月的春风、9月的绚烂，将成为我们内心深处不可言说的幸福。

余映潮老师和宋磊老师的合影

诗情画意玩语文　迢迢前路有明灯

——向浩跟余映潮老师学教语文

> **学员档案**
>
> 　　向浩，广东省深圳市龙华区初中语文教研员，龙华区首席教师。第六届"语通杯"全国"教改新星"。曾在2010年第二届"中语杯"全国初中语文教师课堂教学大赛等各级比赛中荣获第一名。近年来，在各级各类刊物上发表论文、教学实录60余篇，在全国20多个省（市）执教公开课和做讲座，出版专著《朝闻道》，主持和参与省、市级课题3项，主持名师工作室3年。

跟余老师学上课

词有意　文有味　人有情　境有韵

——《小石潭记》教学实录及专家点评

时间：2010年7月

地点：江苏省连云港星海中学

一、初读课文，整体感知

师：老师想请问大家几个关于连云港的问题，如果你们知道答案的话，我想请你们自豪地、大声地齐声告诉我，可以吗？

生：（点头）可以。

师：咱们连云港最有名的山叫什么山？

生：（大声且微笑地回答）花果山。

师：还要自豪点！第二个问题：咱们连云港最有名的洞叫什么洞？

生：（大声、自豪）水帘洞！

师：不错！那么咱们连云港最有名的人是谁呢？

生：（笑）孙——悟——空——

师：在我的心中啊，最有名的是——咱们七（7）班的同学，你看今天这么多老师来看大家如何学语文！接下来，老师要给大家介绍一位唐代的名人，他的名字叫柳宗元。（出示柳宗元图片）

看到柳宗元，觉得他怎么样？（请一生回答）

生1：非常有诗意！

师：非常有诗意！有气质是吧？真是"腹有诗书气自华"啊！前一段时间我在上网的时候通过百度搜索了一下"柳宗元"三个字，出现了一个非常有意思的表格框。我们一起来看一下。

屏幕显示：

（柳宗元简历）

师：《永州八记》文笔优美，引人入胜！咱们今天就学习其中最有名的一篇《小石潭记》。（师写课题"小石潭记"）

前几天，咱们预习了这篇课文，接下来，老师想请大家读一读这篇课文，主要是想听听大家能否将字音、节奏读准。今天读书我们换一种方式，由大家自告奋勇地站起来读，你想读哪一段就站起来读哪一段，我相信咱们连云港的同学是有这一份魄力和胆识的。第一段，谁来读？

生2：（朗诵第一段）

师：我很喜欢你读书的那个语调，有点拖曳感。如果把逗号和句号读得更明显一些，效果就会更好。了不起！很好。第二段，谁来读？

生3：（朗诵第二、三段）

师：这名同学的声音如果更响亮点效果会更好些，注音和节奏基本上是准确的。"其岸势/犬牙差互"，再读一下。

生3："其岸势/犬牙差互。"

师：非常好！请坐！第四段，谁来？

生4：（朗诵第四段）

师：你读书吐字非常清晰，字音和节奏也非常准确。最后一段，谁来？（环顾四周，边走边说）我随便点一名，好吗？（走到一女生前）来，你来，好吗？

生5：（朗诵最后一段）

师：你读得这么好，为什么不举手呢？幸好被我发现了，不然太可惜了，是吧？读得不错。同学们的读音和节奏都非常准确，说明我们预习得非常到位。（学生鼓掌）

同学们，柳宗元在写《小石潭记》的时候，重点描述了小石潭及小石潭周围的哪些景物呢？你们知道吗？谁来说一说？

生6：柳宗元重点描写了小石潭的水、石、游鱼和周围的树木等景物。

师：我记住了你说话的内容，（一边复述一边画图板书）水，还有石，还有小石潭中的鱼，还有小石潭岸边的树，对吧？还有吗？

生6：没有了。

师：请坐，很好。有没有同学要补充的？谁来？（环顾四周）你来。

生7：还有山。

师：小石潭周围的山是吧？嗯，请坐。还有吗？（板书：画山）大家看一看，还写了小石潭西南的什么景物？发现没有？

生8：有小溪。

师：还写了小石潭西南的小溪。（板书：画小溪）写完小溪后他马上顺带着写了小溪的什么？

生8：写了小溪的"斗折蛇形，明灭可见"。

师：岸。很好，坐下。

（板书：画岸）

师：大家再仔细看一看文章，还没有进入小石潭的时候，他看到了小石潭的什么？诶，你的眼神告诉我你发现了。

生9：竹子算不算呀？

师：当然算，怎么能不算呢！（板书：画竹）还写了小石潭的竹。还有吗？来，你说。

生10：还有水声。

师：水声也是写水，对吧？实际上，他在最后的时候还写了小石潭周围的环境。

（板书：环境）

二、初探"词之意"

师：同学们，小石潭的这些景物各自有什么特点呢？你能不能用一个词语告诉我？如果你们能够用一个四字词语告诉我的话，那就太好了。（微笑）下面呢，就请大家看书，从文章中找出凡是能够描写这些景物的语句来，同桌之间可以讨论思考一下：这些景物各自有什么特点？开始。

（生看书，讨论思考，师巡视指导）

师：好。谁第一个来说一说？来，你来。你想概括什么景物的特点呢？

生11：我想概括的是水声的特点。

师：水声有什么特点呢？

生11：书上就给了一个词——"如鸣珮环"，把它概括一下就是"清脆悦耳"。

师：这个词语非常好——清脆悦耳，把这句话给大家读一读。

（生朗读）

师：你明白这句话的意思吗？

生11：就是隔着竹子，"我"就听到了水声，像玉环相撞的声音一样，"我"心里很开心。

师：说得非常好。水声清脆悦耳。好，那么其他景物还有什么特点呢？谁继续来说一说？好，你来。

生12：小溪是斗折蛇行的！

师：小溪是吧？小溪有什么特点呢？

生12：斗折蛇行，明灭可见。

师：我很喜欢你这种读书的方法，善于借用文中的词语来概括景物的特点。你是从哪一句话看出来的？

生12："潭西南而望，斗折蛇行，明灭可见！"

师："斗"，什么意思？

生12：像北斗星那样！

师：像北斗七星那样曲折，"蛇"呢？

生12：像蛇爬行那样弯曲。

师：很聪明，一下就学会了。好，这句话的意思给大家说一下！"潭西南而望……"

生12：潭西南而望，看到溪水像北斗星那样曲折，像蛇那样蜿蜒前行，时隐时现，明灭可见。

师："潭西南而望"，应该理解为——向潭的西南——

生12：望去！

师：再说一遍！

（学生重复）

师：好，请坐。刚才这名同学概括了小溪的特点是"斗折蛇形，明灭可见"。巧借文中的词语进行概括，非常好！那么，其他景物还有什么特点呢？谁来说一说？

生13：我想说的景物是小石潭旁边的青树。文中的话是："蒙络摇缀，参差披拂。"如果用我的话来说就是，青翠欲滴，藤萝摇曳。

师：再说一下最后两个词语！

生13：青翠欲滴，藤萝摇曳。

师：这个词语美不美？

（学生齐点头）

师：非常美，你把这句话的意思给大家说一下。

生13：翠绿的藤蔓遮掩缠绕，摇动下垂，参差不齐，随风飘扬。

师：藤蔓（wàn），在文中读青树翠蔓（màn），当它跟"藤"连在一起的时候，我翻过词典，读"wàn"。变化一下，好吗？多音字。——说得特别好，特别是两个词语，非常优美。那么我们看一看，除了小溪、水声、树之外，其他景物还有什么特点呢？比如，石、鱼、岸、环境，等等，谁来说一说？

生14：池底的石头是多姿多态的。

师：多姿多态，挺好的。从哪个句子看出来的？

生14：从排比句"为池、为屿、为嵁、为岩"看出来的。

师：你明白这句话的意思吗？

生14：像池一样、像屿一样、像嵁一样、像岩一样！

师：前面那几句话你懂吗？"全石以为底，近岸，卷石底以出。"

生14：有一点不明白。

师：没关系。你说到哪个地方不明白我告诉你。

生14：我先翻译一下：潭底以整块石头为底，靠近岸边，"卷石底以出"，这句话不明白！

师：咱们学文言文可以借助注解知道吗？看注解。

生14：石底有部分翻卷过来，露出水面。

师：明白了吗？借助注解，读文言文就会读懂！——后面一句话我告诉你，这个"池、屿、嵁、岩"就是我们现在的一些特定名词，可以不翻译。什么意思呢？就是成为池、屿、嵁、岩等形状。明白了吗？谢谢你，请坐。

（师走到黑板前，指着"石"板书）

师：这名同学概括出了池的特点是多姿多态，还有没有其他可以形容池的词语呢？例如——

生15：千姿百态，怪石嶙峋！

师：你太厉害了。你词汇怎么这么丰富啊。好，我们再看一看小溪的岸有什么特点？

生16：小溪的岸是参差不齐的。

师：参差不齐是吧？你从哪句话看出来的？

生16：从"其岸势犬牙差互"看出来的！

师：我问你一个词语的意思好吗？

生16：好。

师："犬牙"是什么意思？

生16：像狗的牙齿一样！

（向全体学生）

师：你们记清楚了吗？这是一个非常特殊的地方，像狗的牙齿一样。听明白了吗？你把这句话的意思跟大家说一下。

生16：像狗的牙齿一样参差不齐。

师：谁啊？向老师吗？

（学生笑）

师：对，前面的主语要加进去，它的岸势——再说一遍。

生16：它的岸势像狗的牙齿一样参差不齐。

师：非常好，请坐。（指着黑板）——那么小石潭里的鱼有什么特点？鱼，谁来说一说？

生17：文中其实没有怎么描述鱼，要是我就想说这个鱼特别调皮！

师：特别调皮？

生17：是，因为他说"怡然不动，俶尔远逝，往来翕忽。似与游者相乐"，像在跟游者玩那样。

师：你能把这句话的意思跟大家说一下吗？

生17：（不情愿）还要翻译啊？

师：（老师笑）咱们先说一说它的意思，方便理解嘛。好不好？说一下吧。

生17：它一点也不动，呆呆的样子，忽然就向远方游过去了，来来往往，非常轻快又敏捷！

师：一定要说，你看一看，前面你说不知道借助注解，现在就知道借助注解了，这是一个收获哦！

（该生不住点头）

师：请坐，很好啊！写出了鱼的调皮，如果用一个四字词语，你再说一下！

生17：如果用四字词语的话，调皮的近义词就是——顽皮可爱！

师：很好啊！顽皮可爱，活泼可爱，都可以！（指向黑板）同学们，小石潭的环境有什么特点？

（生18举手）

生18：可以用文中的三个词来描述，第一个词是"寂寥无人"，第二个词是"凄神寒骨"，第三个词是"悄怆幽邃"。

师：你明白这三个词的意思吗？

生18：哦，明白。

师：给大家说一下。

生18："寂寥无人"的意思就是寂静寥落，空无一人。"凄神寒骨"的意思就是感到心神凄凉，寒气透骨。"悄怆幽邃"就是幽静深远，弥漫着忧伤的气息。

师：我想请问你，"凄神寒骨"的"凄"是什么意思？

生18："凄"就是凄凉的意思。

师：我告诉大家，这个地方非常特殊，它的意思是"使……感到凄凉"，记住了吗？"寒"呢？

生18：使……感到寒冷！

师：你瞧，多么聪明的孩子，一学就会。"使……感到寒气透骨"，太了不起了，请坐。咱们来看一看，竹呢，文中写竹的地方好像不多哦。如果你能概括出它的特点来的话，那你就是最聪明的孩子了！——诶，那名女同学，来！

生19：我觉得竹的特点就是密密麻麻、枝繁叶茂。我从"伐竹取道"看出来的，它说明竹子长得密密麻麻，如果不把竹子砍伐掉的话，就没法通过了。

师：这是一个思维非常缜密的孩子，考虑问题非常细致。"密密麻麻"我好像不大认同，一般颗粒状或点状的东西用"密密麻麻"，但是后面的"枝繁叶茂"，可不可以？可以吧？茂密，挺好！——刚才很多同学概括了这些景物的特点（指着板书），我觉得咱们还没有把"水"的特点概括尽。刚才我们只是概括了水的清脆悦耳——水声，那么水还有一个最显著的特点，不知道你们发现了没有？

生20：清澈见底。

师：清澈见底，声音大一点，让全体同学都听得见。

（生大声重复）

师：你从哪句话看出来的？

生20："水尤清冽"。

师："水尤清冽"，是什么意思你明白吗？

生20：水格外清澈。

师：非常好！其实还有一个地方也可以看出来，但是要动脑筋。

生21：从"潭中鱼可百许头，皆若空游无所依，日光下澈，影布石上"这里也可以看出来。

师：为什么呢？

生21：正面是描写鱼的自由自在，侧面却是表现了水的清澈透明。

师：你为什么这么聪明！（全场笑）这属于什么描写？

生21：属于侧面描写。

师：你为什么这么聪明啊！（全场再笑）请坐。大家记下来——侧面描写。这是一个非常特殊的写法。刚才呢，咱们一起讨论了小石潭这些景物的特点，而且我们一起积累了很多优美的词语，今天我们收获不小哦！

三、再探"文之味""人之情""意之韵"

师：柳宗元给我们描绘了一个风光旖旎、非常迷人的小石潭，那么柳宗元在游历这个小石潭的时候，他的心情有没有发生变化啊？

（生22点头）

师：你说吧，我看你头点得最厉害！

生22：柳宗元一开始的时候，我猜想他的心情可能是低落的，然后看到如此美景，心情又欢快起来了，可是到最后的时候又不开心了。

师：还没有进入小石潭的时候心情可能是失落的，进入小石潭的时候心情可能是快乐的，最后心情又是忧伤的！好，我把你这几个关键词记下来。请坐！

（板书：忧—乐—忧）

师：那么，从文中哪些地方可以看出柳宗元的心情是快乐的呢？在这些语句里面你认为哪一句话写得最精彩？你们都考虑好了？谁来说一说？这样吧，你们在文章中先找出来，咱们不着急，先找出来，把文章读一读，再在文中画出来。同桌之间先交流一下，然后我们再讨论，好不好？好！开始！

（生交流讨论，师巡视指导）

师：好！大家停下来！刚才我问了几名同学都说考虑好了！我可不可以跟大家先交流一下我的想法？可不可以？

生（齐声）：可以。

师：（屏幕显示）在读文章的时候啊，我觉得这个句子可以看出柳宗元的心情是快乐的——"水尤清冽"，为什么呢？你看这个句子，它主要写出了水的干净澄澈，见到这样的水，我们人都有一种心情非常空澈、宁静的感觉。你们说呢？你说见到这样的水谁的心情不好呢！是吧？我最欣赏这句话两个方面。第一个方面呢，它在写法上是典型的"寓情于景"。这里没有直接写自己的心情是快乐的，但是我们读了这句话以后，明显发现他的心情是快乐的。第二个呢，我特别喜欢其中的一个字——尤，"尤"就是"尤其，特别"的意思，水特别清澈，在读这句话的时候我明显能感觉到作者在写这个字的时候，他因为惊喜而流露出来的对水的赞美之情。你们说呢？最重要的是，在读这个句子的时候啊，我会油然联想到我曾经在其他的文言作品里见过的一些描写水的语句，比如，"水皆漂碧，千丈见底"。记得那天晚上我在读这个句子的时候，不禁自己吟诵起来了——"伐竹取道，下见小潭，水尤清冽"。我希望大家也带着这种读书的方法，来读其他能够体现柳宗元心情快乐的句子，好吗？

（板书：赏析—联想—朗读）

师：谁第一个来？

（生23举手）

师：好，你来。

生23：我找的是第二段，"怡然不动，俶尔远逝，往来翕忽。似与游者相乐"。

师：为什么这句话可以看出柳宗元的心情愉快？

生23：最后一句话说"似与游者相乐"，好像在与游客们互相游玩一样。如果柳宗元不开心的话，他就不会想到鱼儿在跟"我"玩；而如果伤心的话，他就会说鱼儿都跟"我"一样心情特别低落，都是为"我"排忧解难的，游来游去，很伤心的样子。

师：我很喜欢你这种联想方式。首先我要打断你一下，你刚才说是写他心情快乐，柳宗元是其中的游人之一吗？

生23：是的。

师：似与游者相乐？

（该生连忙摆手）

生23：他如果是游者的话，应该就说和"我"一起玩，应该是说他看着别的游者。

师：（呵呵笑）很好，老师想请问，"怡然不动，俶尔远逝，往来翕忽"，这个鱼儿游戏的场景你在生活经历中有没有见过？

生23：（想了一下）家里的金鱼。

师：家里的鲫鱼还是金鱼？

生23：金鱼。

师：给大家描绘一下，家里的金鱼是怎样"怡然不动，俶尔远逝，往来翕忽"的？

生23：我们家有个大大的鱼缸，长方体的，水特别深。我在看电视的时候，鱼就靠在玻璃壁上，呆呆地看着我。我想鱼看着我，我就过去跟它玩玩呗，我走过去的时候，鱼就怕我，就跑进假山里的水草中，不见了！

师：跑了！大家有这样的生活经历吗？有没有发现唐代的鱼跟今天的鱼一样活泼可爱啊！（呵呵笑）如果让你来读这句话的话，怎样才能把那种活泼可爱的感觉读出来？试一下！

生23：（朗读）"怡然不动，俶尔远逝，往来翕忽。"

师：我发现你读的时候有点变化，"怡然不动"读得慢一点，"俶尔远逝"读得快一点，为什么这样处理啊？

生23：因为"怡然不动"要是读得很快就没有那种静的感觉了，后面要快一些。

师：那也就是说，这个地方用了什么样的特殊写法？

生23：动静结合。

师：真聪明的孩子！请坐。文章是慢慢品出来的，同学们说是不是啊？还有哪句话可以看出柳宗元的心情是快乐的？你的眼睛在看着我，把话筒给他！

生24："从小丘西行百二十步，隔篁竹，闻水声，如鸣珮环，心乐之。"从"心乐之"这三个字体会出来的。

师：从"心乐之"体会出来，他直接告诉你了是吧？他的心情非常愉快！那么在这几句话里面你觉得写得最精彩的是哪一句？

生24："隔篁竹，闻水声，如鸣珮环。"

师：最精彩的一个词语呢？

生24："如鸣珮环。"

师：为什么？

生24：这句话的意思是人身上佩带的玉环碰撞发出的声音。我觉得描写得特别美。

师：描写得特别美，写出了水声的什么感觉？我们珮环是由什么材质做的？

生24：玉。

师：玉是不是？玉撞击发出的是什么声音？

（将话筒转向生25）

生25：清脆、空灵、悦耳。

师：再说一个形容词！

（生25想了想，面有难色）

师：三个足矣！清脆、空灵、悦耳的感觉，所以这个句子写得特别好！

（转向生24）

师：里面用了一种修辞，你发现了没有？

生24：是……

师："如鸣珮环"是什么修辞？

生26：（抢着说）比喻。

师：（对生24）他帮助你答出来了。没关系，待会儿在读这个句子的时候要重读，你这种快乐的感觉才会出来，不信你试一下！"隔篁竹……"开始——

生24：（朗读）"隔篁竹，闻水声，如鸣珮环，心乐之！"

师：还不够，再来一遍！（师范读）"如鸣/珮环，心/乐之！""隔篁竹……"再来。

生24：（再次朗读）"隔/篁竹，闻/水声，如鸣/珮环，心/乐之！"

师：有点变化了！咱们一起来试一下！"闻/水声……"预备起。

（学生齐朗读）

师：很好！有这种感觉了！——还有吗？还有没有哪个地方？你来说！

生27：我想说的是，"怡然不动，俶尔远逝，往来翕忽"。我觉得这里描写了一幅百许头鱼在潭中悠然自游、身手敏捷的鱼戏图，巧妙地写出了鱼儿在潭中欢快自由的场景，让人仿佛置身于此潭此景，使作者的心情格外愉悦！

师：你把她的进行了补充，说得更加丰富一些。很好，请坐。刚才这名同学在说"如鸣珮环"的时候我有一种不同的见解，我可以说一下吗？我觉得这个地方不仅仅写出了水声的清脆，还写出了石头的怪异。你想象一下：如果水流在大理石上面或者很笨重的石头上面，它能发出"如鸣珮环"的声音吗？我想应该是流在那些有沟壑、有空穴的石头上面才会产生那种音箱般的感觉。你们说呢？所以我说柳宗元在写这些文字的时候实在太奇巧了，既写了水也写了石头。你们能联想到哪些同样是描写水声的诗句吗？（生作思考状）我推荐一句给你们——"泉水击石，泠泠作响。"（生摇头）没有学过？没关系！下课以后，我写在黑板上，你们把它抄下来，好不好？

生（齐声）：好。

师：同学们，大自然的功力太伟大了。我此时此刻想到了美国诗人爱默生曾说过的一句话："但若你的心和自然一起跳动！一切便呈现出来，每一种形式里潜藏的精神都呼唤着同类精神的回应！"古往今来许多文人雅士都善于从大自然中寻找自己心灵的回应，来抚平自己内心的创伤。柳宗元就是其中之一。我希望大家今后在心情非常郁闷的时候不妨也走进大自然中去。那么文中最能体现柳宗元心情郁闷的句子在哪里呢？没有回答问题的同学请举手！（微笑寻找）你来说一说好吗？

生28："寂寥无人，凄神寒骨，悄怆幽邃。"

师：这个句子不用解释大家都能感觉到心情非常凄凉是不是？我问你，你认为这几个句子里面写得最精彩的是哪个词语？

生28：应该是"悄怆幽邃"。

师：为什么？

生28：它的意思是"幽静深远，弥漫着忧伤的气息"。

师：因为他直接给大家讲出了环境中气氛的感觉，是吧？请坐。有没有认为其他词语写得比较美的？

生29：老师，我想赏析的是这一整句话。"坐潭上，四面竹树环合，寂寥无人，凄神寒骨，悄怆幽邃。"

师：你认为哪一个词语写得最精彩？

生29：我喜欢"凄神寒骨"。

师："凄神寒骨"。咱们一起来玩一个组词游戏好吗？"凄"，给它组词，你们说。

生30：凄凉。

生31：凄美。

生32：凄清。

师：凄惨！如果"凄"比较难一点的话，"寒"呢？给"寒"组个词语。"寒风"——

生33：寒冷。

生34：寒气。

师："寒风萧萧""寒风凛冽""寒蝉凄切"，还有我们小学学过的"大渡桥横铁索寒"。咱们读书的时候一定要有丰富的想象和联想。那么读到这些词语的时候，你心里是什么样的感觉？我不想你说，我想请大家用肢体语言告诉我读到"寒"和"凄"的时候会有什么样的感觉？我刚才明显感觉这名男同学（作寒冷抖动状）——这种感觉——全身抖动。我们来一起体验一下"寒"的感觉，用肢体语言告诉我。齐——

（生齐作寒冷抖动状）

师：待会儿我们在读的时候就要读出这种感觉来。（向生29）你先给大家试一下好吗？就读这三个词语："寂寥无人……"，开始。

生29："寂寥／无人，凄神／寒骨，悄怆／幽邃……"

师：我特别喜欢她的语速，特别是读"凄神寒骨"时的语速，我还希望你带点抖动的声音。再试一下，没关系，进入情境。开始——

生29："寂——寥／无人，凄神／寒——骨，悄怆／幽邃——"

师：很好！请坐！柳宗元刚开始的时候心情是快乐的，到后来呢，心情又复归于忧伤。快乐是短暂的，忧伤是长久的。下面我们一起来看一段关于柳宗元的介绍。

屏幕显示：

（"关于柳宗元"）

师：请大家默读。

（学生默读）

师：看完了吧，咱们停下来。我一直有一个疑问：柳宗元跟我们眼前的小石潭有没有什么相似之处啊？你来说！

生35：作者是"伐竹取道，下见小潭"，就是说小潭没有被发现前，一般人也见不到它。就像柳宗元一样，他有很大的抱负但终不为人所识，人们都不知道、不了解，也不想去重用他。

师：我很喜欢你这种思维方式，对自己不是很肯定的地方进行一种猜测和猜想。很多真理都是通过猜想得出来的，有这种猜想思维我觉得你很了不起。谁继续来猜想？

生36：我觉得小潭的环境十分清幽，潭水清澈见底，就像柳宗元两袖清风的精神品质、满腹经纶的精神品质。

师："虽万受摒弃，不更乎其内。"他的理想和愿望是永远不会改变的。

四、余音绕梁

师：我在读《小石潭记》的时候啊，那天晚上我睡不着觉，就连夜爬起来，填了一首词，想推荐给大家。一起来看下好不好？

（师出示《江城子·读〈小石潭记〉有感》，音乐响起）

师：（朗诵）江城子·读《小石潭记》有感，作者：向浩。

> 报国为民改革忙
> 奸人起，埋忠良
> 贬谪永州
> 十年愁断肠
> 纵然闲情又逸趣
> 钓江雪，孤独伤
> 忽逢小潭悦心房
> 流水清，游鱼畅
> 岸似犬牙
> 乱石写文章
> 虽有快意跃然起
> 离别时
> 又凄凉

（全场鼓掌）

师：一句话，大家今后有独到感受的时候可以用各种不同的形式记下来，谢谢大家！（鞠躬）

（在掌声中结束本课）

【专家点评】

看得出来这是一位很会上课的老师，很有智慧！

《小石潭记》写了哪些景物？景物有什么特点？老师讲解这些景物及景物特点时，又及时把字词的教学跟内容的理解紧密结合起来。有些地方，比如，讲小溪"斗折蛇行，明灭可见"，老师就问了："斗"是什么意思？"蛇"什么意思？词义和活用、用法都讲得非常清楚。许多地方概括得好。教师的教学设计反映了教师的智慧，就是他怎样提高课堂教学效率，怎样调动学生的兴趣，他做得非常好。

然后，研究柳宗元的心理特点。体式的问题，散文。大家还记得王荣生教授谈的体式的问题吧？很重要！不是光写写小石潭呀，作者是借小石潭来写自己的心情。老师适当地把这个问题提出来，让学生把这个变化的线索给提取出来。那么在鉴赏语句的过程当中，老师不仅做了样子，老师告诉你，你把这个句子读出来，然后引起什么联想。特别是讲到"怡然不动，俶尔远逝，往来翕忽。似与游者相乐"时，老师让学生联系生活：你们家鱼缸里的金鱼是什么样啊？学生描述了一下。这样一联系，学生对文中的情景、对鱼的样子一下子拉近了。接着老师引导学生了解写法上的特点，学生立即说"是动静结合"。"怡然不动"是静的，"俶尔远逝"则是非常快的。

再比如，讲到"凄神寒骨"，这个"凄"和"寒"，除了理解之外，老师问这个"寒"是什么感觉，老师要求用肢体语言表现一下。这是唤起学生的体验，有这个和没这个不一样。这些都讲完了，老师又问：柳宗元和小石潭有怎样的关系？柳宗元借小石潭抒发了什么样的心情？我觉得这样的老师对知识的掌握比较扎实。

（根据苏立康教授现场评课实录整理）

（此课为全国第二届"中语杯"初中语文教师课堂教学大赛第一名课例；此文已发表在《中学语文教学参考》2016年第8期）

跟余老师学研究

低效语文课的四种表征及改进策略

随着对新课改理念解读的逐步深入，一堂好课的标准层出不穷，却鲜有人系统地对一堂低效语文课的表征进行描述，更鲜有人对此进行深入分析。实质上，即便"低效课"有着众多相似的特征，但细究起来，还是各有"千秋"的。近日，细读完全国著名特级教师余映潮老师《语文教学设计技法80讲》后，笔者对"低效课"有了更为清晰的认识。现依据学习所得，暂将一节低效课的四种表征进行简要描述，并力图探寻改进策略。

一、"泛谈感受"浮于浅表，"精读训练"趋向纵深

目前的语文教学中，学生的主体意识已被彻底唤醒，教师从头讲到尾的情况基本消失。但是，随之而来先让学生在课堂上"大放阙词"的做法，就像牛

皮癣一样钻进课堂，正恶性蔓延。

例如，拿到一篇文章，教师就要求学生"整体感知"，如"请你说说读完这篇文章后有何感受"。其实，这样的"说说"除了可以给师生找到一个对话的起点外，于教学目标而言，几无效果。这种现象，就是低效语文教学中最常见的"泛谈感受"。"泛谈感受"还有一些变式，如"满篇找"现象。以《社戏》为例，老师在解读文本时，找到了"乐土"这个教学点，随后便要求学生以此为着力点，在文中找相应的语句来说明其为"乐土"的原因。在此既没有品析鉴赏，也没有背诵积累，更没有语用实践，于是教学只能浮光掠影、浅尝辄止了。这样的语文教学索然无味、乏善可陈，只能使学生收效甚微。

如果想让语文教学高效起来，最好的对策便是"精读训练"。"精读训练"的前提是课文资源的开发，只有课文资源开发得合理，才能让精读训练的方向更准确。精读训练的主要途径是"精段阅读"。余映潮老师曾对"精段"进行过如下分类和界定——"精段"表现于教学范围的选取，主要有三种：一是非常精彩单个儿的段落，如《背影》的第六段，父亲翻越月台为儿子买橘子的过程，描写细腻，情感深沉，值得品鉴和模仿；二是段的群落，如《老王》中写老王送香油鸡蛋的那一个完整的部分，细节传神，意蕴深邃，值得玩味和涵泳；三是分散在课文中的某几处内容或某几个段落，如《孔乙己》中孔乙己的出场、在场与退场，虽然散落在不同的语段，但逻辑上是紧密的一部分，值得发掘和品析。因此，唯有对内容进行精选，才能让精段阅读取得实效。那么，"精读训练"教学该如何进行呢？

以余老师的《故宫博物院》为例，老师先直接将教学视点引向课文第11自然段，让学生进行探究和交流，从结构和内容上说明这段文字在全文中的作用。学生品读后慢慢发现，结构上，这一段具有承上启下的作用，既是对上文太和殿、中和殿、保和殿等说明内容的小结，又引出下文对乾清宫等内容的说明，即呼应前文第2段，照应后文第16段；内容上，这一段既简说了故宫建筑群的巧妙布局，又概述了全文主要的说明对象。教学中，精准地指向一段，可以让学生的阅读和思考更加聚焦，学生的收获也会更多，教学目标的达成也会更加迅捷。我们再来看看《鲁提辖拳打镇关西》的精读训练设计，在学生整体了解课文之后，教师组织学生开展讨论。讨论的主题是"作者在哪三个典型环境中表现了鲁提辖的性格特点"，其目的是组织学生围绕"鲁提辖在酒楼""鲁提辖在客店""鲁提辖在肉铺"三个角度开展精段阅读，让学生的阅读指向更加明确。接下来余老师直接切入课文，指导学生品读"鲁提辖在肉铺"这一部分，做到逐步深化、逐步精细。如第一步：角色朗读；第二步：理解这一部分的内容和层次；第三步：理解这一部分的描写手法；第四步：重点品读对"三拳"的描写;第五步:顺势积累,以"有趣有味的'三'"为话题,寻读、提炼课文中的"三",介绍、交流课外知识中的"三"。这样聚焦重点文段,对文本的精读训练是牵一发而动全身之作用,从而达成训练效果。这些精读训练,着力将学生的阅读和理解引向深入。比如,一篇文章重点应该读哪些内容?读这些内容的时候怎么样分步阅读?不同的步骤选择什么方法?阅读中要关注哪些细节?这些都是在精读训练中慢慢学会和掌握的。因此,"精读训练"不仅能让学生收获阅读思维的训练和阅读能力的提升,同时可以积累更丰富的阅读方法。

二、"思路不清"扰乱教学,"板块教学"厘清混沌

我们在课堂上经常观察到:一个非常简单的问题,往往被老师教复杂了;一个学生本来看看就能懂的问题,被老师教后却莫衷一是。于是,我们常听到这样的慨叹:"这节课,老师不讲更好。"的确,教师在教学中若思维混乱、逻辑不清,就会让学生学得一头雾水、混沌不堪。教师的教学思路不清有多种表现形式,其中最突出的表现就是逻辑不明。许多老师教课文,总是先教生字词,再生涩地介绍作家、作品及背景,最后才开始读课文、教课文……如一些试卷讲评课,部分老师往往就是沿着试卷的结构从头讲到尾,看似有思路,但实际上是跟着命题人的思路照搬答案,可谓毫无思路。总之,像这样思路不清的教学,会严重影响学生学科思维的健康发展……

如何解决这一难题呢?笔者通过实践发现,"板块教学"是力克教学思路不清的一剂良药。板块教学是余映潮老师关于语文教学的核心主张,即将教学内容分类整理,再以语文活动的形式分块学习和实践,一个板块活动指向一个教学目标,清楚明白。同时,各板块间不会割裂以导致毫无联系,往往因其有着一定的内在逻辑关系而浑然一体,给人一种界而未界、隔而未隔的层次美感。如余老师在设计《邓稼先》一文的教学时,将其分为三个板块,依次是"提取信息,写人物简历""组合要言,写人物事迹""抒发感受,写人物评述"。其中第一个板块的设计意图是让学生"用简明的语言写人物简历",是三个教学活动中帮助学生说话表达的基础;第二个板块的设计意图是"用精练的语言写人物事迹",是学生表达能力训练的升级,在内容上也是第一板块的详解;第三板块的设计意图是"用生动的语言写人物评述",为评说类语言表述训练,也是从感性认知到理性评价的转变。这三个板块看似分离,实则层层深入,各为"伏笔",又成"照应",艺术性和科学性兼备。这样的教学,首先是老师教得清晰,其次学生学得也清晰。这两个"清晰",对于学生的学习效果起到了强有力的保障作用。另外,板块式教学借鉴和模仿也相对容易,可操作性很强。如笔者在执教《小石潭记》时,也运用了板块式教学法进行尝

试。笔者设计的第一板块是以"这是一个_____的小石潭"为话题，让学生在空格处填充形容风景的词语，整体感知课文，提炼课文的主要信息，并概括景物的主要特征，同时落实文章中的重点字词句的理解教学；第二个板块是以"这是一个让人感到_____的小石潭"为话题，让学生根据自己对文章的理解填表达心情的词语，并依据原文作简要分析，旨在让学生读出感情、读出韵味。两个板块、两种角度，前者铺垫，后者回应，环环相扣，步步为营。一位教师，一旦有了用板块构思教学的意识，那么其教学就会逐步接近艺术化剪裁、重组课文资源的方向，就会进入一个艺术化设计教学的过程，也必然将日益步入高效课堂教学的征途。

三、"只说不写"易致"滑过"，"读写结合"形成能力

一节课，只求热闹，只求嘴上说得快活，不安排学生动笔，只听只说，这是目前很多语文课出现的现象。以培养学生听、说、读、写能力为主要任务的语文课，为何不让学生动动笔呢？笔者揣摩，原因可能如下：一是担心热闹的课堂突然冷场，教学气氛受影响；二是担心学生一动笔写必然是全员写，而学生之间有水平差异，若等到大部分学生写完，需要较长时间，这样会影响上课进度；三是部分老师认为，有些问题学生听明白就行，无需写……这都是教师们在教学观念中"无学生意识"，在实践层面"无集体训练"造成的。在教学中，如果我们让学生只说不写，必然会导致课堂上重要知识点的"滑过"现象。何为"滑过"现象？在语文教学中，如果教师将教学任务设置得面面俱到、自然顺畅，学生无需费多少心力就可一蹴而就，许多精彩的内容便还没来得及细细品味就稍纵即逝；或教师设置了"障碍"，然而学生并未真正意识或领会到，若此时教学进程过快，没有给学生留下跨越"障碍"的空间，那么许多具有探索价值的内容就会在不经意间滑过，致使学生亲身体验、感悟的机会在无形中"流失"，我们不妨称之为教学上的"滑过现象"（《文学教育·下》卢跃武2011.24）。课堂中的"滑过"现象，往往存在于教师面对全体学生发问这种形式中，此种发问，因教师没有针对性，学生没有深度思考，一问一答，一呼百应，群情激昂，却不知，滥竽充数者、对口型者、有口无心者……多矣。这样的课堂，因为"滑过"导致了教学内容没有落实，易使学生的学习习惯、学习效果日渐低下。

那么，在日常教学中，克服"滑过"现象的最好教学方式之一，便是"读写结合"。读，可以为模仿着写作铺垫；写，也可以加深对读的理解。余映潮老师在教学《说"屏"》一文时，为让学生多角度、细节性地理解课文内容，设计了"课文内容巧表达"这一教学活动。他给学生出示了四组词语，让学生任选一组，就课文内容写几句话，要求生动地表现课文内容而又不是照抄原文。四组词语如下：第一组，"诗意、情境、向往、微妙"；第二组，"擅长、功能、美感、称道"；第三组，"帷幕、装饰、书斋、休憩"；第四组，"造型、轻巧、绘画、得体"。借鉴文中词语进行读写训练，既可以理解词语、积累词语，还可以降低学生写的难度，让学生有话可写，让学生所写的话也紧紧围绕课文内容阐述，从而加深了对文章的理解。如学生这样写道："屏的造型十分轻巧，却能将室内分割成两个独立的空间；屏上的绘画与书法，表现出一种深厚的文化底蕴，用它来装饰室内，既得体、美观而又不失情趣。"

再如，"屏是富有诗意的名词，屏这种物品十分微妙，能带给我们如诗如画般的令人陶醉的情境。'银烛秋光冷画屏，轻罗小扇扑流萤'，每逢听到这样的诗句，都让我心生向往之情。"这样的教学不仅效果好，而且手法很有新意，学生也很感兴趣。

从另外一个角度而言，课堂上，学生可以依据词语对课文内容的理解、对"屏"的认识，独立去提炼信息、概括特点，进而进行准确说明、精致表达。这种设计实现了文本内容的学习、言语形式的学习，以及与语言学用实践的巧妙结合，因此，教师教学方式灵巧，学生语文学习便能高效。应该说，语文教学中，学生"听、说、读、写"训练是基本要务，缺其一则有损语文教学的有效性，这就要求教师在进行教学设计时，一定要全面考虑对学生"听、说、读、写"四种能力的训练，特别是要注重"写"的训练。

四、"手法平俗"索然无味，"教学高雅"妙趣横生

"平俗手法"，非指低俗粗劣，而是指教师的方法不得体或者不得法。如照本宣科就是不得法，再如弄巧成拙就是不得体。以某位教师的《背影》教学为案例，其"整体感知　合作探究"部分的教学设计如下：

（1）本文几次写到"背影"？（本文四次写到"背影"）每次"背影"各是在什么情况下出现的？

（2）哪一次"背影"写得最具体、最感人？（第二次，望父买橘）为什么要把这一次的"背影"写得那么详细具体呢？（最能反映出父亲对儿子的爱）

（3）下面你就试着读一读，看怎样能读出那种深挚的爱子之情来。（可从语调、语速、重音等方面来考虑）

（4）小组讨论交流，推荐一个读得最好的来展示，咱来看一看哪一组读得最好？

……

这个设计，或许代表了语文老师教学《背影》时的普遍倾向：①问题扎堆；②问题所蕴含的思维量贫瘠；③教学还停留在只关注"课文内容"层面，不关注或很少关注"言语形式"，更不关注"语言运用"；④教学方法单一、平俗，无法激活课堂。这样的教学往往会导致"学生在课堂上学习效率低下，教师在课后通过作业恶补"的恶性循环。追根究底，教学方法的平俗是教学观念落后的表现，是不会开发和利用课文资源导致的。

四川师范大学李华平教授在执教《背影》一文时，不落俗套，不仅教出了新意，同时也教出了深意。李教授首先让学生重点理解三个词语：①惨淡——通过直接写惨淡的句子读出了家境的贫穷；②蹒跚——走路摇摇晃晃的样子，写出了父亲走路不稳；③大去——父亲书信传递出希望儿子去看望他的想法。接着是利用以上三个词语来复述课文。接着，让学生熟读第一段和第七段，并思考：读到哪里心里会怦然一动？什么地方最让你感动？这样设计的目的是让学生通过特殊的言语形式来感受作者的特殊情感，深入理解文本；最后，让学生理解一个熟字"不"，其目的是通过读懂一个"不"字来读懂一篇文章。具体策略是，通过比较"不相见已二年余了""没有相见二年余了"两句话表达效果的不同，让学生发现"不"侧重主观意愿，"没有"侧重客观事实，从而感受作者当时对父亲的特殊情感。

李华平教授的教学设计可谓高雅，非常巧妙。这与他对课文资源正确合理的开发与利用有着很大的关系。他没有严格地按照文本的行文思路来引导学生理解文本，而是从文中的情感入手，理出一条新的思路。更让人称赞的是，李教授关注到的"情感"并非"父爱子，子爱父"这种情感本身，而是将其上升到了作者对此种情感的表达方式层面。我们知道，当前的语文教学基本上分为三种类型：一是教文本内容；一是教言语形式，兼带言语内容；一是把"阅读方法"当教学内容，言语形式和言语内容兼含之。若从"授人以鱼，不如授人以渔"的基本观念出发，显然第三种教学是为上层，因为它解决的是学生阅读最为根本的问题。李华平教授执教的《背影》，把"作者如何表达情感"作为和学生一起学习研讨的内容，从教学内容和教学目标上就决定了这节课的手法必然"高雅"。如"读好一组词"，通晓文章内容；读好抒情句，寻找情感本身；读好最不经意的熟字"不"，感受作者表达情感的特殊与巧妙。有了对课程资源开发的全新观念和高度敏感，方法自然水到渠成。其实，无论是余映潮老师还是李华平教授，他们在课堂上的高雅手法之所以层出不穷，是因为他们已然将"文本的开发与利用"引入了"正道"。

低效的语文课之所以低效，主要原因来自三个方面：一是"是什么"的问题。即无法正确理解"语文课程"是什么。若我们不正视"语文课程"本质，而把非"语文科"的其他上位学科如文学、美学、哲学，甚至德育作为重点引进语文教学，我们的学生便会在语文学习和语言学用实践中渐行渐远，最后在各个领域里都会是浅尝辄止、半懂不懂的；二是"教什么"的问题。就目前的语文教学而言，只关注言语内容是大潮。这与大部分语文教师只愿关注到内容，或者只能读懂内容有着必然的关系。不关注言语形式势必无法关注到言语规律，更难发现"阅读规律"。这样一来，让学生终生受用的"阅读能力"和"写作能力"根本无法在语文课堂上得到实质性的训练，只能一年又一年地接受"心灵鸡汤"式的洗脑，无法获取为终身学习奠基的能力基础；三是"怎么教"的问题。如果前两个问题没有得到很好的处理，"怎么教"的问题是无从下手的。但就目前的状况而言，老师们的发力之处却又常常在此。于是乎，弄巧成拙、妖言惑众、天马行空、贩卖情绪者比比皆是，语文课堂成了语文教师为所欲为的场所，对学科教育没有信仰、没有敬畏，性情泛滥、概念肆虐、强输歪理，甚至颠倒价值、毁尽三观者，皆有之。课堂上把学生当"猴"耍，要考试了把学生当"牛"使，这就是语文教学生态的部分真实写照。

高效的语文课如何高效，关键要看教师对语文的认识，对语文课程的理解。教师若能转变理念，便自然会生发出对教材资源合理利用的意识，并进而在教学实践中探索、合理开发出优质高效的教法。好的语文课，要求老师多学习、多思考、多总结、多实践、多改进；好的语文课，要求教师不断完善自己，尽快让自己脱离纯技术层面的流转和颠沛，应该为形成一种风格而奠定扎实的理论基础和实践基础。总而言之，教师克服低效课的主要方法，就是不断提升自己的学科专业素养，秉着一颗良心从事工作，像农民一样真诚和勤奋，只有这样，我们才能让学生常常"遇见"好课。

（此文已发表在《中学语文教学参考》2016年第32期）

跟余老师学做人

一盏明亮的灯

——余映潮

老爷子到龙华来开工作室的时候，已经是69岁了，到今天为止，又整整指导了我们近两年时间，那就是71岁了。如果我不是坐下来专门围绕年龄想这些数字，我还真没有觉得余老师竟是七十多岁的人了。在我们眼里，他就像一位勇往直前的斗士，除了课堂，没有什么可以让他改变方向。

十年遥望偶像成老师

为什么请余老师过来做导师、建工作室？

我的想法和大家一样，但又不完全一致。

余老师是全国名师，科研成果非常丰富，课堂教学非常高效，很值得我们长时间跟踪学习。而对于我而言，也有其他更为重要的原因。语文教学派别林立，各路"语文"大行其道。说实话，语文是什么？语文该怎么教？语文该教些什么？我的确很难说清楚，我们的老师也很难说清楚。但作为教研员，我们不得不时时刻刻围绕这三个问题跟老师交流、探讨。教研员把握着话语权，经常要做核心发言，万一我自己理解错了、说错了，该怎么办？果真这样，那将是语文教育中最危险的事情和最严重的事故。因为我们教学出发点出了问题，其后果必将贻害无穷了。我不想做罪人，也不想昧着良心夸夸其谈，因此，我先致力于跟专家学习，要请语文届最权威的专家学者、教授名师，来帮助老师们和我厘清这三个问题。等我们慢慢弄明白了这三个问题，再自由生长，形成自己的风格。其实说到底，请余老师来建工作室指导我们，是因为我对语文心存敬畏、对余老师万分信任和敬重，所以让他帮我们拨开云雾、指明方向，做我们语文路上的向导。

第一次知道余映潮老师是我参加工作的第二年，即2001年。那一年，首届全国中学语文教学实验经验交流会暨成果展示会在汕头举行，我有幸全程参加了会议，并因此奠定了自己关于语文教学的眼界和格局。所以，我认为青年教师经常参加有价值的研讨会，对自身的专业成长是很有帮助的。就在那次会上，全国中语会理事长张定远先生（代）向来自全国的语文教育专家、名师、一线教师称赞余映潮老师，说余老师是"中青年教师课堂教学艺术的领军人物"。当时我刚毕业，没有读过余老师的书，也没有听过余老师的课，更没有见过余老师本尊，但我却有幸在会场真真切切听到了这句分量极重的至高评价。因此每每和余老师谈到此事时，我都挺自豪地说："我是在现场听到的。"之所以如此，因为与有荣焉。

第一次听余老师讲课是什么时间？在哪里？我真的记不起来了。只不过，我记得自己听了余老师很多很多的课，看过余老师很多很多的课例实录，读过余老师很多很多的文章。很多人都说："余老师对语文老师的启蒙，人数可能最多，范围可能最广，意义可能最深远……"事实上也近乎如此，现在不管在哪里听哪个学段的课，总有那么一些课，能看到板块教学的影子，能看到主问题教学的影子，总能看到余老师的影子。只要听评课，总能听到以"课堂积累丰富，学生活动充分"为核心的阐述。这种近乎一统天下的局面毫不夸张，这真让人感觉不可思议。

第一次听余老师讲课的地点和时间我记不住了，但第一次和余老师同台上课的记忆却是一生都磨灭不掉的。应该是2011年吧，省教研室在广州培正中学举行了古诗词教学研讨活动，冯老师让我上一节古诗词教学研讨课。我们上课的老师提前一天到，晚上一起聚餐，我和余老师对面坐。这是我第一次如此近距离地见到偶像，心里不知道有多紧张。不敢说话，不敢随便吃菜，总之"没出息"到了极点。给余老师敬酒的时候，他又不喝酒，我试着劝了几句，因为太紧张，说话自然就不得体、不连贯，囧得自己特别自卑。其实余老师呢，坐在对面，一直是谦和的、平易近人的，但我就是踏实不下来。我不知道这是不是每个人见到偶像时的一致感觉。如果是，那我属于正常；如果不是，那我一定有心理疾病了。第二天上课，我上的是苏轼的《水调歌头·明月几时有》，自我感觉上得不够出彩，从课堂上下来灰头灰脑的。上午活动结束，余老师评课，非常客观、犀利地评论指出上午四节课的问题，对我当然也是毫不留情。尽管有心理准备，但我还是非常沮丧。尽管被余老师当众批评，但是我心里却对他涌起一股莫名的敬意："余老师真实，值得深交，值得好好学习。"但苦于余老师是全国名师，我哪有跟他近距离交往的机会哦。

心诚则灵，这话还真不假。2013年，我有机会组建了自己的工作室，而且有一帮志同道合的中年青年教师愿意和我一起研究语文、探讨语文教学。我想，一定要找全国最顶级的名师、专家来指导我们，来带领我们研究，让我们走正道、走坦途。第一时间，我通过余老师的弟子找到了他。当他听说我的团队里有近30位高学历、高水平、高追求的中青年语文老师期待他来培养后，便爽快地答应了邀请。这一约，就整整两年多了。

勤奋执着苦心做教研

余老师是一个于己于人都非常严格、规范的人，做任何事情都非常严谨有序。从他自己半年外出讲学行程的安排，到每次接送接驳的时间、地点都会安排得天衣无缝、近无瑕疵。让我这个本来比较粗心的人，受他影响也严谨了很多。有次吃饭的时候，余老师兴致很高，便跟我们讲起了他当年当知青时的故事来。

余老师当知青"下乡"锻炼时，负责养鸡。在我看来这是一个没有太多挑战的闲活，但余老师却把它干成了一件了不起的技术活。余老师告诉我们，为了了解每只母鸡的下蛋情况，他给每只鸡都编了号，然后详细记录每只鸡每天的下蛋数量，还要进行分析。如果某只鸡到了产蛋时间却没有发现它的蛋，那肯定是鸡下在其他地方了。于是他按图索骥，就能发现鸡在其他地方下的蛋。余老师讲得轻松，我们叹为观止：在农村养鸡也可以养得如此专业？如此严谨有序？试想，秉持这种态度和精神，还有什么事儿做不成功？余老师诙谐幽默地总结说:"我这样编号养鸡,比后来的养鸡场编号养鸡早了很多年……"的确,余老师就是很多领域的开拓者,往高处说就是"开山祖师"了。现在余老师解读文本也是能推陈出新,往往能设计出很多让人意想不到的好课。即使同一篇课文,照样可以写出十几个不同的教学设计,从小学到高中,多种版本的教材,他几乎都执教过,但每节课基本上都不会重复,这与他严格、真实的治学精神息息相关。自从听了余老师讲的"编号养鸡"的故事之后,我对他做读书卡片等神奇传说就不觉得新鲜了,因为像他这样的人,没有什么事儿是做不精彩的。

余老师做事的严谨认真,是我和很多青年教师真正领教过了的。

余老师每学期来深圳龙华开展工作室培训一次,每次一个专题。这些专题资料都是提前半年准备好,并通过邮件发给我。按照余老师的专题培训要求,所有学员必须在培训前按照培训主题读书、思考,并提前写好文本解读、教学设计等文稿,有字数要求。第一期的时候还有文稿撰写的各种细节要求,包括字体字号、行距注解,等等。每一期活动结束后,学员还要按照培训写研究论文,加深培训理解,提升培训质效。这些材料分批整理好后,我再整包发给余老师,余老师一般在两三天内就会回复,而且每个学员的文稿上都会有他的精心批注。看到这些批注,学员们会无比感动,也会无比振奋。想想也是,全国那么多语文老师见余老师一面、一起合影留张照片都难,更别说余老师给自己改教学设计了。在余老师这样高要求、严标准的培训中,即使持续了不到三年的时间,我们的青年教师也得到了快速成长,课堂教学可以说是一阶段一个样,教学质量也是稳步上升。另外,学员们研究能力、写作能力的提升也非常快。到目前为止,工作室近一半的学员都在核心期刊上发表过论文。最为关键的是,余老师的培训,对工作室青年教师职业理想的确立和坚守,起到了非常重要的作用。

余老师特殊的听课方式和策略,深深影响了我。余老师对一个人的影响是立体的、纵深的。说实话,我以前不怎么会听课。不会听课,不是指听不懂、听不明白,而是指听课的习惯不好,听课方式不对,听课策略不佳。最明显的表现,就是写听课记录一会儿拿一个本子记,一会儿带着电脑记,一会儿还会用上其他设备记……总之,太随意、太散漫,这样的听课,根本不适合深度思考和深度研究。余老师过来后,我首先关注的就是他是如何听课的。

余老师听课都是用电脑记录的。在听课之前,他会提前了解上课教师的教学内容和教学思路,然后提前备课。据我观察,余老师的提前备课,主要是发掘课文资源和设计教学活动。发掘教学资源主要是进行多角度、多层面的文本解读;设计教学活动则是整理自己新的教学思路,还要指出青年教师教学设计中的优点和不足。为什么余老师要设计新的教学设计？那是因为他对自己要求特别严格，即同一篇文章绝不用同一种方案教。因此，我们看到的余老师的公开课课例，很少有一模一样的，要么是完全不同，要么是有很大的改动。例如，《我的叔叔于勒》的教学设计，余老师开发了十几种教学设计，其他人即使有这份智慧，也不一定有这份毅力与恒心啊。余老师就是一个"把事情做到极致"的人。

余老师的观课记录大致分为四个方面：

一是记录课堂事件。按照执教老师的流程，按时间顺序依次记录课堂上到底发生了哪些事情。这里值得一提的是，就连每个活动板块的用时，余老师都会记录得非常清楚。他说，记录时间就是用数据量化青年教师的安排是否合理，课堂教学是否高效。每每听到这些，我就会不由自主地想起他讲的养鸡的故事来。

二是记录观课思考。听课的时候，余老师边听课边思考，边思考边记录，把自己的课程观念和教学思考瞬即记录下来。评课的时候，他会边就青年教师的具体问题予以指正，边提炼出自己的教学观念和教学主张。这样评课，可以让青年教师直接明白他的意图，效果非常好。

三是课程资源开发。这一点恐怕是全国"余粉"最佩服余老师的地方了吧。余老师备课的用心和精细是出了名的。一篇文本，他立足于语用角度思考，总能挖掘出层出不穷的资源来。他告诉我们，解读一篇文本，他会看很多专家和同行不同的文本解读和教学设计，还有实录。只要有价值的东西，他就会立即收藏起来，做成读书卡片。听说他早些年做的读书卡片，是一抽屉一抽屉的。随着信息时代的到来，现在余老师也"潮"了，他给自己建了一座"360图书馆"，将所有的文献资料分门别类往里放，想用时，就分门别类地调出来。关于这一点，前不久，余老师还手把手地教我使用了，但我用得还是不够好。我用不好的原因在哪里？那就是我没有他那样近乎神人的研究精神和习惯，所以体现在搜集、整理上的能力就特别弱。

余老师解读文本是"庖丁解牛"式的，认真细致，反反复复。他解读一篇文章，不知要在文字上潜沉多少个回合。他曾对我们说："解读一篇文章，要一个字一个字地读，一个词一个词地读，一个句子一个句子地读，一个段落一个段落地读……要不断沉潜，多角度沉潜，多层次沉潜……"我们恍然大悟，难怪余老师对文本的解读总能变化无穷，总能设计出新颖别致的教学活动，那都是源于他对教学内容不断发掘的结果。这也让我意识到："对有价值的教学内容的发掘，是保障课堂教学高效的主要途径。"这一点对我和青年教师的影响是无比深远的。

四是教学建议。现在很多人观课和议课，对于课中的优缺点评得多，建议得少。多见"驳"，少见"立"。这样评课议课，不仅帮助不了青年教师，还会严重影响教师们的自信心。更为重要的是，评完了之后，青年教师还是不知道该怎么教，说了等于白说。余老师评课不是这样的，他往往会在第四环节给出详尽、具体的设计方案，让每位老师知道自己应在哪里改进，应在哪里提升，该怎么改进，怎么提升，一听就明白，明白了就会上课。因此很多学员听完了他的评课后，会回去重新上课，务求把课上好。这一点对我的帮助和影响非常大，我现在听课评课之后，我还能及时地呈上我的教学建议，甚至我按照自己的想法直接上课，让被评课的老师进行课堂教学观察，观察我的教学，然后老师们一起讨论，就课论课，共同研究，共同提升，这样一来，教研效果就好了很多。这样的教研方式，余老师实践了几十年，在龙华工作室培训，他每次都要上三到四节课，按照不同的年段、不同的培训主题安排几节不同的课，让老师们观摩、学习，因为这样的直观示范，让受训的我们进步都非常大。

因为每次培训的效果都非常好，所以包括我自己在内的青年教师们的进步都非常明显。20几位学员里，有15人都在中文核心期刊上发表过论文，全都在区级及以上执教过公开课，且效果都非常好。有6位老师在国家、省、市各级课堂教学大赛中囊括多项大奖。更为重要的是，这些老师在各所学校的辐射作用逐渐扩散开来，已经有越来越多的青年教师申请加入工作室学习，或者已经开始主动旁听和学习。在工作培训紧锣密鼓进行的过程中，我也密切关注了这些学员的教学质量，几乎都是学校教学质量的主要贡献者。这样看来，在教学中，经验固然重要，但科学的方法更有价值。在最近一次质量监测中，我惊喜地看到全区正趋向绝对的均衡，原来那种雷人的差距几乎消灭，虽然这跟工作室的建设、发展没有必然关系，但若仔细想想，也绝对是有着千丝万缕的联系的。不说其他，就说每次培训活动时，余老师对全区教师的半天公开培训，是绝对有作用和成效的。

用心用情赤诚做善人

别看余老师在工作上非常严谨、严格，但在生活中，他却是一个特别有趣、特别温暖的前辈。

特别喜欢给余老师拍照，因为他很上镜。特别喜欢拍余老师听课的样子，因为听课时的他很容易让人产生"慈父"的错觉。每次听课，一张小方凳，一张小方桌，一台手提电脑，一只小茶杯，他就这样安安静静地坐在教室后排听课。他时而疾笔输字，时而全神投入倾听，时而抿嘴微微一笑，也时而轻轻颔首,眼神里流露出来的满是喜爱、肯定和期待。

也特别喜欢拍余老师上课的样子。因为一旦上课,他就神采奕奕若神人,俨然成了偶像明星。他常常左手端着一本书,拿着一支录音笔,右手拿着话筒,沉稳、有序地在讲台与学生之间穿行。很喜欢看余老师与学生对话的场景,因为那场景里有灿然的赞美、悠然的沟通、欣然的期许……在余老师的课堂上,能看到学生智慧的火花划过天际,能看到学生自信的笑容晕满头顶的天空,能看到学生的思绪挣脱肉体的束缚肆意驰骋……在听余老师课的时候,总能听到满教室学生噼里啪啦的知识、能力在拔节的声音。准确地说,余老师的课堂,是一个活力四射的生命场。在余老师的课堂上,总能看到他那沉淀着岁月酒香的微笑。他的课堂就像一块巨大的沉香木,纹路里流淌着故事,故事中散发着淡淡的清香,让我们的灵魂不由自主地飞过去,诗意地栖居在那里。

余老师很善解人意。他在我这里开展活动,一般是两天三晚,从礼节上讲,我应该全程听课和全程陪同的,晚上还应该陪他吃完晚饭才能离开的。但是因为我的孩子还小,家里事务繁多,余老师总是体谅我的"照顾不周"。他总是说:"赶紧回去,这个时候正是你们忙的时候,放心,我自己能照顾好自己。"人到中年,是干事业的好时光,却也有太多的忙碌和无奈。因为孩子小,所以我们需要花费很多时间在生活上照顾孩子、在学业上帮助孩子。余老师是父亲,也是外公,所以感同身受,非常理解我。有好几次,他都催着我走:"赶紧回去,我知道,你们现在这个时候,事情多。放心吧,赶紧回去。"每每被余老师催着回家的时候,我内心就会特别感动。说实话,他的理解是对我最大的帮助。

余老师大小事儿都很替大伙儿着想。他外出讲学的时间是基本固定的,且从出发的第一站到最后一站,他都会周密地安排好和计划好,这样就为承办方节省了不少人力、财力和物力。看似很小的一件事情,但可见他是多么的体贴入微;不想麻烦人,又足见他是多么的善解人意。我想,像余老师这样的人才可以称为大师吧!而相对那些自命清高、自命不凡的所谓"大师"来说,余老师给这个语文教师群体注入的是正气和正能量。有一次,他因到东莞讲学,所以提前来到了广东,但又和我这边的活动安排相差了一天。余老师出发前就打电话给我,说要提前到我这里,并一而再再而三地对我说:"你把我安排在酒店就行,其他什么都不要管了。"我说:"那怎么行,我肯定要管。"余老师坚持说:"你事情多,不要管,管了,我还别扭。我有很多事情要在酒店处理,不要管我了。"后来我还是妥协了,但他也答应必须让我管一顿晚饭。晚上,接余老师去吃饭的时候,余老师有些咳嗽,我心头一紧,问他衣物带得够不够。他像小孩子一样把棉毛夹克拎出来给我看,告诉我衣物充足。但我却是一阵心酸，因为我太粗心了，在他出发前，我竟然没有提醒他。很多时候，我和大家一样，总忽略他的年龄，总把他当作20年前那个充满智慧、精力无限充沛的余老师。但事实上，他已经71岁高龄了。从他第一次登上讲台到现在，已经整整为中国语文教育奉献了21年。我们习惯了他是战士，习惯了他是强者，习惯了他是无所不能的偶像，但他毕竟需要我们主动照顾了。吃完饭后，余老师很开心，看得出来，有人陪着，他是挺开心的。只不过他很不喜欢麻烦人。在他的心里，总是先装语文，再装他人，几乎不留空间给自己。

筵席不散师生续浓情

2017年春节前夕，余老师按惯例把第四次培训的主题及相关安排发给了我。我大致看了一下后，马上转发给班长和学员，让他们按要求着手准备。可是邮件刚刚发出去不久，学员微信群里就吵开了花。我以为发生了什么事，赶紧凑过去看。这一看不打紧，一看心情就沉重了。满屏幕都是学员们流眼泪的"表情"，群聊天里飞来飞去的都是"怎么这么快""还没有学够呢"这样的话，我马上意识到余老师邮件里写了什么重要事情，于是赶紧仔细查阅邮件。

原来，余老师在邮件结尾处隐含着这样一句话："……下午余映潮老师评课并讲座：《例谈中学语文教师作文教学与研究的技能》。然后简短的结业仪式……"问题就出在"简短的结业仪式"那句话上，学员们个个都不想结业啊。看完邮件，我旋即把学员们的反应和诉求告诉了余老师，说："我没有看到'结业仪式'这一行，先不结业吧！老师们都在哭啊，余老师。"的确，大家心里都很难过。"好的。谢谢。"余老师马上回复。看到"谢谢"两字，我心中涌起一阵感动，在全国如此受敬仰的老先生，竟如此谦卑地"谢谢"我们的恳求。在我看来，余老师这是在替千疮百孔的"语文教学"说"谢谢"。这样的"谢谢"，让我看到了余老师能让自己像钟馗一样，在语文丛林中再捉几年妖孽的高兴。站在语文学科立科之本上开展工作，奉献自己，还有几人能如此用心地耕耘自己的语文天地呢。

沉思片刻，我郑重其事地写下一行字，既是替学员们说，也是为自己说："我们之间不结业，一直学下去，来个例外吧。我们只安排中段小结，请领导检阅即可。师父，我们这里例外吧。"我发完后，眼含泪水，也许没有人能理解我为何流泪，但我自己非常清楚。认识余老师十几年了，从只能在台下景仰，到在台上一起上课，再到台后一起培养年轻老师，像我们的这种缘分，全国少有吧？我们这样的忘年交，是不多见啊。

邮件发出去几秒的时间，余老师回复了：

"感动。"

是的，我更感动，我们更感动。下一次活动的时候，余老师就72岁了。我们既担心他身体劳累，又希望他能多带我们一段时间。

这该怎么办呢？

余映潮老师和向浩老师的合影

后记

余映潮老师说:"时间对于任何人都是平等的。你把时间耕植在哪,你的收获就在哪。"

这本厚重的书,是余老师和工作室全体学员历时三年辛勤耕耘的成果。深圳市龙华区"余映潮工作室"开办三年有余,我们在余老师的带领下,沉下心,钻进去,扎实学习,苦练本领,在语文的大道上不断地探索,不断地前行。在这里尤其要感谢余老师。三年多时间里,余老师认真执教每一节示范课,用心做好每一次学术报告,专心聆听每一节学员汇报课,精心批改每一篇学员论文,准确叫出每一位学员的名字,关心每一位学员的成长……三年多的时间,余老师除了给予我们语文教学的智慧,还给予我们更多的语文研究的精神和力量。

当然,三年多以来,我们的探索和成长远不止此。这本书,不过是我们成长途中的一个脚印。每一次培训,我们要写几千字的文本解读,几千字的教学设计,几千字的教学论文,几千字的会议纪要,几千字的材料整理;我们要反复磨课,反复思考,反复修改;熬过夜,起过早;哭过,笑过;埋怨过,理解过……但我们成长了,而且很快地成长了。学生喜欢我们的课了,我们的文章发表了,我们的教学质量提高了,我们职业信仰更坚定了,我们更爱教语文了……我们深知,这一路,我们一步一个脚印,走得很艰辛,但也走得很踏实。

时至今日,工作室已经开展了五期主题培训,每一次培训,都是一次复盘;每一次培训,都是一次洗礼;每一次培训,都是一次涅槃。余老师是一个扎扎实实做学问、做研究的人,他绝不搞花架子,杜绝个人崇拜,鄙夷哗众取宠。每次培训,没有口号,没有喧嚣,没有模式推广,只有扎扎实实的课堂,一针见血的评课,发人深省的讲座,满满当当的笔记和沉甸甸的收获。

我们就这样坚持了三年的时间,余老师每每开玩笑说:"你们总是喜欢给我出难题,总是挑最硬的骨头给我啃。但只要对你们有益,只要能够切实解决学员们教学中的实际问题,我为难一点,辛苦一点,倒也没什么。"他总是轻描淡写,而学员们却总是满怀感恩,唯有勤奋努力,砥砺前行,才能不负余老师的一片苦心。

后记

  本书的出版，也意味着为期三年的培训即将结束，回首过往的时光，回望走过的历程，除了感恩余映潮老师呕心沥血、毫无保留的付出，还要感谢许多一直以来帮助和关注我们的领导和同仁。我们特别感谢深圳市龙华区教育局王玉玺局长、谌叶春副局长、段先清副局长，区教育督导室黄思亮主任，以及龙华区教育科学研究院张学斌院长的关心和支持；感谢张庆文校长、蔡曼校长、张晓丽校长、黄美芳校长、叶志青校长、李吉校长、李渝忠校长、罗威林校长、陆雄新校长、周任娟校长、郝卫华校长等的大力支持；感谢观澜二中、潜龙学校、丹堤实验学校、玉龙学校、高峰学校、龙华区实验学校、龙华外国语学校、大浪实验学校、民治中学、锦华实验学校的领导和语文老师的倾力付出，感谢龙华区教科院全体同事的支持。

  在这成长的三年里，我们有幸得到很多专家和名师的指导。我们特别感谢魏书生老师、倪文锦教授、王荣生教授、郑桂华教授、李华平教授、吴非（王栋生）老师、黄厚江老师、程红兵校长、肖培东老师、张良田教授、黄淑琴教授、冯善亮老师、周凤甫老师、葛宇虹主编、刘远主编、张水鱼主编、胡家俊主编、王希文老师、唐建新老师、赵志祥老师、端木春晓老师、程一凡老师、孟凡军教授、姜东瑞老师、陶印宝老师、陆先文老师、王木森老师、郑文华老师、王爱娣老师、徐杰老师、徐飞老师、韩振老师、吉萍老师、郑平博士、胡立根老师、茹清平老师、马兴贵老师、倪岗老师、余克俭老师、刘小华老师、孙春成老师、戴月老师、张淑荣老师、胡保卫老师、谢红卫老师、刘洋老师、游云云老师、程宇赫老师、张学新老师、林翠老师、陈丽洁老师、陈谦老师、刘丽丽老师等。我们还特别感谢工作室所在学校的充分理解和大力支持，特别感谢工作室老师家属的充分理解和大力支持。

  培训终落幕，学习无止境。语文的世界很大，路很长，但因为有大家的努力，因为有"龙华语文人"这个共同的名字，我们坚信，哪怕走得很慢，但我们一定可以走得很远。